知足常乐

仁爱

差不多　自然

人情

幽默　安分知足

官僚

空谈

宿命　听天由命

鬼神

中庸

信义　孝

自尊自谦

人性

最新版

中国民族性 贰

1980年代中国人的"自我认知"

沙莲香 著

家本位　面子　贞节　无为　不紧张　信义　孝
公私混杂　圆滑　勤俭　因循守旧　贪婪　自尊自谦　平和　奴性

中国人民大学出版社
·北京·

序

　　《中国民族性》（一）、《中国民族性》（二）两本书出版于 20 世纪 80 年代末 90 年代初，10 年后，《中国民族性》两书及《中国人百年》一书，先后由香港三联书店出版海外版。

　　"中国民族性"研究作为"七五"国家社会科学基金重点项目，得到了该基金的资金支持。在其支持下，我们广泛收集资料，进行问卷调查。《中国民族性》（一）的资料收集是由当时任教的于硕完成的。她几乎走遍了北京所有的重要图书馆和资料室，收集了大量资料，然后将收集到的论著复印、装订成册，并将论著摘要编辑成册，这些论著是《中国民族性》成书的基础。这个工作的完成是极其辛苦的。后来，我们对论著摘要进行了分类编辑，形成类似"关键词"一样的"条目"。这项工作主要由当时在读的 86 级研究生许风海、袁方、唐顺义承担，他们有时跑到北京图书馆利用那里的空间进行卡片分类和编排，也十分辛苦。一晃 20 余年，他们都已成知识界的有为之才。

　　《中国民族性》（二）的调查、调查结果数据统计分析和讨论，是由当时 87 级在读的研究生苗少波、彭泗清、罗新、操鸣婵直接操作完成的，彭泗清和苗少波还参与了该书的写作。一晃 20 余年，他们亦成为知识界的有为之才。

　　《中国民族性》从第一本到第三本写作完成，经历了近 30 年的时间。从时间上看，这个过程与改革开放的 30 年大致同步。从《中国民族性》（一）所收集的资料可以看出，资料有限，书中除了费孝通和张岱年前辈的东西是现成的出版物，其余珍贵的论说大多是从中国社会科学院有关图书室复印过来的，另有一部分得助于日本学者。这种资料比较贫乏的境况，成了思考上和设计上的一种限制，当时已在海内外学界称雄的杨国枢有关中国人本土化研究的著作竟然找不到。这次再版，我们对《中国民族性》（一）尽可能做了补充。关于民族性变迁的写作，从 2005 年启动之后，我有数年的迟疑，对民族性的实际表现感到不少的"怅然若失"。2008年，在中国社会生活中涌现出来的"人性观照"和"公共精神"，表现出了我们这个民族久违的人文关怀。写"变迁"是写已经发生了的现象，这是奠定写作真实感所不能没有的基础。

中国民族性的研究重点不是研究中国人身上究竟存有哪些性格特质。性格特质在现实的形态下有很多很多，并且一些特质是为人类所共有的，这样，不同人种或民族的族群之间才有可能既相区别又相关联，才有可能比较和联络。不同的族群，性格特质的结构形态不同，因而有些特质在有的族群更突出、更普遍、更深刻地起作用。同时，这种不同还表现在一个民族的文化对人的要求和提倡上，不同的民族，价值取向不同，民族性格特质在其根源上由文化规定。但也可以逆过来说，文化是民族的性格规定，中国文化是对华夏民族特点的接纳和提取。因此，不同人种或民族对不同特质所给予的认同、伸张以及维护的自觉意识是有所不同的。20年前出版的《中国民族性》（二）建基于《中国民族性》（一）归纳的中外不同看法所做的问卷调查，但是，问卷设计和调查结果数据的统计分析都集中在性格特质的结构特点上，即一种"双重结构"或"多重结构"，亦即不同"情境"下，不同的特质起突出作用。这个调查和研究的直接背景是"文化大革命"中"不讲真话"。《中国民族性》（三）的写作重点不是具体写作30年里哪些性格特质有变化，而是在《中国民族性》（二）的基础上，沿着"中庸"在民族性结构中的核心作用，进一步分析中国民族性变迁所牵动的"中庸之变"与少数人才的必然出现，以及我们应当寄予的期待——创新历来出自少数，这就是《中国民族性》（三）写作中对"中庸"的"另解"观念。

《中国民族性》这一系列放在某种视域中就是一种记载。这个记载的一个侧面是，民族性变迁是由无数个体的变化而组成的无尽的变动。因此，写民族性变迁就会写到一些个人，也会写到自己——自己对经历的体证、自己的观念和认知、自己对所属文化和所属时代的承担。大概，这是一种难免之事。

这个记载的另一个侧面是，民族性变迁沿着集体行动者的演绎轨道而表现得多姿多彩，但贯穿其中、起中流砥柱作用的是劳动者的力量，即农民、工人、企业职员和管理者、教师、医生、科学家、文学艺术家和传媒人等。不同的年龄段，有不同的角色担当，有不同的心理状态与行为取向，而志愿者是近年登场的社会力量。由这个侧面看，写民族性变迁就是写集体行动者，写不同生活条件下的"人相与"及其后果。

沙莲香

北京万寿园

2011 年 12 月

修订版前言

《中国民族性》（二）一书出版后不久，我便出访在外。在外期间，应日本学者建议，将此书压缩，由曾在中国人民大学社会学系（所）留学的一桥大学研究生三桥秀彦君完成译稿，在日本出版。

压缩后的书稿比原本少了 1/5 左右，感到精练一些。因此，又在这一稿基础上，做了调整和补充，以作为修订稿。

修订稿与原本比较，略有不同：原版本首章文化与民族性格，分解为二：一部分为代序，另一部分（传统与现代化）并入末章；原版本附录三数据，移至第三章使用。从总体看，修订稿保持了原版本的内容，但在论述上集中了些，尤其在对人格特质评价及选择方面，精减和补充得多些；在传统与现代化问题上增加了部分内容。原本分为四篇十一章（基础篇，1～3 章，自我意识篇，4～7 章，行为取向篇，8～9 章，性格结构篇，10～11 章）；修订稿在章节上作了部分调整，分为十章，增加代序。

沙莲香

1991 年 1 月于中国人民大学

日文版前言

1990 年 10 月到关西学院大学社会学部任客员教授，为期三个月。在这个期间，结识了社会学部的同仁。在交谈中，有学者向我建议，能否把《中国民族性》（二）一书译成日文，并表示愿意协助此书在日本出版。

我愉快地应允了。

从 1982 年东渡，开始接触日本社会及日本人生活，接触各方学者。其间，有适应有不适应，有欣慰有苦涩，有能接受的也有难以接受的，有易理解的也有不易理解的。于是，逐步萌发了一个念头：应该通过一些途径增加中日两国人民之间的相互理解；"理解"这种心理沟通，对于两国人民来说，比什么都重要，看得见的东西是身外有限之物，"理解"是心中无价之宝。这个念头，几年来一直没有消失，相反，是在逐年增强的。

一方面，随着中日两国之间友好往来和文化交流的发展，两国人民的直接接触多了起来；直接接触多了之后，常常会打破原来间接得来的笼统观念，看法具体了之后，不明白、不理解的事情也多了起来，并且在接触中因为不理解而相互伤害感情的事也会出现。"理解"，显得格外重要。

另一方面，随着我自己有关国民性研究的进展，感到国民性和文化这种东西，是在一个民族深处起作用的力量。根性难移，秉性难改。民族之间的互不理解在所难免。从而，努力增强两国人民的相互理解，是一种责任。

几年来，我一直想在实际上做点有助于中日友好和相互理解的事情。一些日本社会学者在 10 多年前成立了以福武直先生为会长的日中社会学会（现任会长为青井和夫先生）。今年 4 月，在中国社会学前辈费孝通、雷洁琼、袁方诸先生的支持和指导下，我受前辈之托，牵头成立了北京中日社会学研究会，希望通过两国社会学者的努力，增强两国友谊和理解。同时，日本著名社会心理学家南博先生和中国近现代文学研究专家阿部幸夫先生，作为中日两国国民性比较研究合作者，他们一直在支持我的课题研究以及与课题有关的其他事情。将此书在日本出版，也算是表示我对日本朋友的薄意。

我重视并珍惜中日友好和相互理解，也因为像我这样一些中国人热爱中华民族并愿意尽力于她。这不是说她十全十美。任何一个民族在漫长的历史发展中都不可能是完美无缺的。中华民族的文化源远流长而不曾中断。中国国民性有优质又有劣质，却能在圆满结合中左右逢源，而"骨子里是美的"（费孝通），"圆而神"出智慧，出中华文明。中华民族有友好往来、文明沟通的传统，却不曾有凌小辱弱的历史，相反，善弱扶小却常被历史捉弄而"恩无恩报"；这种民族根性在"历史之恶"之中，似乎过于谦恭宽容，竟在遭遇之余尚能"宽大为怀"。中国这个民族，由于长期经济落后和文化教育不发达，未能给一代代人充分发挥民族优势提供出必备的物质条件和科学知识。偌大的民族，偌久的文明，偌深的文化，却常常优不抵劣，正不压邪。国之贤者鲜矣。

现在，一批身处异国、背负民族期望的海外赤子，都这样或那样地耳闻目睹着中国因经济落后而得不到应有的理解和公平，常因此而有切肤之痛；也都程度不同地意识到目前的压力和困难孕育着民族自醒和现代化的发展，相信"物极必反"，"柳暗花明又一村"。

本书译者三桥秀彦君曾于 1988—1989 年在中国人民大学社会学系（所）留学，当时我是他中国人导师。他是一位少见的发奋于学业的青年。翻译工作由他承担，实在是一件令人宽慰而又别具意义的事。作为教师我总是愿意把期望寄托于青年。

对于三桥君的辛勤劳动，表示谢意。

沙莲香

1990 年 11 月下旬

于关西学院大学百合野住宅 C 号馆

前　言

本书是《中国人民族性格和中国社会改革》课题（书中简称课题）成果之一。

课题于 1986 年 10 月经国家社会科学基金评审通过，被纳入国家第七个五年计划期间重点研究项目，受国家社会科学基金资助。在此书之前，《中国民族性》（一）于 1989 年 3 月由中国人民大学出版社出版。

《中国民族性》（一）和调查数据一起是此书的资料基础和成书前提。首先，《中国民族性》（一）所涵括的中国人研究主要人物及其主要观点，给课题研究提供了一条历史线索，使我们有可能沿着历史线索去思考、设计和构思。在此基础上，一方面对历史上主要观点进行调查，以了解当代人对历史研究的评价，另一方面，根据历史观点或叫历史量表和当代中国人社会生活中表现出来的心理现象设计调查问卷，以了解我们身上那些比较根深蒂固的性格特征。于是，课题研究便有了两个相互衔接的"出发"点：从历史上有关中国人研究的资料及观点出发，同时又离开历史研究原点走向现实生活和当代的我们，从当代的我们出发进行调查；而对现实调查的结果，又把研究带回历史，使人看到历史上的我们和当代的我们之间有着微妙的相似之处。这种由历史到现实再到历史回顾的寻求和追溯，又使我们进一步看到，古老的中华民族文化在世世代代、子子孙孙的身上沉积得深厚而又潜移默化；而这种体现在一代代人身上的文化沉积，便是我们这个民族固有的性格。

研究民族性格的方法有各种各样，研究的具体领域和重点也各不相同。《中国民族性》（二）作为中国人民族性格的一种专门研究，并非无所不包。课题研究和本书的重点是对中国人民族性格作结构上的考察和探讨，而不是民族性格的构成要素及其关系。这是两个有联系却又不同的问题。从性格结构理论看，有结构必有其构成要素及相互关系，从这一方面看，课题研究必须也应该设计能够体现中国人民族性格构成要素的调查指标，这就是课题问卷在目前所能提出的一些选择项。但对民族性格构成要素或量表的确定，不是一两次甚至三四次调查就能做到的，因此，课题研究者没有胆量在《中国民族性》（二）一书中论证中国人民族性格的构成要素及其关系。对这个问题的解决，寄期望于今后的追踪研究和其他学者的共同努力。

在课题现有调查指标及其数据处理的基础上，作性格结构特点的分析却是可能的。而且，这种结构特点分析对于课题研究来说，又更为紧迫一些。其理由在于，历史上有关中国人的研究相当繁杂，现实中的心理现象也矛盾重重；如何看待这些相互矛盾着的历史观点和现实表现，如何排除那些就连现象学也不会留用的观点和表现，如何透过矛盾抓住横在性格底部的根本东西，也就成了课题要首先着力探讨的问题。

从性格结构上考察中国人民族性格，它和其他民族一样，具有双重性；人格要素有优质也有劣质，人格表现有高雅的一面也有低俗的一面，有温纯也有粗野，有善有恶，有美有丑，等等，并且，和其他民族一样，都有仁爱等人类精神。但中国人之所以为中国人，重要的不在于有多少仁爱精神，而在于仁爱的核心地位和仁爱精神的表现方式以及仁爱为核心的各种性格要素的构成方式。方式即规则，即"套子"、"模子"，亦即"模型"、"模式"，是按规则结构化了的稳定的东西，千变万化离不开那一套。正是这个"方式"才是中国人区别于他国人的内部根据。

那么中国人性格结构上的特点是什么呢？概括地说，就是双重人格特质的圆满结合。这表现在课题调查结果中，就是心理反差及反差的趋中性即匀称性。

中国人的双重性格结构及其趋中性即匀称性特点，同中国文化的双重结构及其趋中性或匀称性分不开，主要表现在儒家人文主义和道家自然主义的圆满结合。儒家的人文主义和道家的自然主义互补；作为对儒家礼教严格控制和压抑的倒行逆施，老庄的"无为而治"实质上是为充分发挥人文精神而另辟"治"路，最后在"净化"高度上达到与儒家人文主义统一。儒道之间的圆满结合点的中庸，中国文化几千年绵延而不绝，其机理藏于中庸，在儒道之间。

对"中庸之道"的绝妙发挥则是古老文化中"天"、"地"、"人"三才合而为一的理念境界，文化理想中"修身齐家治国平天下"的典型性格和"六十而耳顺，七十而从心所欲，不逾矩"（《论语·为政第二》）的成熟人格，是至刚至柔的宽大温厚性情、"圆而神"的智慧等等。而对之恶性发挥，又可对包括糟粕在内的不合时宜的存在之绝妙维系和保护，使其圆而满之、完而善之、凝而固之。

奠定在中国人民族性格双重结构特点及其文化背景上的《中国民族性》（二）一书，从"文化与民族性格"开篇，到中国文化的民族精神收尾，民族性格研究的逻辑起点和与起点重合的逻辑终点都被裹在中国传统文化之中。

书的最终目的，不在论证本身，而在透过民族性格与民族精神的连带关系，证明中国人充分发挥光大民族精神，壮志满怀、振兴中华，建设现代化国家之可能。

全书分为四篇：基础篇、自我意识篇、行为取向篇、性格结构篇。首篇是交代课题研究的立论基点和角度；中间两篇是对调查结果的分析，通过分析多少看到一些中国人自我意识和知、情、意的表现方式；末篇是对中间两篇提供的材料之综合和构筑，最后，把中国人具有的趋中性、匀称性双重性格附在中国传统文化这个深长而又美妙的幕景上。

勾勒全书框架的工具概念或者叫逻辑关系中的"格"，主要有"镜"概念、"反差"概念、"投映"概念、"亲和"概念。作为工具概念使用的"镜"包括历史镜和他人镜；反差包括理想—实际反差；自—他反差、正反差、逆反差、极反差、趋中性反差；投映包括历史投射和他人投射；亲和包括人格与历史间的亲和选择、人际的感情亲和。

使用这样一些工具概念对中国人民族性格作结构性论证并建立基本论点，我有些自信又不自信。从本书的逻辑联系看是可以自信的，但从我的知识和阅历看，不论对历史还是对现实生活都知之甚少，实不敢自信于这样一个庞大课题的论述及论证。《中国民族性》（一）和（二）是课题研究的结果，又是课题深入的新起点。

目　录

代序　文化与民族性格

从文化开始研究民族性格是课题研究的基点。

民族是一个结构体。构成民族的要素有生物的、地理的、文化的和心理的。民族性格是心理因素的组合系列。因此，除了心理因素之外，其余的民族因素也都直接或间接地影响着民族性格。民族的生物因素（包括种族及血统、身体基准、人口的生殖能力、生长能力等）是民族存在和发展的生理基础，影响着民族成员的身体素质和体格健壮情况；从心理活动的机制存在于生理尤其是神经生理活动这一点看，大脑的生理功能会影响心理活动能力，从而也或多或少影响着心理素质和心理健全程度，影响着民族素质。民族的地理因素（疆域、气候、地形、物产、食品质料等）是民族的生存势力之一种，也影响着民族心理特点。

日本的内山完造在《一个日本人的中国观》中曾经说，"中国人的根性不妨称为大陆的。茫茫大陆之上，任何事物都不能明晰地加以区别划分，不能有绝对的完整，中国人即使见到完整的东西，也无意识地觉得把握着完整，未免太过于累赘繁重，只要能选出其中主要部分来，便已是足够足够了"。他的意思是，中国人民族性格有偏重于"大概"的倾向，比较缺乏精确概念。研究一个民族的性格，显然不能完全用地理因素去解释，中国人性格除了受地理因素影响以外，更重要的是受社会因素的影响，因此才有其他丰富的民族性格，比如，勤劳节俭、洁身自爱、大同思想等特点，但是，地理因素的确又影响着民族性格。生物因素和地理因素是间接影响民族性格的天然因素。直接影响民族性格的社会因素是文化。

一、民族性格的基本含义

民族性格这个概念，在我国还有民族性、国民性的提法，在英语中都用 national character 一词，是用来表示渗透在一个民族或一个国家的文化中的精神或意义，它是某种在民族内部"一以贯之"的文化精神，它具体地表现为民族心理和由民族心理构成的特有的民族性格、民族风采、民族风调。民族性、国民性是相对于个性的概念；国民性又是在以国家为单位考察国民特点时使用的；民族性格则相对于人格概念。个性、人格在英语中都用 personality 一词。

人格是就个体而言的概念，是指个体心理特质和性格特点的总和。人格的形成是通过社会化将文化模式内化为心理过程和心理尺度，最后养成一个人固有的思考方式和行为方式。民族性格则是就民族全体而言，是一个民族多数成员共有的、反复出现的心理物质和性格特点之总和，是人格的综合体。这里，心理特质和性格特点是互有联系又相互有别的，从联系上看，心理物质和性格特点都属于心理过程，但是，心理特质包括心理特点和心理素质，不仅表示心理过程，而且表示心理活动水平。性格特点是心理过程的总体，同时又表现为一定的生活方式特点，因此，心理特质和性格特点又有区别。

民族性格是代表民族特点的，所以，它又是一个民族大多数成员共有的、反复出现的心态和活动方式。这里的"大多数"有两个意思，一是指基本完成社会化的成年人，二是指以广大民众为主体的全体成年人。美国的英格尔斯（A. Inkeles）认为，在成年人中间有着最频繁出现的比较永续的人格特性或方式，我国台湾学者译为"众趋人格"（model personality）。就是说，在成年人中间有一种自然趋同的心理，这种心理过程外现为某种行为方式，被保留下来，呈永续状态。而保存民族性并使之永续的承担者是广大民众，由他们的各种活动在客观上体现出来的民族性或民族精神（语言、民德、民谣、民习、民风、民间工艺、音乐、美术、文学及田园技术等）更具传统性。而社会的支配者和少数精英分子，作为历史的、时代的被选择者，归根结底是为民众所需要的，他们身上拖着民族传统的"尾巴"。民族性是贯穿于政治、经济、文化的历史性的东西。由此可见，民族性无疑是通过一个个民族成员的人格特点得到表现，却不是个个人格的相加，它是以作为民族这种群体全体的面貌出现的，通达历史和社会的各个方面。我国学者庄泽宣在《民族性与教育》（1938）一书中认为，"民族性系一个民族中各个人相互影响所产生之通有的思想、感情和意志，对个人深具压迫敦促的势力"。这是说，民族性格是存在于一个民族内部的心理过程，因而能成为一种心理力量，它敦促各个人产生与他人相互沟通、相互共有的心理，这样才能维持和发展一个民族的精神生活和社会生活。成年又有各种层次，有老年、中年和青年，其中青年身上既有民族性格烙印，又有较强烈的时代风采，体现出民族性格变化的某种趋势；从职业层上看，成年人又有从事于农业、从事于工业、从事于文化教育和科学技术研究的，分属于体力劳动者和脑力劳动者。在现代社会中，脑力劳动者的队伍逐渐扩大，由于知识本身的传播性和融合性，脑力劳动者的性格特点变化较快。因此，研究民族性格，既要注重于工农劳动者和普通群众，又要注意研究知识层，以便从中找出共同的、有代表性的东西，同时找出民族性格可能出现的变化倾向。

总之，民族性格是一种精神现象，存在于民族群体之中。在社会心理学历史上，德国民族心理学派和法国群体心理学派都曾经极力主张民族精神（民族心）或群体精神（群体心），但他们却抹杀了这种精神现象的从属性，以致把民族精神或群体精神夸大为独立实体。这是他们的有失偏颇之处。然而，他们揭示了存在于个人与社会之间的广大群体领域和附着于这个大群体的精神。民族性格是这种精神的重要表现，标示着民族特色。一个民族的特色不只是表现在看得见的有形的东西上，而且表现在看不见的、无形的精神中。梁漱溟在讲中国文化问题时说过一个看法，他认为，中国文化不只是地理上某空间、历史上某时期那一大堆东西，并且尚有某一种意义或精神可指。[①] 这个看法有它的道理。包含在文化中的那种精神或意义、文化的价值，是维系民族成为统一而不破灭的群体所必需的内在纽带，是体现民族特点的东西。

---

① 参见梁漱溟：《中国文化要文》，4 页，成都，路明书店，1949。

二、文化及其基本特点

文化（culture）这个概念在中国很早就有了，南齐王融《曲水诗序》中曾经有"设神理以景俗，敷文化以柔远"的说法，此文化意指文治和社会教化的总称。从文化与社会之间的关系去研究文化是从 19 世纪德国 A. 韦伯（A. Weber，M. 韦伯的弟弟）、舍勒（M. Scheler）等为代表的文化社会学派开始的，他们把文化视为包括宗教、思想、艺术、理想、价值等精神的、人格的、直观的产物。但是把文化作为一种独立研究对象的还是英美的文化人类学。泰勒（E. B. Tylor）1871 年对文化下过一个至今仍被誉为权威的定义：文化"是包括知识、信仰、艺术、道德、法律、风俗以及社会成员所获得的能力、习惯等在内的复合体"。本尼迪克特（R. F. Benedict）在《文化的类型》（1934）一书中认为，一个文化正如一个人一样，多少是一种思想与行为都一致的类型或整体。林顿（R. Linton）在《文化人类学入门》（1936）一书中认为，文化是后天习得的行为和行为后果的综合体，一种完整的"型"。就是说，在林顿的文化观中，文化既是行为模式，又通过行为后果表现在文化遗产中。英国的文化人类学家马林诺夫斯基（B. K. Malinowski）在《科学的文化》（1944）一书中认为，文化是完整的全体，其中包括具体物（使用的器皿和生活消费品）和无形的思想（信仰、习惯、制度等）。本来意义上的文化概念是从文化人类学来的。文化人类学把文化规定为人类行为的一种模式，一个思想与行为相一致的完整的综合体，这是基本可取的。但是，上述各位文化人类学家对文化的解释和规定尚缺乏广阔的社会历史视野，尚未把文化现象纳入整个社会历史过程中考察，虽然横向视角比较充足，但纵向分析比较薄弱。

文化是一种社会历史现象。大概有了人类，就有文化，文化可谓无孔不入。因此，文化这种现象有着其他现象不具有的个性，有它特有的质的规定性。所谓文化，就是人们在长期的社会生活中凝聚起来的生活方式之总体。首先，文化本身是一种生活方式，其中包括思考方式和行为方式。由血缘和地缘结合而成的民族群体，有自己特有的生产方式、交换方式以及思考问题和解决问题的方式。有了这些特有的"方式"，才有特有的产品，才标志着一个民族是这样的而不是那样的。产品有两类：物质产品和精神产品。生产工具、交通工具、日常用具、住宅、建筑、服装、化妆品等等属于前者，文字、语言、文学、艺术、宗教、道德、科学等等属于后者。不过，值得注意的是，文化体现在所有的产品中，却不只是产品本身，它只是作为人们的行为方式和思考方式存在于产品中。其次，文化是生活方式的总体。文化既然体现在各种产品中，它的构成因素也就是多种多样的；文化既然是"方式"，就是成"型"的，因而，文化内部的各种因素之间是相互制约、相互补充、共同起作用的，其中任何一个部分中"方式"的变化，都要受到其他部分的牵制，而文化内部的这种相互牵制，使某种文化总体不易被异文化打破，也不易被异文化吞噬，从而表现出相当的内聚力和排他性。最后，文化是长期凝聚的结果，是历史的累积。从横向上看，文化是一个民族共有的一致的生活方式总体；从纵向上看，文化是凝聚在一代代人身上和历史财富中的生活方式。凝聚在一代代人身上的生活方式之总和，就成为民族性格；凝聚在历史财富中的生活方式总和，就构成文化遗产。

文化带有普遍性。它是由人类创造的，是人类创造历史的成绩总和，"凡是由人类调适于环境而产生的事物，就叫文化"[①]。人类有全球共有的生活环境，因此，文化也就有着全人类共有的、广泛的、普遍适用的一面。文化的普遍性特点是人类维持和发展全球性生活的一种社会纽带。

文化的特点主要的不在它的普遍性。因为既然文化是在血缘和地缘这种天然关系的基础上累积而成的，那么它的基本职能就在于维持和发展民族生活；文化是一个民族的历史产物，是联结和健壮民族群体的社会纽带。我们在讲文化定义时曾说，文化是生活方式的"总体"，这在实际上已经表明，文化的基本特点在于它的总体性或叫整体性。文化的整体性是以民族为单位形成的，不是也不可能是以世界为单位形成的，而文化的整体性则为一个民族保持和发挥文化优势提供了可能性，假如一个民族的文化逐步走向分散而统一不起来，就意味着它的文化优势开始衰落，最后可能落伍。人们都知道，在世界各种古老文化中，唯有中国文化不曾中断过而一直延续到今天，自成一个相当严密的文化体系而顽强地立于世界文化之林，这个事实最好地证明了文化的整体性。

文化的基本特点是整体性（总体性），正是这个基本特点才使文化带上了固着性，就是说，文化是整体的，是一个"型"，一种"态"，因此，

———————————

① 孙本文：《社会的文化基础》，3 页，上海，世界书局，1929。

它自身潜伏着势力（文化能量），这种势力、能量又是一种惯力和惰力，比较固执。文化的整体性还带来文化的排他性，即对异文化的一定排斥。排他性的对立面是同化性。一个民族的文化生命力在很大的程度上表现在对异文化的同化力上。同化不是兼收并蓄，而是取其精华，去其糟粕，化为己有。

总之，整体性（总体性）是文化的基本特点，由于这个基本特点，文化又具有固着性和排他性（其对立面是同化性）。

文化还有变移性和相对性。文化在历史上是有变化的；文化的历史是文化变移史，尽管这个变移相当慢。由于文化在历史上不断变化，因此文化现象是相对的，并非绝对不变。

文化变移，主要由两种因素造成。一是在对异文化的同化过程中，总会有新文化成分的增加和原有文化成分的遗失，形成文化系统中某种小的变化，而这种小的变化一旦系统化了，就会使这种变化朝着某种方向变去。在文化变移中，有一种现象叫做"文化飘移"（cultural drift），是指一种文化向某种方向逐步发展过程中出现的一系列微小的变化，这种变化的最后结果导致文化系统的破裂和解体。文化飘移是文化变移的一个渐进过程，但却是一个重要过程。二是社会变迁引起的文化变移。文化是一种广泛的社会现象，包括物质文化（通过物质活动和各种有形实物表现出来的文化）、社会文化或叫行为文化（通过社会成员共同遵守的社会规范和规范行为表现出来的文化）、精神文化（通过精神活动和精神产品表现出来的文化），所有这些文化现象都毫无例外地要随着社会生产力和科学技术以及整个上层建筑的变化而变化。

由文化的变移性和相对性又演变出文化的历史性和阶级性。在不同的历史时期和阶级社会中，所有形态的文化都打上了历史的烙印和阶级的烙印。在阶级社会中，作为上层建筑的文化，是为本阶级利益服务的。

三、文化积淀对民族性格的影响

文化是一个整体，而非散漫不规的无序态。它是规则的、有序的，因而是绵延流长、代代相传的；文化又是充满差异、不断变移的，因而，文化又是千姿百态、代代有变的。不论是相传，还是相变，都是文化累积过程中的现象。

文化累积又被称为文化积淀。不过，用文化积淀这个概念还含有深层结构的意义。所谓文化积淀，是指文化在历史上累积和传播出去的总量。第一，文化积淀是质和量相统一的概念，在量上，它是被客观地保留下来的那些部分的总量。保留下来的总量多，表明文化积淀层深；总量多，积淀层深，就有文化优势。文化积淀在质上的表现，是全民族文化素质的优劣，其中包括它内容上的丰富多彩程度和形式上的结构严密程度。文化有内容和形式之分。就其内容而言，文化是由许多元素构成的，这些元素是构成文化的单元，比如旗袍、北京四合院、北方马车等，都是一些文化单元。旗袍、马褂等的结合构成中国式服装，是一种文化丛；文化丛有简有繁，简文化丛相互结合又形成复文化丛，复文化丛相互结合而成特定的文化体。文化丛的相互结合不是杂乱无章的，而是有规则有系统的整体，形成一定的模式。这就是说，就文化的形式而言，文化是文化丛相互结合而成的一定的模式。这种模式使文化在横向上联结为一个整体，统一而不分离，同时，又使文化在纵向上绵延成体，完整而不七零八落。美国人类学家克罗伯（A. L. Kroeber）曾把文化模式分为两种，一种是绵延数千年、在历史上起主导作用的主模式，另一种是不甚稳定、容易变移的次模式。我们这里讲的文化积淀是指主模式和它所包容的文化丛的绵延过程。能够绵延的文化模式表明它有质的优势，才为多数人喜爱和接受，中国妇女的旗袍至今兴而不衰，就意味着它的美。当然，为众人喜爱的文化现象未必都是美的，都是素质好的。文化在质与量的关系上，两者是统一的，又是不统一的。第二，文化积淀是由累积和传播两个侧面构成的过程，是由累积和传播共同形成的总量。一般地说，文化累积多，积淀层深，它的传播能力也就强。比如，我国的文化在历史上的传播范围及其速度是和中国的文化累积分不开的。文化传播有自然传播和社会传播两大类。自然传播是人们在社会交往中礼尚往来自然形成的；社会传播则包括静态传播和动态传播。静态传播是通过物、产品记载下的文化模式，然后再传播开来；动态传播是通过大众传播媒体将现实的文化现象复制下来，再由报纸、杂志、小说、广播、电影、电视、录像等媒体传播开来。文化累积是文化传播的前提，而文化传播是对文化累积的扩散，没有文化传播，它就会遗失。从文化的本性看，文化总是不断传播的，因此，文化遗失总是少于文化累积。

文化积淀是由两种因素造成的：对旧文化的保存和新文化的增加。文化有一种惰性，它一经制造出来，就保存下来而不轻易消失，因为只有这样，文化才得以越积越多。新文化本来是旧文化的一种对立，但是，新文化一旦出现，欲要取得立足之地，就必须同某种固有文化结合，加入其内，使固有文化在其总量上得到增加。因此，新文化的增加，非但不能削弱固有文化的发展，相反地，它在借助于固有文化保存自己、发展自己时，反而会使固有文化的累积和传播有所增加和扩大。从文化累积过程中新文化增加的方面看，我们有理由相信，文化累积的多寡标志着民族文化的根底（基础）雄厚与否。文化根底深、基础好，会使民族文化受到长期熏陶。孙本文在讲文化累积时说："一个社会在某个时期所有文化累积的总量谓之文化基础。凡文化基础成熟的时候，发明有着不得不产生的趋势。"[1] 孙本文这种看法，虽然是就文化的促进作用而言，没有论及发明的整个社会条件，但他看到了文化累积的客观作用，文化累积是发明的社会历史条件之一。

那么，文化累积和传播、文化积淀对民族性格有什么影响作用，又是怎样实现它的影响作用的呢？

第一，文化积淀对民族性格起社会环境作用。人们都熟悉，社会环境有物质的，也有精神的。物质环境是人们经过生产活动改造了的物质世界，即马克思称谓的感性世界。这个感性世界着实地记录着人们的行为方式和思考方式：中国的色泽艳丽的大花布，记录着中华民族长期同自然界直接接触、热爱自然花草的性格；鲤鱼跳龙门的脸盆，记录着我国人民重视"福禄寿"的心态。这个感性地摆在人们面前的世界，每时每刻都在影响着人们的性格。精神环境分为心理环境和由大众传播形成的拟态环境，也叫复制环境或拷贝（copy）环境。20 世纪 60 年代以来，由于信息的环境化和环境的信息化，拟态环境又被称为信息环境。尽管叫法不同，但意义是相同的。这种精神环境是对现实环境的复制（拷贝），通过大众传播媒体把现实环境再现出来。我们每天看电视、看球赛节目，看到的并非现实生活本身，而是经过编辑、制作之后的复制品。然而，这种环境对人们心理和人格的影响作用却是巨大的，它比起现实环境要柔软得多，有弹性得多，充满了感情色彩和引人入胜的心理诱惑力。总之，除了心理环境之外，其余的精神环境和物质环境都是文化环境。文化模式凝聚在社会环境

---

[1]　孙本文：《社会的文化基础》，118 页。

中，成为社会环境背后的一种深层力量，深刻地影响着一代代人的性格特点。在现代科学技术迅速发展的条件下，大众传播神通广大，传统文化的约束力越来越被现代反传统的文化模式冲击和削弱，因此，民族性格的变化和改造也就比较快。

第二，文化积淀对民族性格起社会尺度作用。民族性格的改造是有标准的，并非随心所欲的过程。倘若有随心所欲的改造意图，就一定会受到社会舆论的非难和抵制。民族性格改造的社会尺度是规范，就是人们共同遵循的行为准则。特定的文化模式通过规范约束人们的社会行为，而规范的约束作用又必须通过人的社会化过程才能实现。在人的社会化过程中，规范内化为心理世界的内在尺度，成为人们赖以进行活动的心理准则。文化这种东西有一种特殊的品格，它是被大多数人喜爱的，心甘情愿接受之。比如，中国妇女穿旗袍，日本女人穿和服，就是如此。如果让中国妇女去穿和服，她们会因为穿和服必须迈特殊的小步伐而不爱穿，而对日本女子来说，穿和服、迈小步是一种美；同样，中国妇女的旗袍，对中国妇女而言，穿起来会觉得挺拔、潇洒、优美，让日本女子穿，她们则会感到不自然，穿不来。这都是喜欢不喜欢、习惯不习惯的问题。一旦有一种新的行为闯入社会生活领域，并通过人的社会化过程将其内化为内部美的尺度，也就会支配人的某些行为，逐渐改变过去的一些行为方式，改变某些传统习惯，从而使民族性格得到某种改造。

总之，文化积淀对民族性格的深刻影响作用是一种深层力量，虽然人们深深地受着文化模式的约束，却又不觉得有什么约束；文化势力虽然是一种巨大的社会压力，人们却不觉得有什么压力，同时，文化又是在变移的，因此民族性格也在被逐渐改造。文化积淀对民族性格改造的影响，是通过文化环境化和文化人格化两个重要环节实现的，文化遗传的机理埋在这两个环节之中。民族是有遗传的，民族遗传包括生物遗传和文化遗传。生物遗传通过生物基因组合实现，是保证一个民族是这样的人种而不是那样的人种、是这个民族而不是那个民族的重要依据。在现代，虽然产生了生物基因组合技术，可以用人工方法使生物基因重新组合，从而使人的生物过程带上某种文化痕迹，但是，直接规定一个民族特点的却是文化因素。文化遗传显然不同于生物遗传，但文化遗传也有一个文化的"编码"和"译码"的过程，这个过程实际上就是对文化单元的连续累积和不断传播的过程。可见，民族性格的形成及改造的机理隐藏于文化积淀的整个历史过程中。

中国是一个有历史、有文化传统的文明古国。中国文化积淀的结果造成了中国人特有的民族性格。这个特有的民族性格有优点，也有缺点。但是，从历史的总体上看，中国人民族性格的优点占优势，因而，中华民族才存续数千年而不衰，面临数次外敌入侵而不亡，始终发奋不息，不甘于落后。

中国文化早熟，中国人的民族性格也是早熟的。他们对待人生、对待人际关系、对待社会生活的态度都比较规范，有一套处世哲学，委婉、幽默、乐观、达理、重人际和睦、善顺乎自然，同时又好用心机、捉弄世道、冷眼相看、取乐于世，如此等等。中国人的这些性格特点看上去好似不相容，但这后一种特点正是前一种的补充，特别是在长期的经济落后和教育落后的情况下，这后一种性格正是摆脱困境、自我保存的一种方式，一种心理投射。因此，中国人民族性格中的优点和缺点常常分不开，委婉与虚伪、幽默与狡猾、长乐与知足、微笑与心机、拔刀相助与冷眼旁观等，都能以微妙的形式结合起来，性格表现因时、因地、因人而异。

看一个民族的心理特质，还必须看它的知的能力。从这一点上看，中国人民族性格中更珍贵的东西，就是自古以来的"学而不厌，诲人不倦"和"好古敏以求之"的追求精神，以及"知之为知之，不知为不知"的治学精神。中国人求知好学，也就是有谋有智，有比较冷静的思考能力。知的能力是中华民族潜在力量之所有。只要我们的物质条件得到迅速改变，教育水平得到较大幅度的提高，民族性格中的优点和潜在力量就会得到很好的发挥。

这里值得提出的是，文化积淀虽然是民族性格改造的重要因素，然而却不是唯一的和决定的因素，因为文化并不是社会发展的根本力量，文化发展取决于生产力发展和整个社会经济、政治、法律制度的发展以及思想体系的指导作用。民族性格的改造归根结底取决于决定文化发展的那些东西。

第一章　课题视角

1986 年 3 月，笔者以《中国人民族性格与中国社会改革》课题申请人的名义，向国家教育委员会提出申请，得到批准，是年 10 月，被推荐到国家"七五"重点科研项目论证会，得到了全国社会学界的支持。从此，有关中国人的研究，在我国首次被纳入国家重点科研项目，得到国家社会科学基金资助。

一、历史上有关中国人研究的基本观点

中国哲学史应该说是关于人生哲学的思想史，它研究人生为何物、为何而生、如何做人等问题，是研究中国传统人格的一种重要的理论依据。

但把现实中的中国人作为对象进行考察和研究，却是在中国文化与西方文化有了接触之后；到了 19 世纪中叶，便有了专门写中国和中国人的书。到中国考察中国和中国人的大体上有三种人，一是在中国布道多年的传教士，他们关于中国文化和中国人的书信往来，对东西方文化交流和文化传播起了积极作用，使一些当时不曾到过中国的西方（尤其是西欧）著名学者和思想家甚至黑格尔、马克思、恩格斯有可能抓住他们提供的史实，对东方文化进行研究。二是当时的一些汉学家和外交使节，比如威妥玛（T. F. Sir Wade），他 1837 年毕业于剑桥大学，1842 年被派到中国学习和研究汉语，任英国驻华汉文副使，1845 年曾一度返英，后供职于驻

华使团，1883年重返剑桥。他在《形势与1849年的中华帝国政府札记》中认为，中国人勤勉，却是计较眼前利害得失的功利主义民族。这些人虽然是为其本国外交需要而注目于中国人研究，但在客观上对于中国文化和中国人研究有借鉴意义。三是出于对东方文化、东方人格的好奇和科学精神而进行研究的学者。法国传教士古伯察1844年从北京出发，历经两年，走遍了中国内地和西藏地区，1854年写出《中华帝国追想》一书；德国地理学家、地质学家利希霍芬在中国对十几个省进行了考察，写出《独立种族》一书；晚些时候，又有英国哲学家罗素、美国社会学家罗斯、美国哲学家杜威等先后来到中国，他们对中西文化的比较研究和对中国民族性格的研究，至今都不失其宝贵的价值。①

中国人对自己的研究几乎和中国现代历史同时开始。凡是有志于中国社会改革的仁人志士和有志于中国文化建设的有见识的文化人，从严复、康有为和梁启超到鲁迅、胡适之和陶行知等，无不论及中国民族性。

古今中外，对中国人的看法多如牛毛，莫衷一是。如果将《中国民族性》（一）一书中收集的71个人物、500多个观点②做一粗略分类，并统计每类观点出现的频率，则可以大体了解历史上有关中国人研究的几个基本观点及其分布状态。

课题的这个分类是依据庄泽宣在《民族性与教育》一书中提出的15种观点、梁漱溟在《中国文化要义》一书中对中外学者观点的10种归类、潘光旦在《民族特性与民族卫生》一书中对斯密斯26种观点的三种分类（生理与心理类、经济品行类、社会品行类）以及近20年来包括中国港台学者在内的有关中国文化和中国人研究的主要观点而做出的，共分为八类（见表1—1、图1—1）。③从每类观点在71个人物的主要著作中出现的频率看，第一位是勤俭耐劳，安贫乐道，占24.4%；第二位是自私自利，虚伪欺瞒，占22.3%；第三位到第八位依次是：家族至上，权威主义（12.9%）；仁爱慈悲，反躬修己（11.6%）；笼统无知（8.5%）；中庸谦恭，圆熟含蓄（8.3%）；聪慧灵巧，自强不息（6.8%）；至大至刚，和平宽厚（5.2%）。

---

①② 参见沙莲香：《中国民族性》（一），北京，中国人民大学出版社，1988。

③ 在《中国民族性》（一）中收集的观点，有个别几个观点实际上不属于对民族性的论述，因而这里分类时没有收入。

那么，作为生活在 20 世纪 80 年代中国社会改革不断发展这一社会环境中的现代人，是怎样看待历史上这些观点的呢？为了了解这一点，课题曾就上述分类在 289 名知识分子（具有高等教育程度的被调查者）中进行过一次问卷调查。其内容有两个：一是让被调查者利用七段评分法，对八种观点做出赞否程度的评价（打分）；二是在评价基础上做出有关中国人最大优缺点的选择。①

表 1—1　　　　　　　　历史上有关中国民族性的主要观点

观点类别	分观点列举			此类观点出现的频数	此类观点出现的频数
1. 仁爱慈悲 反躬修己	重儒教 慈　善 注重个人修养 各自相安	感情本位 尚情谊 自尊自谦 知恩与情	伦理精神 合情近理的态度 偏内向 ……	63	11.6%
2. 至大至刚 和平宽厚	重和合 自然归向 重自治 厚德载物	爱好和平 非好战 和平文弱 和平主义	博爱与和平精神 没有狭隘的民族 观念 ……	28	5.2%
3. 中庸谦恭 圆熟含蓄	安命不争 竞争力衰弱 谦让 客气	妥协 持中 婉转 冷淡	稳定 重视和谐 早熟	45	8.3%
4. 聪慧灵巧 自强不息	自强不息 智仁勇 创造的才能 理性主义	坚强有为 法自然 向上之心	灵巧 放达 科学精神	37	6.8%

———————————

① 有关中国人研究的评价和选择问句：

历史上，很早就有人研究中国人的民族性格，提出了不少看法。下面把历史研究中比较一致和有分歧的看法提供给您，请您仔细看后用对各种观点打分的方法表示您的看法，然后，请您就列出的各种现点，选出您认为中国人具有的最大优点和最大缺点各一项。

各种分数代表的意思：

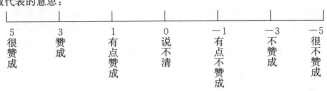

| 5
很
赞
成 | 3
赞
成 | 1
有
点
赞
成 | 0
说
不
清 | —1
有
点
不
赞
成 | —3
不
赞
成 | —5
很
不
赞
成 |

观点类别	分观点列举			此类观点出现的频数	此类观点出现的频数
5. 勤俭耐劳 安贫乐道	坚韧 忍耐 没有创造性 勤奋	适应力 保守与形式 传统主义 安分知足	坚韧与复生力 听天由命 省俭撙节 ……	132	24.4%
6. 笼统无知	退化 差不多 似是而非 尚空谈	自馁 注意力分散 愚昧迷信 缺乏好奇心	缺乏科学发明 创造能力薄弱 缺乏伦理思想 ……	46	8.5%
7. 自私自利 虚伪欺瞒	言而无信 散漫 好利 残忍	自欺 窝里斗 利己 ……	没有民族主义 自我主义 无情	121	22.3%
8. 家族至上 权威主义	泛道德主义 农民性格 蔑视个人权利 顺从性格	重农思想 尊卑上下 忠孝 ……	群的保身 祖先崇拜 缺乏独立精神	70	12.9%

中国民族性（二）

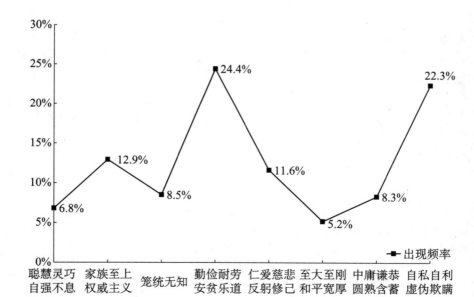

图1—1　历史上有关中国民族性的主要观点

从对历史上主要观点评价的评分看，评分最高的是第四类"聪慧灵巧，自强不息"，其评分平均值为 2.63；其次是第二类"至大至刚，和平宽厚"，其平均分为 2.62；评分最低的是第七类"自私自利，虚伪欺瞒"，其评分平均值为 −2.34（见表 1—2、图 1—2）。

表 1—2   对历史上主要观点的评价（均值）

	均值	标准差
勤俭耐劳 安贫乐道	2.50	2.42
自私自利 虚伪嫉妒	−2.34	3.25
家族至上 权威主义	−1.20	3.28
仁爱慈悲 反躬修己	2.24	2.07
笼统无知	−1.39	3.56
中庸谦恭 圆熟含蓄	0.54	2.74
聪慧灵巧 自强不息	2.63	2.56
至大至刚 和平宽厚	2.62	2.30

注：$n=289$。

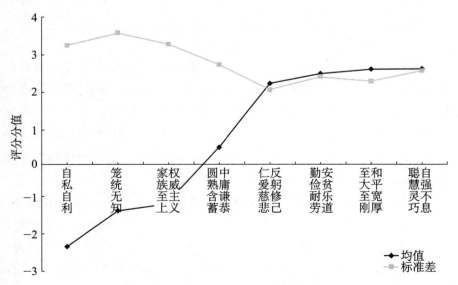

图 1—2 对历史上主要观点的评价（均值）

若用评分中 5、3、1 之和的百分比表示赞成的程度，用－5、－3、－1 之和的百分比表示不赞成的程度，那么对历史上主要观点的赞成程度最高的是表1—1 中的第五类"勤俭耐劳，安贫乐道"，占 83.1%；其次是"聪慧灵巧，自强不息"类，占 82.4%；不赞成的程度最高的是第六类"笼统无知"，占 62.9%；然后是"家族至上，权威主义"类，占 60.6%（见表1—3、图1—3）。

表 1—3　　　　　　　对历史上主要观点的评价与选择（%）

	赞成	不赞成	说不清	中国人最大优点	中国人最大缺点
勤俭耐劳 安贫乐道	83.1	11	5.9	24.9	2.6
自私自利 虚伪嫉妒	25.0	71.9	3.2		45.2
家族至上 权威主义	32.3	60.6	7.1		20.3
仁爱慈悲 反躬修己	81.1	9.1	9.2	12.1	
笼统无知	32.4	62.9	4.6		16.4
中庸谦恭 圆熟含蓄	55.4	35.5	9.1	2.0	11.8
聪慧灵巧 自强不息	82.4	10.1	7.5	35.7	1.3
至大至刚 和平宽厚	82.0	8.7	9.3	24.3	

注：对优、缺点项有"○"选择，故总计不足百分之百。

总之，不论从评分平均值看，还是从赞成分的百分比或不赞成分的百分比看，对历史上主要观点的肯定评价占多数。然而，在赞成的部分中，有一个很特别的情况，即在历史研究中所占百分比很低的"聪慧灵巧，自强不息"类和"至大至刚，和平宽厚"类，在问卷中予以赞成的百分比却相当高。这表明在历史上为数不多的人所主张的观点，在问卷中得到了为数众多的人的赞成。

从表1—3 看，答卷人认为中国人最大的优点是"聪慧灵巧，自强不息"的居首位，占 35.7%；"至大至刚，和平宽厚"虽然居第三位，其百分比却与"勤俭耐劳，安贫乐道"的 24.9% 相差无几。从对"中国人最大缺点"的答卷结果看，与历史上主要观点比较接近，居首位的是"自私自利，虚伪嫉妒"，占 45.2%，其次是"家族至上，权威主义"，占 20.3%。

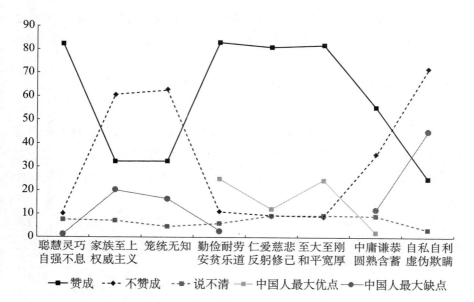

图1—3 对历史上主要观点的评价与选择（％）

由此可以看出，历史上有关中国人的各种观点褒贬不一，有赞美和颂扬的，也有披露和鞭挞的，甚至有恨我中华民族之古老、之落伍、之愚昧，不得完好发展而痛心切肤不已的。所有对中国人的研究，只要不是有意歪曲中国人本来面目的，对于我们今天寻找中国人精神活动轨迹，勾勒民族精神面貌和反映民族形象的工作，就都是有意义的。科学的历史是一面镜子，我们可以用这面镜子看我们自己的过去，从过去中比较现在。

另一方面，这面历史镜子的作用又是有限的，这不仅是因为历史上研究者对活动在当时历史舞台上的我国人民的了解和理解是有限的，即研究者本人的认识活动被历史限制着，而且，在历史上，我国人民对自己的认识和了解、对自己潜在能量的自觉运用和发挥也是有限的。因此，我们今天在研究中国人的过去和现在的时候，既有必要对历史上的研究进行再研究，又有必要对中国人在历史上的表现进行历史性研究。

而"今天的我们"，不论从哪个方面利用历史这面镜子来看我们自己、看"过去的我们"，都有一定的局限性。这个局限性主要表现在今天的我们总是因为这样或那样或多或少把今天所喜欢的同时评为对历史观点所赞成的，不喜欢的也同时成了不赞成的。这样，历史上那些揭示中国人优缺点的有意义的观点也就有可能得不到应有的反映。就是说，通过这种评价，在历史的镜子中反映出来的更多的是"今天的我们"的面孔，更少的是历史研究中原有的面貌即"过去的我们"。

二、整体论方法和民族性的双重性结构

不论中国人还是外国人，对中国人的研究和认识，都蕴涵着十分丰富的思想和令人思索的光辉点。庄泽宣在《民族性与教育》一书中，通过对中国民间谚语、格言、歌谣和文学艺术等的具体分析，将中国人的民族性放在三个维度上去考察：

对待人生，表现为个人修身、乡党亲谊、宽厚和平、中庸调和、容忍谦让五个方面；

对待事物，表现为安分知足、笃实力行两个方面；

对待宇宙，表现为听天由命、自然放任两个方面。[①]

这三个维度实际上就是"天"、"地"、"人"三才。庄泽宣最富有启发性的研究不仅在于他提出了三维分析法，而且还在于他把主次观点和层次观点纳入维度构筑之中，使中国人民族性格结构呈纵横交错状态，维度和层次既有区别，又互相联系，结构复杂又有弹性。

庄泽宣在对中国人民族性格进行的三维分析中，各种构成要素之间有主有次，非等量齐观。他认为，在"天"、"地"、"人"三才之中，以人生为出发点，也以人生为归宿处。"中国民族对于宇宙及人生都注重一个'和'字，因此融合天道及人道，产生了天命；常注重一个'乐'字，由于重视人生享乐，可以求淳朴的生活；在家族生活方面，既要力求家族关系的和睦，更应重视家族生活的融乐，故重伦常道理，以家族为中心，推及个人修身及乡党亲谊。"[②] 由此可以看出，在庄泽宣的分析中，构成三维交叉点（或叫立足点）的是两位一体的"和"、"乐"精神。我国著名的史学家和文学家钱穆1978年应香港中文大学新亚书院之邀做关于中国民族性格及中国文化的演讲时曾经说，中国的文化主"和合"，中国人讲人，不重在讲个别的个人，而更在讲人伦。人伦表示人与人相处是有一共同关系的，要能人与人相处，才各成其为人。他又说，中国人看重后天人文，

---

① 参见庄泽宣等：《民族性与教育》，403～449 页，北京，商务印书馆，1939。

② 庄泽宣等：《民族性与教育》，452 页。

可以说，中国人比较更多看重和合，因而家庭占了社会重要的第一位。①
二位学者的看法何其相似乃尔，都是有历史依据、有道理的。

在庄泽宣的三维分析中，还提出中国民族性与民族理想的关系问题。
他认为，民族性大部分由民族理想而来，而民族性与民族理想互为因果。
他说，中国民族的理想是，对于宇宙，产生天命观点；对于人生，重视伦
常道德；对于事物，能守淳朴生活。重视天命观念的结果，消极地产生了
听天由命的心理，积极地养成了自然放任的态度；重视伦常道德的结果，
发扬了中庸调和的精神，对己恪守容忍谦让之道，对人务求宽厚和平之
德；重视淳朴生活的结果，消极地产生了安分知足的心理，积极地养育了
笃实必行的态度（见图1—4）。

可见，在庄泽宣的三维分析中，实际上包含了两个不同而又密切联系
着的层次即民族理想和民族性，亦即理想层和心理层。中国人在追求理想
式生活的过程中，既产生出积极的心理后果，又形成了消极的心理状态。
由于中国人社会生活的贫乏，最终出现人格上的不足，这就是他在表的下
端所列的"缺乏科学发明，缺乏社会意识，缺乏宗教信仰"。

潘光旦先生在《民族特性与民族卫生》中提出，观察民族特性有四个
立足点，即文化的、经济的、自由意志的和生物的或种族的。他认为，
"一个民族先得有比较稳定的生物基础，而后坚强的意志、丰富的物质生
活、繁变与醇厚的文化事业，才有发展的张本"②。他说，以往人们仅仅注
意到了生理的健康，而几乎忘掉了心理的健康，"健康的精神寓于健康的
身体"③。潘光旦这里所说的精神，是指"心理生活的全部，包括智力的贤
愚、意志的强弱、情绪的稳妥在内"④。他正是从生物学立足点出发观察一
个民族健康与否，在他论述民族卫生的出路时发表了一种至今看来仍然有
着重要意义的见解，这就是他指出的中国民族的四大弱点：体力之不足；
科学能力或研究能力之不足；团结能力和组织能力之不足；社会意识或
"八厶为公"的能力之不足。⑤ 并从自然的和人文的遗传和淘汰原则分析了
四种能力或品性不足的环境根源。

潘光旦作为中国历史上一位有见识的学者，他的见解有独到之处，也

---

① 参见钱穆：《从中国历史来看中国民族性及中国文化》，22～23页，台北，联经出版公
司，1984。

②③④ 潘光旦：《民族特性与民族卫生》，2、34页，北京，商务印书馆，1937。

⑤ 参见上书，316页。

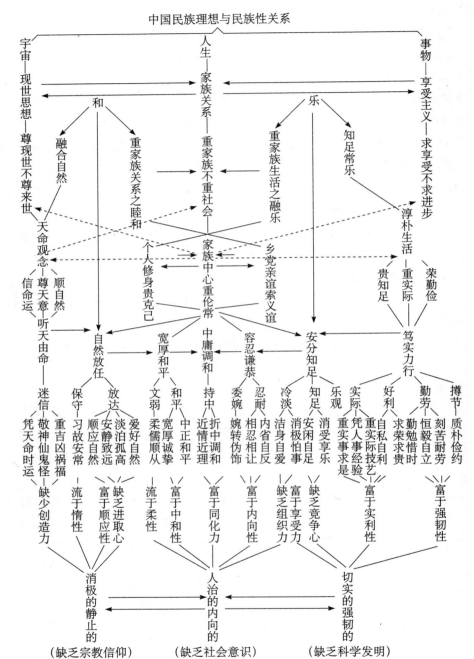

图1—4 中国民族理想与民族性关系图

有其科学依据，从而自有他应有的合理性。人既然是高级动物，是经过社会化而成的，那么某些生物学规则当然也就适用于人类生活。然而，纵使是适用于人类生活的生物学规则，也要受非生物学比如社会学、哲学等规则的牵制和约束，生物学规则在人类生活中适用，同时又不适用。就是这个"适用又不适用"才把人和动物严格地、彻底地区别了开来。因而，当我们看到潘先生解释上述四种能力之不足时，不由得生出一种不足之感。比如，他感慨于中国民族团结能力和组织能力的薄弱，一半是因为自然淘汰，一半是因为人文淘汰；千百年来，水旱灾荒的选择势力在中国民族中间酿成了一种最不幸的心理品质即自私自利心的畸形发展。他又认为，畸形的自私自利的人聚在一处（家庭中另有血缘关系，不论），当然难望他们通力合作、打成一片。他从选择与淘汰的原则上寻求民族不健康的环境根源的做法，对于研究中国人独具启发性。费孝通先生 1987 年曾说过，潘先生一生的学术最基本的目的是富国优种，他要研究中国人德、智、体三个方面的根本素质怎样能提高起来。

有一个方法论的问题，这就是研究中国人民族性格，应该也有必要在历史的、具体的研究基础上，采用整体的观点和整体论，即把中国人的民族性格作为一个整体去考察。从总体上考察，民族性格既不是一个个体心理的多层次、多方面的表现本身，也不是一个个体的心理特性及其表现的简单之和，它带有系统科学上的整体论或社会科学上的结构论的特点，是一个个体所没有的十分抽象的特性（科学的抽象又都是具体的，即对一个个体具体特性的综合）。关于这个问题，钱学森曾说，描述社会行为这种巨系统，用还原论是不行的，因为巨系统由千万个子系统构成，人们不可能在哪个瞬间能把千万个子系统看清楚，所以必须采用整体论。当然，这种宏观方法是建立在微观方法的基础上，整体论与还原论是统一的。研究巨系统需要宏观参数，以至于成千上万甚至上亿个参数。这不是说要把那样多的参数都认识了，而是说可以在有限的范围内尽量做，做了一步工作，又觉得这个工作做得不足，这才是科学工作者的态度。[①]

在研究中国人的民族性格时，有必要把历史的和现实的、调查的和理论的不同方法结合起来，并经过反复的、逐步加深的调查研究，找出构成

---

① 钱学森先生在 1988 年 5 月 17 日关于社会行为理论的讨论会上和 5 月 18 日给沙莲香的信中谈到这样的看法。

中国人民族性格的诸种主要要素及其相关关系，找出它在总体上的结构特点，这样才能较有把握地区分中国人之为中国人而不为日本人或美国人或其他。规定一个民族性格特点的不仅是那些形形色色的人格特质，还有那些特质之间的种种关系，它的表现方式有制约这些特性及其相互关系的历史的、社会的和文化的背景和条件。其中文化作为一种模式起作用，制约着人们的行为方式和思考方式，从而区别了不同种族、不同国家，即不同民族的性格特性。在以往的各种研究中有一种比较普遍的看法，就是以为中国人缺乏同情心，梁漱溟甚至说此点是最为外国人所谴责的。说中国人缺乏同情心，主要是说，看悲剧时四处听到笑声，把可耻可鄙的事引做笑料，对身心残疾者喜加嘲弄，等等，都有幸灾乐祸的意思。这些现象，我们自己确也屡见不鲜。问题是对于这些现象如何理解，如何解释。前年，一次看录像，也碰到类似的现象。当人们看到一个经济犯罪者在罪行面前由态度蛮横到泪流满面时，不由得哄然而笑。我看这个笑就并非幸灾乐祸的取笑，而是嘲笑；当人们看到犯罪者被几件港式衣服、几个电动剃须刀所诱惑时，也发出一阵哄笑，此笑则是耻笑。中国人的笑真是妙不可言，有时笑得坦荡，有时笑得含蓄；有时笑得甜美，有时笑得辛辣；有时笑得亲切，有时笑得冷漠；有时笑得清澈明朗，有时却笑得令人莫名其妙。中国人的笑和中国语言的丰富性有密切关系，同中国人的幽默、委婉、忍耐、克己、常乐等特点也是分不开的。中国人不仅受孔孟的人本主义影响，而且受老庄的自然主义影响。民族性格是一个多元、多层次的整体，即由多种要素和多种层次组成的整体。因此，从总体上了解和理解中国人，是研究中国人民族性格的一个重要之点。用整体的观点看中国人，研究中国人，才能把中国人的优点和缺点、现象和本质统一起来，这样，也才能理解中国人的心态。如果从总体上看，构成民族心态的主要要素固然重要（不做这种研究，就容易造成对民族性的神秘感），但找出它们之间的相关关系以及由要素和关系所组成的全貌，同样是重要的。

和整体论有关的另一个方法论问题，就是中国人民族性格的双重性问题。从性格学和精神分析理论看，任何个体的心理活动都冲突四起，矛盾重重，并不是绝对的无忧无虑，或者完全悲哀苦痛。弗洛伊德自我论中的"超自我"是专门用于保护和引导"自我"，并禁止"本我"为所欲为的。"超自我"属于良心自我，是社会规范经过社会化之后，化为己有的结果；"自我"是道德的，遵照社会规范行事，以使人适应于社会；"本我"则是非道德的，依据本能的冲动跃跃欲试。人类的内心世界无时不充满着矛盾，有欲喷而出的非道德的东西，就有对非道德东西的监视和控制。比如，行好事，自己欣慰，舆论称是；做了不好的事，自己内疚，舆论也谴责。人有行善之举，也有不善的可能，说明人格结构本身就潜伏着人格双重化的可能性。

这里论及的是民族性格的双重性，与性格学和精神分析理论所云个体人格结构的双重性有相似之处，又有区别，它有特定的含义。民族性格已经是一种集合态，不仅是横向上跨越家庭和地域的多数人性格的综合，而且是纵向上贯穿年代和年龄带的古今性格之总体。民族性格的双重性是指构成民族性格的各种人格特质之间的相互排斥、相互反对又相互融合、相互补充的关系，是表示民族性格结构特点的。民族性格本来是依照一定的文化规则（文化模式）组合而成的，但却不是单一成分或者只相同（相吸）而不相反（相斥）的成分构成的。这一点恐怕在世界各国的民族性格结构中都是存在的，只是在中国人的民族性格结构中更为显著，更为突出，更有特色。

三、课题研究的三种视角

（一）社会心理学与民族心理学

民族性或民族性格或民族精神，是社会心理的特殊表现。对它的专门研究，本身属于民族心理学的事。

民族心理学产生于 19 世纪中期的德国，可称为其始祖的有三个人：沃兹（T. Waits）、拉扎劳斯（M. Lajurus）和施坦泰尔（H. Steinthal）。沃兹在《未开化民族的人类学》（1859）中曾经提出解释心理特质的四种要素，即意志：人是依赖于努力，克服自然；语言：人是有明晰的语言的；宗教心：人有宗教心；感情：人有社会生活的基本感情。他认为，以心理学的见地，各民族没有特殊差别的存在；各民族用同一方法教化所产生的不同文明，其差异在于风土、移住和宗教思想三大原因，其中尤以风土原因为最重。[①] 拉扎劳斯和施坦泰尔于 1859 年创办了《民族心理学与语言学》杂志，至 1890 年共出 20 卷，开创了民族心理学的研究时代。他们

---

① 参见张安世：《各国民族性》，5 页，上海，华通书局，1930。

第一次提出并研究了民族心理学。1859年，拉扎劳斯和施坦泰尔在第一卷的卷头以两个人的名义发表《民族心理学绪论》。在此基础上，拉扎劳斯写出《精神生活》三卷本，前两卷发表于1865年，具体拓开了民族心理学的一些研究领域，比如语言、风俗起源、艺术等研究领域。他们认为，个体心理学的研究对象基本上是被孤立化了的个人精神；但在人的社会性共存中会产生出特殊的精神现象，这种精神现象同个人场合完全不同，因此，应把它叫做总体精神、民族精神。因而，心理学应该要求个体心理学以外的、社会人的心理学，民族心理学便是应这种要求而生。他们还认为，民族心理学是关于民族精神的科学，换言之，是关于民族精神生活中诸要素和法则的科学，它把语言、神话、宗教、文学、艺术、习惯、法律、家族、教育等现象作为研究对象。其后，有植物学者、遗传学者巴维尔（E. Baur）和希尔采（M. Schultze）等人的研究。但对拉扎劳斯以后民族心理学进行系统整理并以丰富的民族学资料为基础，使民族心理学自成一体的是冯特（W. Wundt）。

冯特最初从事生理学研究，并在赫尔姆霍兹（H. helmholtz）的门下修医学，通过知觉研究，改行搞心理学。从事生理学研究时的实验性操作能力扩大和强化了他的心理学研究实验方法，终于在心理学领域打开了实验大门。然而，实验心理学在知觉等研究中行之有效，却不能解析更为复杂的精神现象，还必须借用比较的方法，对历史的、社会的领域中人们的精神生活轨迹做出心理学研究。从1900年开始，他用20年时间从事民族心理学研究。他的10卷本《民族心理学》共分6篇：语言篇（第1、第2卷），艺术篇（第3卷），神话宗教篇（第4、第5、第6卷），社会篇（第7、第8卷），法律篇（第9卷），文化和历史篇（第10卷）。1912年发表的《民族心理学要论》概括了他的民族心理学研究课题、方法和具体设想。

冯特认为，个体心理学与民族心理学的区别在于，前者以作为直接经验的意识要素及其构成为研究课题；后者则以人类社会集团的一般发展及其共同精神产物根底所潜藏的精神过程为研究对象。这样，冯特明确地把人类社会生活中的精神产物作为研究对象，具体地有三个方面的研究，一是语言，二是神话，三是风俗。语言与表象、思考等心理过程密切相关；神话是一个民族内部的恐惧、惊异、希望等心理过程的表现；风俗则是表达社会对个人行为的要求，个人积极或消极地对待这种社会要求。因此，在冯特的民族心理学中，作为社会生活共同精神产物的语言、神话和风俗，恰恰是对应于个人精神中知、情、意的东西。

总之，在心理学发展史上，冯特的贡献主要有两个：一是他创办了世界上第一个心理学实验室（1879），把复杂的心理现象搬进实验室，借助于物质手段，对见不到、摸不着的精神现象做可以观察、能够记录的物理性研究，将心理学研究的重点置于实证科学上，使心理学从哲学中彻底解放出来，从此心理学有了自己的立足之地；二是冯特撰写了世界上第一个10卷本的《民族心理学》，对一个民族的社会心理做了民俗学、历史学和文化学的研究。冯特虽然没有像后来的心理学家那样十分明确地意识到社会心理学的学科性，却自然而然地注意到了心理现象与社会生活以及民族传统之间的联系，觉察到了民族心理在心理领域的重要性，有力地促进了社会心理学的产生及发展。如果说冯特的实验室的建立是将心理学同自然科学有机地结合起来，那么他的民族心理学的问世，则是将心理学同人类学、民俗学、历史学、文化学、社会学等人文学科有机地结合起来。

与德国民族心理学派同时登上心理学舞台的还有以菲野（A. Fouillee）、勒朋（Le Bon）等为代表的法国群体心理学派。菲野根据孔德对社会学的静态和动态分类方法，将民族性要素分为动的和静的两种。静态民族性要素指种族和物理环境，动态的指生理的和社会的要素；在此基础上，他进而把民族性分为生来俱有的和后天习得的两种。[①] 菲野和其他人类学家一样，视种族为支配历史的重要原因，忽视了社会生活的发展及其作用，鼓吹"人种优劣论"。从其研究的意义看，他看到了民族性静的要素如人种气质等对民族性的影响作用。

勒朋是第一个专门研究群体心理学的社会学家，他因 1895 年发表内容丰富和见解独到的《群众心理学》而被誉为"法国的硕儒"、"社会心理学的泰斗"。在《群众心理学》一书之前，勒朋还发表了《民族发展的心理》一书，该书共四篇：民族的心理性格；民族的心理性格如何在其文明要素中发现；作为性格结果所见到的国民历史；民族的心理性格是如何变化的。全书以描写民族魂的心理特性为目的。勒朋在书中曾提出，心理上的民族具有不可还原的根本性格，在此根本性格的周围环绕着可变的附属性格；根本性格在每一个新时代都必有显现，而国民的生活、制度、信

①　参见张安世：《各国民族性》，9～11 页，东京，丸利印刷合资会社，1910。

仰、美术等则是不可见的民族魂表现出来的可见的系织物；在这可见的系织物背后起作用的心理性格的综合是民族魂。[①] 勒朋在《群众心理学》中又从社会心理学的角度对民族魂做了说明。《群众心理学》全书有三篇：群众心理；群众意见及信仰；群众分类。勒朋在第一篇分析了群众心理现象以后，在第二篇用了相当大的篇幅论述群众意见及信仰的原因，即群众心理现象背后的民族性。他说，凡民族中所有之信仰、制度、艺术以及文明之一切要点，均不过为民族真精神之发现于表面者而已。民族之力，其根甚深。民族为力，殊为伟大。凡一民族所具之特性，莫不受其支配而成，故曰，凡属异国之群众，即有其各种不同之信仰与行为，且受其外界所感化。他认为，民族性通过"遗袭"而成，"遗袭"代表着过去的思想、感情、需要，是民族精神之综合；民族代表祖先传来之暗示。[②]

学心理学出身的麦独孤（W. McDongarr）继 1908 年第一本《社会心理学》著作之后，于 1920 年 3 月又发表了《群体心》一书。该书有三篇：集合心理学的诸原理；国民心和国民性；国民心和国民性的发展。他在书中提出国民心理发展的三个必要条件，即国民心同质，国民生活的传播自由，传播过程中伟人的作用。在伟人的作用部分，麦独孤高度赞扬了孔子的文化传播作用，他认为孔子在统一中国文化造型上的感化力是无可估量的。在论述了这三个必要条件之后，他又提出优于这些单纯的群体心理生活条件的其他一些条件，这就是国民的共同目的，国民的诸社会责任，国民生活的继续，类似于个人心理的国民心之组织及其诸形式，国民的自意识。麦独孤的社会心理学思想是很复杂的，他既站在贵族主义立场上描述欧洲革命运动中的群体心理，又站在民主主义立场上提倡群体生活中的传播自由。1920 年，他移居美国任哈佛大学心理学教授，同时，他的群体心说遭到了美国心理学界尤其是 F. H. 奥尔波特的强烈反对。此外，他还曾于 1921 年发表过《国民福利及衰退》、《伦理及现代世界问题》等著作。1925 年日本文明协会将麦独孤的《群体心》收为丛书。

由以上简单回顾可以知道，社会心理学和民族心理学不仅产生的年代几乎是同时期的，而且所蕴涵的心理学思想也几乎是一样的，只是以冯特和麦独孤为代表的民族心和群体心学派是从心理学走向民族心理学

① 参见 ［法］ 勒朋：《民族进化的心理定律》，5～16 页，北京，商务印书馆，1935。
② 参见 ［法］ 勒朋：《群众心理学》，97、101～103 页，北京，商务印书馆，1927。

及社会心理学，而以勒朋为代表的群体心理学派是从社会学走向社会心理学及民族心理学。这两门学问从问世之日起就携手并进。到了20世纪30年代，文化人类学的发展在实际上进一步密切了它们之间的关系。其中林顿提出了基础性格型和地位性格两个概念，把社会性格置于一定的社会及其结构中去进行研究。林顿认为，社会不同，人格的基准也就不同；在同一种社会内部，由于社会地位的不同，人格基准也有多异。[①]性格总是表示一种多样性范围内的多数人都趋向的最频值。这样，林顿也就将其作为一种统计意义上的概念使用，从而使性格研究带上了较浓的实证色彩。

英格尔斯对20世纪30年代以来有关社会性格及民族性格的研究做了大量考察，在此基础上，对民族性格做出了一种统计意义上的概念规定。他在1954年发表的《民族性格》一书中把民族性格规定为成年人中间最频的、比较永续的人格特性和方式。他认为，以往关于民族性格的定义有一根主线，那就是"共有性"或频数。从共有性或频数这个侧面看，民族性格是一种最频值（mode，即统计学上的众数）。所谓民族性格，可以与最频性格结构等同视之，即一定社会内部个人人格变量分布中的一个最频度数、最频值。关于定义中"比较永续的人格特性和方式"，英格尔斯认为，构成民族性格要素的是性格的特点，对冲动、感情等的处理方式，关于自我的思考方式等等。但民族性格不是这些要素的外在形态，而是诸多形态中一贯的、稳定的倾向性，是行为的"心理力"，是对这些要素不断变化的抵抗性或不变性。此外，民族性格之所以必须是成人之间共有的性格，是因为成人参与社会活动并肩负社会责任，从而，最频成人人格是从属变量，可予以解析。[②] 英格尔斯基于对民族性格的这种规定，提出了三个主要研究领域：一是通过调查确认某些性格特性的可调查性及其在现实生活中的表现；二是通过调查找出它的"规定要因"；三是将这些性格置于社会、文化体系中考察其角色作用。[③] 英格尔斯在书中围绕着这三方面的问题，对民族性格研究中质与量相统一的方法做了具体论述，从而丰富

---

① 参见［日］北川隆吉主编：《现代社会学大辞典》，284～285页，东京，有信堂高文社，1984。

②③ See Alex Inkeles and Daniel J. Levinson, National Character: The Study of Modal Personality and Sociocultural Systems, in G. Lindzey（ed.）, *Handbook of Social Psychology*, vol. Ⅱ, 1954, §1, §2.

了社会心理学和民族心理学对民族性格研究的方法和理论。

(二)"社会心"和民族性的深层性

最初对社会心理现象的研究，主要是暗示—模仿论，始于 19 世纪中叶法国医学心理学者本亥漠（H. Becoheim）和沙科（J. Charcot）等人的暗示、催眠研究。将这种研究用于当时欧洲的群众运动显然是错的，是对历史的一种反动。但它揭示了群体中心理感染现象的存在，才可能被社会学者借用于社会心理现象研究，比如，涂尔干（E. Duckheim）认为"个体心灵因聚集、交感、混合而产生一种新异之心灵的个体"[①]。涂尔干和勒朋、塔尔德等人一样，把社会心理视为"实体"、"社会心"（又译"社会心灵"），同个体心（或"个体心灵"）是两种实体，而社会心是"超个人的"，从而是最高的实体。这种观点即使在社会心理学史上，亦被批评为"二元意识论"，是错误的。但是，早期社会心理学家的"社会心"说不无合理之处。他们看到了社会心理的交互作用特点，比如涂尔干的"交感和混合"的思想。

社会心理是一种自发产生、自发起作用的社会精神现象，它弥漫于介乎社会与个体之间的广大群体，又通过社会个体一个个、一群群地相互冲击、相互制约、相互推动，既可以在一群群素不相识者中间掀起"千层浪"，又能让群起的激奋"一落千丈"。因此，社会心理的这种社会精神，如同大海，有汹涌的怒涛，又有沉缓的暗流，既有表层，又有深层。表层的部分更多的是现实的、有意识的，深层的部分更多的是历史的、无意识的。民族性，作为民族文化的一种积淀，存在于风土民情的传统中，处于社会心理的深层。

于是，课题研究不是一般地借用社会心理学和民族心理学原理，而且，在使用这些原理的同时，又借用深层心理学，或者说精神分析理论。精神分析理论虽有欠缺，尤其是对弗洛伊德的泛性主义，不可简单搬用，但它作为一种理论，对心理的深层世界的探究，却是意味深长的。这就是说，由于民族心性的自发性、深层性、无意识性，课题把深层心理学作为研究的学科视角。然而，课题视角的选择尚未完结，深层心理研究必定涉及另一个问题，即心理结构问题。

---

① 转引自［美］K. 扬格：《社会心理学史》，10 页，北京，商务印书馆，1930。

（三）民族性结构分析

人们或许不会忘记，改革以来在我们社会生活中曾几何时冒出来的几次时髦或"浪潮"。"西装热"的时候，穿西装的比比皆是，中国人不论穿西装，还是穿中装，都不会难看，因为我们有特有的身材和模样，在条件具备时，穿什么像什么。"西装热"中的问题是，一哄而起的西装打扮太不伦不类，尤其语言、表情和动作，令人难过。在北京，1988 年下半年，小青年中时兴"摔酒瓶"风，有的小青年也是衣冠楚楚的。此种粗野之举，也许是在学西方社会里的"暴力团"，但他们的一举一动、一言一语的方式，仍然是"特产"。本来属于高雅活动的台球，流行于 1988 年，它一到了我们的一些群体中，就变成了赌场，供人胡闹乱来。这些例子不胜枚举，仔细观察，仔细琢磨，这些现象背后有重大的社会问题，如果就事论事，则将防不胜防。

课题所着重的，是在这些现象的背后或叫深层起作用的、一以贯之的那个东西。因为在我们的生活中起恶作用的，不仅仅是这些一眼看上去就不雅、不洁、不美的东西，而且还有看上去、听起来并不恶的东西，这就是一方面冠冕堂皇，另一方面作恶多端的东西。这种"一方面"和"另一方面"的同时并存，属于民族性结构的问题。

如同深层社会学中的社会结构有表层和深层、上层和下层之分，处于社会表层的是政府、法庭、警察、军队等执行社会职能的实体及其公之于世的"公"的活动（包括规范行为及社会控制），处于社会深层的是以血缘和地缘为纽带联结起来的家族、社区及活跃在其中的小摊小贩、小酒店、小茶馆、小集市，供人们道听途说，大众传播则以无所不知、无孔不入的代言人身份，自上而下、从下到上地传递消息，提供知识，供人分享。民族性也有类似的结构，有表层的和深层的、公开的和私下的、对人的和对己的等等。

由此，课题研究的视角进一步选择为民族性结构分析，具体地，就是对民族性做文化的、精神的深层研究。潘光旦在《民族特性与民族卫生》一书中讲到勤俭这种人格特点时曾提出"长、宽、厚或深"的观点，即从这三个方面看中国人表现出的勤劳。所谓"长"，是指工作时间的长久，"宽"是指在辛勤劳作中的人手众多，"厚或深"指在"不断的认真"与"持久的措意"中所花费的力量。这个合理的提法，对于课题对民族性做文化上的分析极有意义。不妨把潘先生的看法引申为课题视角的一个部分，即从中国文化的长（历史悠久）、宽（包容量大）、厚或深（积淀层厚）三个方面分析中国民族性，亦即将中国民族性置于文化背景下去透视、剖析。比如，赵云祺的课题论文《山西人性格》所揭示的就更接近了黄河流域农业的、自力更生和自由自在的、温文尔雅的本土文化类型：1949—1979年发掘的遗址共1 020处，据1982年统计，宋以前的木构建筑有106座、楼阁砖塔280余座、古代大型墓葬35处、著名寺庙百余处、寺庙壁画和墓葬壁画有近8 000平方米、古代书院71所、历代文化名人546人。山西文化对山西人性格的形成和承续有很大影响。

对民族性的精神分析研究，就是通过中国人的种种性格表现，寻找其背后的"遗袭"下来的东西，即通过"现在"寻找"过去"的某些东西。在精神分析理论中，有一种"转移"现象。在精神分析的过程中，接受分析的人把过去被压抑的情感、欲望等转移到分析者身上，是弗洛伊德在对异常心理分析中首先发现的，实际上是（存在于内心的）各种无意识内容的一种投影。荣格的分析心理学中有一种"集体无意识"理论，它把无意识分为个人无意识和集体无意识，前者是在个人经验中被压抑、被忘却了的无意识感情、无意识思考等，后者是由精神遗传所累积起来、沉淀在民族性中的原始心性。集体无意识实际上是历史在民族记忆中的投影，不论"转移"现象还是"集体无意识"现象，都揭示了社会心理过程的承续性和层次性，在现在的心理过程中有着过去的心理痕迹，如同物化文化中记录着以往人类活动的足迹一样，民族性恰恰是贯穿现在与过去的（比较）恒久现象。因此，用深层心理学观点分析隐藏在各种社会心理现象背后的、贯穿古今的精神力量，是课题对民族性做结构性分析的另一种设想。

总之，课题的研究视角最终是一种结构分析，这种观察和研究问题的视角，同深层心理学一脉相承，再进一步，又同民族心理学和社会心理学的研究互相补充。

第二章 课题构成

本章主要说明中国人民族性格与中国社会改革课题设想和对设想的具体实施问题。

一、相辅相成的"两块"

基于对课题视角的选择，中国人民族性格与中国社会改革课题，由两大部分构成。

（一）历史镜子

一部分是对历史上有关中国人研究的名人、名著的分析、整理和编辑，搞出一个类似于量表的资料集，姑且称之为"历史量表"，并编出《中国民族性》（一）一书，用来作为现在同过去比较的镜子使用。"镜"概念最早是由社会学家库利（C. H. Cooley）提出来的，他从个人与社会的关系考察自我的形成，认为自我是在个人与他人的相互联系中形成的，个人从他人关于自己的看法中认识自己（自我认知），他把在他人看法中映照出来的自己叫做"镜中我"。后来，法国精神分析学者拉康（J. Lacan）研究自我的形成时提出"镜像"阶段（mirror stage），认为婴儿在 6 个月到 18 个月的发展阶段，乐于看镜子中自己的样子、姿态。他认为由镜像所形成的自我，已经把自己和镜像（他我）区别开来。不论库利的照镜子，还是拉康的"mirror"，都是从自己和他人相对照这一基本思路考察问题，在自我的内部设置一个由"他我"提供的参照系。这一思路是可取的。

课题借用"镜"概念，意在把"历史量表"作为一面镜子，用来对照现在和过去以及它们之间的联系。

看了"历史量表"，再看现实生活中的我们，或者看了现实生活中的我们，再看一下半个世纪前甚至百余年前一些学者眼睛中的我国国民，就会比较清楚中国人民族性格是怎样的，以及它何以如此之难改变。"历史量表"像面镜子，可以用来自我审视。比如，历史上众多学者认为中国人是"小经济人"、"商才"。他们在列举事实上未免过分，但是，他们用经济眼光看不会搞经济的中国人，却看到了我们民族性中经济品性差的弱点，缺乏远大目光，斤斤计较眼前的得与失，自作聪明而沾沾自喜。看到"历史量表"中有关"小经济人"和"商才"的论述，再看看我国社会改革中出现的"暴发户"和一些小商小贩目光短浅、投机取巧的社会事实，"镜中"的和"现实"的二者何其相似乃尔，现在的简直就是过去的，是"过去的"改头换面或重现。"现在"反复出现的根深蒂固的东西，是通达很久以前的、过去的"根"。

（二）现实心像

课题的另一个构成部分是通过问卷调查所得到的结果，这个结果是人们在现实生活中表现出来的心态，我在这里使用"心像"这个概念。

心像（image，又译印象）概念在认知心理学中是作为印象使用的，即留在记忆中认知对象的"像"，它是用来更好地探索知觉、记忆、思考等认知过程的概念。在人格心理学中，"心像"是作为人格理解使用的，即对人格类型做出某种规定的工具性概念。比如，外向型或内向型，个性外向型或社会外向型；社会外向型善交际，善于公共关系处理，等等。人格心理学中关于心像的研究有心理测验法、投影法、"心志"法、问卷法等，都在于从总体上做出人格理解。比如，"心志"（psychogroam）法是使用一套图表或图式表示某种类型的人在身体上、精神上种种特征的强度，以用于记述各种类型的人格。弗洛伊德关于梦的解释也属于"心像"研究，看似暧昧不清的梦，实为睡眠时的心像，现实中绝望了的或得不到满足的东西，在梦中得到满足或在梦中得到中和。荣格的人格心理学又是心像心理学，荣格的心像研究已不限于心理学领域，而且进入礼仪、神话、宗教、文学、艺术、戏剧、文化遗产等广阔领域。

课题借用"心像"这个概念，是用来概括课题调查结果的，是对课题问卷结果部分的一种表述。前面曾经提出，课题研究的视角是对中国人民族性格做结构性分析。这个结构性分析，同人格心理学中的"心像"研究有类似之处，当然，还有很大的区别。从描述的整体性、结构性这一点看相似，从课题研究本身的复杂性看极不一样，像下面将要看到的调查结果那样，中国人的自我意识和自我画像有十分独特之处。

这一部分的研究是课题的重点步骤。历史研究是用来看现在的中国人，理解现在的中国人的。问卷是对瞬间改变、色彩各异的社会心理现象中（相对）平稳、缓慢然而却不间断跳动着的心理脉搏做出某种判断和基本把握。当然，问卷调查只是现实研究的方法之一，并且是一种重要方法。课题在问卷的同时，还采用了访问、讨论、观察和拍照的方法。1988年8月，我和我的研究生共六人又到大连郊区兴办的碧海山庄进行实地调查。山庄创建于1987年5月，是农民创办的、自己管理的既有传统特色又有现代化设备的旅游胜地，服务人员基本上是刚刚脱下农民服装的农民（青年人居多）。调查组成员实际参加了山庄的一些服务活动，扮演角色，和服务人员共同生活了半个多月，耳闻目睹了服务人员和山庄游客的言谈举止、乡土人情，从带着角色面具和摘下角色面具的不同角度，感受并体验了现代化过程中传统力量的惯性作用、人们价值观念的微妙变化，这是用问卷问不出、从历史资料中也找不到的生活真实。

因此，构成课题的历史研究和现实研究是相辅相成的两个部分。

二、理论假设及验证

课题理论假设有两个基点，一是通常遵循的一般理论假设的要求，二是中国人研究的课题特点。

（一）理论假设的基本要求

理论假设是实证研究的依据。理论假设是在对现实问题及其存在条件进行考察的基础上，提出一系列问题并用工具性的概念予以表述，然后使用这些概念构成命题，或者搞出某种理论模式，再通过社会实验、社会测量等调查方法验证之。

但是，必须看到理论假设的局限性。理论假设中指出的问题（用来进行预测的要素及其相应关系）必须同现实世界中的事实相对应，比如说，理论假设中提出的不安是由刺激引起的命题，只能用于不安与现实生活中的刺激事实（比如面临竞争考试、受到电刺激）之间的对应关系上，不能用于刺激因素以外的其他场合。理论假设是把现实中的复杂因素简单化为某几种重要因素，而实验则是在预定条件下进行的。因此，理论假设连同它的实验一旦搬到社会生活中，就会暴露出不少局限性。尤其是对社会精神现象研究的理论假设和社会实验，其局限就更为明显。或许因为这个原因（至少是一种重要原因），在社会现实的实证研究（其中包括实证研究中的统计学方法）方面，曾经有过比较激烈的争论。统计方法参与社会实验、社会调查之后，给社会现象的研究带来了极多益处，使这方面的研究之客观化和量化变为可能，但也存在一些有待人们解决的不可忽视的问题。比如，在进入统计过程的各种参数中，有一些是属于被调查者的主观参数、主观评价、主体感受、主体尊严等，都是被调查者依据某种需要或价值观念所做的诸种判断，使自己的想法和行为合理化，而这一点同数据的客观性可能产生矛盾。这样的矛盾如果处理不好，就会影响理论及其实验的真实性和实效性。因此，在理论假设和实验的过程中，要尽量注意减少被调查者主观参数对统计数据客观性的干扰，要使主体意识在答卷中得到客观化，然后进入统计过程。

（二）课题假设的特点

中国人民族性格研究这个课题有明显特点，它的研究对象是作为一个整体的中国人，这里的"整体"是包括了历史上和现在甚至将来相当长时期的中国人。研究的入手点是 80 年代的中国人，即通过 80 年代的人把握贯通古今、背负民族文化的中国人。历史上有关中国人研究的观点认为，中国人早熟却衰老、聪明却圆滑、勤俭却守旧、憨厚却幼稚、礼义却自私、大义却粗野等等，且不论其具体看法如何，但从中能够悟出一些有关中国人特点的思想。到了最近 40 年，我们不少人都这样或那样地目睹了中国人的种种表现，其中有 50 年代太平盛世期的中国人，五六十年代以来几经政治格斗的中国人，70 年代末期才开始沐浴到现代化之光的中国人，真可谓饱经风霜。至于 80 年代的改革开放，很多人获得了"发挥"

自己特长的机会，在改革浪潮中翻腾，然而有些泥沙俱下，历史上的"恶"像捉弄现代的人，毫不客气地由历史深处翻了上来，本能式地表演着。然而，中国人毕竟是有理智的，观念上明白应该如何是好。因而，哪怕是那些恶劣透顶的暴发而成的历史"小人"，也会在公开场合冠冕堂皇的。

这就决定了中国人民族性格课题的理论假设很难将令人眼花缭乱的活人的表现简单化为某种命题，以规定一套较完整的操作性概念及关系。在一般的实证研究中，"可操作性"是实验和测量的必要条件，比如，关于智能与领袖资格之间关系的研究，智能与领袖资格都可以通过操作性指标测量何者智能高，何者智能低。而中国人的实证性研究如问卷调查是综合性的，它虽然需要通过足够的命题进行调查和测量，但最重要的不是命题和指标的多少（当然，必须维持在足以说明问题的一定量上），而是通过各种指标寻找"关系"和总体特征。

这样一来，课题的理论假设就着眼于中国人民族性格的结构及其特点，然后围绕这种结构特点设计问卷，提供一定数量的指标，进行此课题研究的调查和统计。

中国人民族性格结构具有双重的、多元的特点。也就是说，中国人在实际生活中，比较注重（力图表现出来）的东西是人际的、表面的、讲究的、克制的、有礼有节、有理有情、有人也有己，中国人身上优质的东西表现得更多些。在这种"注重"的另一面，常常是私下对相反的东西的努力隐讳、掩饰、回避。"私下相反的东西"即不顾及人际、表面、讲究的、不克制的、无礼无节、无理无情、无人也无己的，中国人身上劣质的东西表现得更多些。中国人民族性格的这种双重、多元结构在不同的情况下有不同的表现，在有知识懂道理的人身上，更多的是前者，在很大程度上是代表理想的；在较少知识者身上，更多的是后者，在很大程度上是代表现实的。

不是说其他国国民的性格结构没有双重性和多元性，美国人的美与丑、日本人的菊与刀，所有他国国民的明与暗、公开与私下等等都是相互联结在一起的。不过，中国人的双重性、多元性有其特点，在具体的构成要素、要素之间的具体关系以及双重性的表现方式上都有其特殊之处。

三、抽样、问卷及数据处理

(一) 抽样

抽样是问卷调查至关重要的一步，是确立问卷调查信度和效度的前提。

由于课题研究的对象是作为全国多数成年人共有的民族性格特点，因此，样本总体的平均数应该是能够代表全国多数成年人的特点的。这样，构成样本总体的各种样本指标也就应该同全国人口分布比例大体相当。但是，按照这样的比例抽样，课题的问卷调查将会碰到很大困难。比如，作为中国 41 岁以上体力劳动者的农民多数是文盲，他们无法自己答卷，因此，这部分样本在实际上会变成无效样本，不利于问卷效果的鉴定。从中国农村的现实情况看，能够自己答卷的成年农民，基本上是 40 岁以下的初中文化水平的青年，由于这个基本事实，就使得样本总体的构成成分之间的比例发生了很大的变化：在年龄结构上，31 岁以下的青年占将近半数的比例；在学历结构上，初中文化水平的人占半数左右，从而使样本的构成同全国相应的人口构成不成比例。这样，也就会使样本总体的平均数在某种意义上失去其代表性。

为了弥补这一缺陷，抽样过程中又增加了更为接近农村的县城和小城镇的样本比例，其中包括中小学教师、医生、基层干部、邮递人员、合作社与信用社工作人员等，这样一来，又使职业分层的比例受到一定影响，脑力劳动者比例相对增高，这种情况也会使样本总体失去其代表性。

然而，如果从另一个侧面看，虽然 41 岁以上的农民更能体现中国人传统的价值观念和行为方式，在他们身上更带有民族性特点，但随着社会的发展和进步、文化教育和科学技术的提高，他们的性格特点又不具代表性，而能够代表社会发展和民族性格变化趋势的是具有一定文化水平和自我认知水平的人和脑力劳动者。

总之，样本总体从其各个构成的比例不甚相称方面看，样本总体平均数尚不能较充分地代表全国多数成年人的民族性格，总体标准差比较大，即抽样误差较大；从社会发展、民族的自我认知和民族的变化趋势看，样本总体比例失调不仅在所难免，而且亦属必要，样本中有文化的青年人和脑力劳动者的答案数据又有一定的代表性。

课题采用随机抽样方法，在全国 13 个省、市进行分层抽样。这 13 个省、市分别是：北京、上海、深圳、大连，分别是两南两北的两个文化城市、两个开放城市；江苏、福建、安徽、贵州（遵义）、湖南、甘肃（兰州）、陕西（西安）、山西、黑龙江，分别是东西南北四个区域性省市。主要调查由东边沿海省市到内地从事手工业或个体企业的流动人口的心理特点。

　　样本分为性别、年龄、学历、职业四个不同层次。

　　性别分为两个组，其中男性占 67%，女性占 33%。

　　年龄组分为四个组：

　　01 组：30 岁以下，占 49%。

　　02 组：31～40 岁，占 22%。

　　03 组：41～50 岁，占 17%。

　　04 组：51 岁以上，占 12%。

　　学历组分为三个组：

　　初：初小以下，占 10%。

　　中：中学和中专，占 56%。

　　高：大学以上，占 34%。

　　职业组分为四个组：

　　体：农民、工人、手工业者、个体户等，占 40%。

　　脑：教师、科技人员、医生、干部等，占 40%。

　　服：商店、旅游、旅馆等处服务人员，占 10%。

　　学：大专院校在校学生，占 10%。

　　学生本来不属于职业范围，它是一种待业状态。但这一层次的人比较敏感，能够代表一代新人的性格特点，因此，课题把学生作为一个组别予以考察。

　　为了确保问卷调查效果，课题采用入户发、收问卷的方式。调查员是由本校教员、研究生为主的 13 人小组组成的，在实际收、发问卷中，收回问卷 1 838 份，回收率为 92%，其余 162 份问卷因遗失或不合要求而不计入问卷统计。

　　样本中有三种特殊职业层：全国 10 多个省市女工干部层（298 人），由沿海地区到甘肃、陕西从事个体经营的流动层（53 人），大连碧海山庄的服务员层（54 人）。加上这三个单独进行的特殊职业层问卷调查，这样，课题共调查了 2 243 名成年中国人。

由于课题研究的是中国人这一集合体的特性，这就决定了调查的对象最好是针对这一集合体中的每一个元素——所有中国人，这样才能归纳出在每个人身上都有所反映的民族特性。我们知道，若对每一个中国人都进行问卷调查，不仅课题组不具有这种能力，而且也是极不必要的。只要按照抽样原则，从作为调查总体的中国人中抽取一部分人进行调查、统计、分析，就完全可以根据由被调查者组成的调查总体所反映出来的特性来推断、描述中国人这一总体的民族特性。根据我国国情和本课题的特点，我们所确定的抽样方案与一般的抽样有所不同。

首先，由于问卷调查者都属于中国人这一总体中的元素，因而对被调查者本不应附加任何限定条件。但是，问卷内容是由能反映民族特性的一系列条款构成的，只有具备一定文化程度的人才有可能理解条款的内容，正确填写问卷。而我国由于历史、经济等多方面的原因，文化教育比较落后，在人口构成中有相当一部分人是文盲。另一方面，在问卷中有反映人们对"文化大革命"前、"文化大革命"中具有时间差特性的条款，这样，年岁很轻者即使具有小学、中学甚至大学文化程度，也因为没有实际的体验而不可能填写这部分调查内容。由于课题具有对中国人民族性格的超前趋势研究的特性，因此，为了保证问卷的质量，我们对被调查人做了以下限制：

（1）18 岁以上的中国人；

（2）具有小学以上（含小学）文化程度；

（3）非精神疾病患者。

其次，若按抽样原则进行问卷调查，通过对样本的分析结果来达到精确地推断总体的特性的目的，就必须严格按照概率抽样的方式，正确制定各级抽样框，这样才能计算出抽样误差，对总体特性进行统计推断。根据《中国社会统计年鉴》1987 年提供的资料，符合我们调查条件的中国人有近四亿多，他们不均匀地分布在全国 31 个省、市、自治区中。如果简单地按一些常规的抽样方法进行抽样的话，所需费用是课题组难以承担的。假使我们不需考虑费用问题，采用在大规模抽样中广泛使用的概率与规模成比例的 PPS 抽样（或其他任何一种行之有效的抽样），就须严格按照概率抽样原则确定各级抽样框，而按照有关普查资料确定各级抽样框的工作量是相当繁重的，很有可能在任何一级的抽样框架制定过程中因缺乏普查资料（比如，各街道、乡镇的资料只有所属的各市、县才有）而使抽样夭折；假使我们也拥有了各级抽样的完整抽样框，又由于我们问卷的内容需要被调查者做出自己的主观判断，而不是像人口调查那样只须了解人的一些基本特指指标（如年龄、文化程度等），那么，在我国高复盲率（约为60%）、人口流动和被调查者的合作态度等一系列问题的影响下，就很难保证问卷的填写质量和问卷的回收率，甚至会最终使问卷调查在具体实施的过程中严重背离随机化原则，造成样本中的变量分布严重偏离总体的分布，导致调查的失败；在问卷中，所涉及的调查内容多数是定类、定序变量，对样本总体的统计分析也多数是属于描述、解释性质的，且最终对中国人民族性格的探究也是基于对问卷调查的统计数据来定性地推断、解释、描述中国人的国民性，不必像人口、物价等统计那样需要依据抽样误差进行统计推断，确定所调查总体的具体值（或是置信区间）。因此，在确定抽样方案的过程中，为克服上述诸多客观条件的限制，使问卷调查在经费许可的前提下依照随机原则进行抽样，以保证我们所抽取样本的代表性和合理的分布，我们采用分群—分层抽样和判断—定额抽样相结合的抽样方式。这里暂且称之为准概率抽样方式。

在抽样时，我们首先采用分群抽样，将我国内地 30 个省、市、自治区作为初级抽样框，用 1~30 个号码分别与这 30 个省、市、自治区相对应，采用简单随机数的方法从中随意不放回抽取 13 个号码，以号码所对应的省、市、自治区作为初级抽样的样本。需要指出的是，在进行初级抽样时，共抽取了五次，这样就有五种不同组合的初级抽样样本方案，然后根据地理位置、经济、文化、风俗等环境背景的特点，将这五种方案进行比较，从中选出一个最佳方案作为初级抽样样本。这里之所以在五种预选的初级抽样方案中再进行一次判断抽样，是为了在样本量（2 000 份）不多的情况下，尽量使样本在全国有较为合理的分布，使问卷调查具有良好的代表性和全面性。从分析抽样因群内同质性所引起的抽样误差增大来看，对几个分群方案再进行判断抽样也是很有必要的，这一点在本节中还将做具体分析。另一方面，若初级抽样只进行一次，且初级抽样样本中恰恰包含像西藏自治区这样偏远的区域，由于交通不便、语言不通和经费不足、调查员少等客观条件的限制，就会给问卷发放带来很大的困难。这就是在实施分群抽样过程中伴随着判断抽样的原因所在，也是称我们的抽样为准概率抽样的原因之一。

在分群抽样中，我们最终选定的初级抽样样本由以下 13 个省市组成：

广东、福建、湖南、安徽、江苏、上海、贵州、山西、西安、北京、辽宁、甘肃、黑龙江。

这13个省市中，从地理位置方面看，东、南、西、北、中都有被抽中的省市；从我国六大行政区看，各大行政区都有省市被抽中，且各大行政区中被抽中的省市数与各行政区拥有答卷资格的人数的排列数基本上成比例；从被抽中的13省市规模（具有答卷资格的人数）差异看，由于规模最大的省份四川、河南、山东与规模最小的省份西藏、青海、宁夏均未被抽到，这样就客观上减少了因样本间规模差异过大而引起的误差，可提高我们整体调查的效率；尤其是北京、上海这两个我国南北政治、经济、文化中心也都包括在抽样框内，使调查的时代特征更为明显。为了切实反映我国实施对外开放政策对民族性的影响，我们特别指定广东、辽宁两省的问卷调查分别在我国南、北开放口岸深圳和大连进行。

由于我国地域辽阔、人口众多，若在13个省市中再按行政隶属关系划分的地、市、县、乡（街道）……直至到个人的分群方式进行二、三……级抽样的话，如前所述，将是极不现实的，也是不科学的，它很难保证我们在样本量小的情况下样本总体的合理分布。另一方面，按群抽样的各省、市、县……由于受自然、文化、经济、风俗等因素的影响，各群内有较强的同质倾向，这样群内的同质倾向越高，各群间的差异就越大。由于整群抽样是从总体中抽取一部分群进行调查，如果这些群之间差异太大，样本中各群对总体的代表性就较差，尤其在样本量少的情况下就更是如此。因此，我们在采用分群抽样选定13省市作为样本后，再在13个省市中分别进行分层抽样。

所谓分层抽样就是基于对总体的事先了解，按某一分层变量将总体划分为若干个子总体，并从各子总体中分别选取样本的一种抽样方法。在分层抽样中，由于总体中各种类型的元素都在各子总体（层）中有所体现，这样就降低了总体分布方差，从而降低了样本统计量随机波动程度，提高了样本统计量估计总体参数的精确度。因此在对13个省市内分别再进行分层抽样，就可在样本量不大的情况下，降低抽样误差，提高抽样精度。在确定分层方案时，我们从问卷的性别、年龄、职业、文化程度四个变量中选取职业作为分层变量。根据《中国社会统计年鉴》（1987）中提供的有关资料和我们课题的特点，职业变量的设置情况及其人数的参照分布情况为：

体力：农民、工人、手工业者、个体户等，约占40％。

脑力：教师、科技人员、医生、干部等，约占40%。

服务：商店、旅馆等服务行业人员，约占10%。

学生：各类大、中专在校学生，约占10%。

在分层变量的各职业层里又存在着若干职业，若在具体实施调查过程中稍有疏忽，就会使各职业人员抽取比例失调，使层内变差成分增大，从而降低抽样精度。因此我们参照统计年鉴的有关数据对各层内有关职业被调查人数比例也做了一些规定，使各层内同质性尽量得以提高，层内变差尽量减少，以提高抽样精度。另一方面，总体的特性不仅仅表现在职业上，它在性别、年龄、职业、文化程度等若干变量中都有所体现。而问卷数量有限，且在分层抽样后也很难具体确定分群分层后的抽样框，依此再随机抽样到每个被调查人。因此，根据课题特点和具体条件，并参照了《中国社会统计年鉴》（1987）中有关被调查总体的性别、年龄、文化程度的有关数据，我们决定在各层实施抽样和问卷发放时，依这三个变量在总体中的分布情况进行不重复随机抽样和问卷调查，这样就可在遵循随机性原则的前提下，达到调查总体的合理分布，使样本具有较高的代表性。不难看出，我们在分层后的抽样过程中，隐含着定额抽样，这就是我们前面所说的采用了分层与定额综合抽样的原因所在，也是我们说的抽样为准概率抽样的一个原因。

由于上述准概率抽样的一系列特点，就使得抽样工作难以精确地计算出抽样误差（这也是课题所不需要的）。但是根据回收的1 838份有效问卷的有关调查总体特性的属性变量分布与《中国社会统计年鉴》（1987）（以下简称《年鉴》）的有关资料对比（见表2—1），就不难看出调查总体的分布与研究总体的分布基本上是一致的，从这个意义上说我们的抽样和调查是有效的。

表2—1　　　　　　　　有效问卷与《年鉴》比较

		问卷统计结果		《年鉴》资料
性别	男	1 238	68.3%	62.25%
	女	577	31.7%	36.75%
职业	脑力	715	39.7%	*
	体力	762	42.3%	
	服务	153	37.0%	
	学生	166	9.2%	

		问卷统计结果		《年鉴》资料
年龄	≤30 岁	842	48.14%	59.35%
	31～40 岁	106	23.21%	21.90%
	41～50 岁	299	17.10%	12.34%
	≥50 岁	202	11.55%	6.40%
受教育程度	高	605	34.2%	1.38%
	中	55.7	98.0%	51.73%
	低	179	10.1%	46.89%

* 1987 年《中国社会统计年鉴》中无此资料。

对受教育程度统计结果与《年鉴》资料差别较大的解释理由：

（1）由于课题具有超前研究的特性，高学历人员比例高是有必要的。

（2）《年鉴》资料中的受教育程度是针对每人所受到的最高教育程度而言，我国自新中国成立以来为扫盲做了大量的工作，这样在《年鉴》资料的人口构成中众多低级文化程度（小学，甚至是初小）都是这批"脱盲"的人，但是我国的复盲率相当高，新文盲、半文盲的产生率在60%～65%以上，即每年至少增加 1 000 多万文盲、半文盲，这批人尽管在人口普查时统计为小学文化水平，但这种学历与能力是不符的，因此这批人自然不属于我们问卷调查之列，这样就很自然地造成近37%的差距。

（二）问卷设计

《中国人民族性格与中国社会改革》课题问卷经过两次试测，最后确定为32个问句，分三个部分：一是被调查者本人及家庭情况（性别、年龄、学历、职业、工资、拥有的理论或小说等书籍和刊物）；二是被调查者对问题的评价、选择，这是问卷的主体部分，包括对人格特质的评价和选择、社会需要及满足需要的手段、感情表达方式、人生价值等问题；三是被调查者的闲暇时间及其利用状况（每天的闲暇时间量、最喜欢的闲暇活动、最花时间的闲暇活动、大众媒介接触时间、广告对购买行为的影响、对新闻传播的信任度、家庭成员对话时间）。基础变量192个，其中自变量4个，因变量188个。

问卷设计考虑了四种特殊情况，并做了相应处理。

第一，关于民族性的生理因素问题。民族性的生理因素是指种族遗传因素，包括血型、体魄、身高、神经素质及其功能，它们都这样或那样地影响民族性特点。在历史上，有人认为，中国人生殖能力极强，神经麻木或说没有神经。其事例之褊狭，语言之刻薄，曾引起中国读书人愤懑不已。李景汉在潘光旦《民族特性与民族卫生》一书的序言中说，他在中学时代就读了斯密斯的《中国人的特性》日文本，看到那本书的许多空白处用铅笔写的批评，其中大部分是读者在读书时表达出的反感，还有"岂有此理"、"胡说"、"放他妈的……"之类怒发冲冠的话。[①] 这种情况在今天也是有的，从某个方面看，并非坏事。但重要的不在于民族感情这一点，因为文化差异总会多多少少地影响研究者对中国文化及其民族性的理解；重要的是科学研究。

从长期落后和愚昧这一事实看，生活在死亡线上的贫苦民众，对饥饿、贫困、所有不幸和威胁，会因为习以为常而陷于麻木状态。但是，这种情况绝不表明中国人种族遗传上的贫弱。庄泽宣在《民族性与教育》一书中的"中国民族的体质与智力"部分，用大量事实说明中国人不是劣等民族，也不是衰老民族，贫弱在于后天。他在引用了各方材料之后，认为中国民族的根底是不坏的。"中国民族在体质上确有不及西洋人之处，不过所谓体质似大部分为后天的而非先天的。以原形精质（germplasm）而言，中国人未必不及西洋人。照遗传学上讲，原形精质虽为人体所传递所养育，但与人体一切器官不发生关系，而是一代传一代极少变化的。所以一个体弱的人如在遗传上具有体强的原形精质，他的子孙在适当环境与营养之中仍然可以十分强健。换句话说，现代的中国人大都体质不强的缘故恐怕是因为环境太坏，营养不足，假如予以适当的环境与营养，体质未必在西洋人之下。至于中国人抵抗疾病与顺应环境的能力却比西洋人强得多，这恐怕是受了自然选择之故。"[②] 他认为："中国民族的体质说他好，好在富有一种特别的顺应力或生育力，干些、稀些、冷些、暖些、饿些、饱些、天灾也罢、疫病也罢，总可苟延残喘；说他坏，坏在没有火气、活力，缺乏冒险进取的精神。"[③]

至于智力方面，20世纪20年代就有国内外学者进行过测量和研究，直到20世纪60年代和80年代，仍然有各种测量和研究，证明中国人的神经功能不比西方人的差；测验得出的均值或儿童的作业智慧程度相等，

① 参见潘光旦：《民族特性与民族卫生》，5～6页，北京，商务印书馆，1937。
②③ 庄泽宣：《民族性与教育》，469、626页，北京，商务印书馆，1939。

甚至略高于某些外国人。①

由于生理因素在民族性中的次要地位以及历来对中国人体质和智力的测量研究，课题问卷没有设计有关体质和智力的问句或测量项目。

第二，关于迷信和信仰的问题。在历史的研究中，有相当多的人认为中国人迷信和缺乏宗教信仰［参见《中国民族性》（一）］。在问卷中没有直接提及这一点，原因有二：一是因为中国人的迷信观念和迷信行为较复杂，与忠孝、不自信等有关，信地狱的"阴曹地府"，信鬼神，信苍天保佑，很少将自己的寄托诉诸某种信仰及实际行动，因此，对迷信这项人格特质，可以不单独提问；二是因为中国人迷信和缺乏信仰有关，从现代化建设的角度看，缺乏信仰更重要。而中国人缺乏信仰的问卷调查，可以通过其他一些问句进行。在问卷数据处理的结果中，关于这一项的数据是具有说服力的。

第三，关于不洁、不守时（不惜光阴）、生命力强的问题。应该说，在这些问题上，有些学者的看法虽不能说是不善的，却也是过分的。因为不洁、不守时、生命力强固然为事实，然而不应把这些现象归结为中国民族性本身。只要到哪怕具备起码生活条件的农家看看，就能发现他们是爱整洁、讲究庭院和室内文物景观的。不洁和贫困潦倒是一起来到中国人生活中的。中国人的不讲卫生是和私德连在一起的，常常是干净了自己，肮脏了他人（包括公共场所），并且越是自己不具备条件讲究干净的时候，越是将脏物推（摆、扔）到公共场所。因此，在讲究卫生问题上，除了穷困生活这一客观条件之外，重要的是缺乏公德这一根深蒂固的毛病。不守时则同中国长期落后的小农经济和分散的手工式管理方式有直接关系，可以相信，只要现代化建设达到一定程度，人们的时间观念是会增强的。这一点从目前较好地采用现代化管理方式的企业和公司的工作节奏上可以看得出来。因此，不能说不守时是中国民族性本身具有的"天性"，或者至少不能说是中国人身上难以改变的本性。至于生命力强，生活穷困且活易死难这一点，基本上属于生理遗传，在生活条件和文化教育水平得到相当提高、人口控制得到完好实现之后，这种生理上的韧性和耐性不能蔑视为民族劣性。中国人在对待生活环境上逆来顺受、听天由命，这种特点属于民族性，并且也表现在肉体的忍耐力上。研究民族性在于提高民族心理素

① 参见庄泽宣：《民族性与教育》，470～474 页。

质，生理素质固然影响心理素质，却不是决定性的或者根本的，课题研究着眼于心理素质的提高。

第四，关于中国民族性结构的复杂性问题。问卷在这方面做了较多的设计，主要有三个方面。

（1）时间差设计。中国人身上优点和毛病的表现及其历史作用，同中国民族全部历史的治—乱循环交替极为吻合。因此，在我国既可以掀起像"学雷锋"那样的全社会做好人好事的运动，又能够出现像"文化大革命"期间"打、砸、抢"那样的全国性"恶作剧"。于是，问卷设计了对"文化大革命"前、"文化大革命"中和改革开放后三个时期人格表现的评价。问卷结果是令人深思的。

（2）价值差设计。关于某事件（由人、物、关系、观念构成）的价值，不仅是这个事件在客观上具有的性能，它还必须和人们自身的需要、态度、感情、认知、思考、判断等心理的、理论的主观因素建立起联系，成为主体所必需的、所取向的东西才能转化为价值，才有"价值"可言。但是，有价值的未必都是眼前之物，除了眼前实实在在的"为我之物"，还有不是眼前的、非现实的却是为我所需的"为我之物"。为此，问卷在人格评价、动机取向、人生态度方面，设计了对"应该"（理想状态）和"实际上"（现实状态）的区别问句。问卷结构也是非常有意思的。

（3）自—他差设计。问卷请被调查者回答，本来是属于自我评定、自我显示的问题。自我并非孤零零的"个"，而是和"他我"相联系、相比较、相作用才存在，才有意义。中国人又特别讲究人际关系，在分工不明晰、交通通信和传播工具不发达的中国，也不能不特别讲究人与人之间的种种关系。因此，课题问卷的基本内容中，又设计了自己和他人的区别问句。结果，关于他人的答卷恰是"自己"的一面镜子。

这样一来，问卷基本内容既参照历史上有关中国人研究的主要观点，又将其中的一些观点甩开，加进了改革中表现出来的或对现代化更有意义的民族性因素。问卷中设计的项目是用来对民族性的测验和判断，而不就是中国民族性本身的特点。

前面已经讲过，本课题的一个重要构成部分就是通过问卷调查，对目前中国人的民族性格进行描述、分析，验证我们关于中国人民族性格的有关理论假设，同时力求利用计算机对问卷调查结果进行高级统计，发现能够反映中国人民族性格及其结构的更深层要素和关系，这是问卷设计的基本目的。

（三）数据处理

调查共收回有效问卷 1 838 份，数据处理的基本方法与过程如下。

第一，数据库的建立。应用 dBASE Ⅲ 软件编制分组汇总程序，并运行出一系列汇总后的数据库。

第二，数据处理。主要运用了 SP 软件包（Statpac-Statistical Analysis Package）和 SPSS 软件包（Statistical Packageof Social Science），还使用了部分自编程序（如在进行模糊聚类时）。

SP 软件包具有维护方便，操作简单，适合于统计问卷的处理等优点，其主要功能有：（1）频数统计；（2）描述量统计（均值、方差、最大值、最小值、极差、中值、众数）；（3）列联表（即交互表）；（4）相关和一元线性回归；（5）T 检验；（6）多元线性回归；（7）方差分析；（8）其他。

它的使用步骤是：（1）建立码本，我们这里就是根据需要处理的问题按原问卷编码本；（2）建立数据文件，我们这里是调用已编好的数据文件；（3）建立控制文件，即根据需要使用软件包中的命令语句；（4）运行；（5）根据需要打印运行结果。

本次数据处理使用的是 1984 年的 SPSS/PC 软件包。

数据处理的大部分工作使用计算机完成，使用的机型主要是 IBM-PC 机，部分工作曾委托统计局的专家在大机器上进行。

数据处理的主要内容有如下几项：（1）频数分布——即计算每个问题的各选项上有多少人回答；（2）列联表——即做出自变量（性别、年龄、职业、文化程度）与因变量（7～23 题各问）之间的交互表，得到每一问题上各性别组、各年龄组、各职业组和各个文化程度组的回答情况，以做比较；（3）模糊聚类，这一点在第六、第九章中做说明；（4）有关的检验，如显著性检验。数据处理结果大都用计算机打印出来，书中的表和图大多由这些结果整理而得。

第三章　人格特质评价

从本章起，开始对问卷结果进行分析、说明、综合及理论论证。

问卷首先设计了 14 项人格特质，让答卷人用打分方法进行评价，然后，在此基础上，让答卷人就 14 项人格特质对"文化大革命"前、"文化大革命"中和改革开放后最具备的人格特质和最缺乏的人格特质进行选择；同时，就 14 项人格特质对理想人格和实际人格（自己的实际人格和他人的实际人格）进行选择。通过答卷人对上述几种人格的评价和选择，进一步了解答卷人的自我意识及人格结构的特点。

一、气节居首，欺瞒最末，中庸居中

问卷设计的 14 项人格特质是参照历史上有关中国人研究的基本观点和现实中常见的心理现象设定的，但又区别于历史上的观点和现实中的一些心理现象。就是说，问卷提出的 14 项人格特质不等于中国人的人格特点，有些人格特质是从中国社会改革发展的需要设定的，以便于对中国人民族性格变化趋势的测量。这 14 项人格特质有：仁爱、气节、侠义、忠孝、理智、中庸、私德、功利、勤俭、进取、实用、嫉妒、屈从、欺瞒。

这 14 项人格特质的基本含义：

（1）仁爱，如对人博爱仁慈，宽厚以待，富有悲悯之心、诚挚之情等；

（2）气节，如临危不惧，宁折不弯，不屈辱求荣，不卑不亢等；

（3）侠义，如在家靠父母，出门靠朋友，危难相助，有情无我等；

（4）忠孝，如孝敬长辈，忠心为国，不背信弃义，不忘恩负义等；

（5）理智，如三思而后行，深思熟虑，以理服人，以智取胜等；

（6）中庸，如谦和忍让，不偏不倚，调和适中，忍让求和等；

（7）私德，如不讲公共秩序，不爱护公物，不顾社会利益，损公利己等；

（8）功利，如追求金钱、地位，唯利是图，不择手段等；

（9）勤俭，如艰苦朴素，吃苦耐劳，勤俭节约等；

（10）进取，如不安于现状，有竞争意识，敢于冒险等；

（11）实用，如讲究眼前实实在在的利益和个人满足等；

（12）嫉妒，如排斥和自己的能力、地位、专业差不多的成功者，拆台、攻击、猜疑等；

（13）屈从，如屈服于权势，欺软怕硬，唯唯诺诺等；

（14）欺瞒，如圆滑，说谎，自欺欺人等。

（一）从均值看评价结果

课题研究采用 5、3、1、0、－1、－3、－5 七段评分方法。5 分为最高分，表示被调查者对某项人格特质最喜欢这种最高价值判断，－5 分为最低分，表示最不喜欢这种最低价值判断；3、1、0、－1、－3 分别表示喜欢、有点喜欢、不清楚、有点不喜欢、不喜欢。0 分处于中界部位，高于 0 分者为肯定的、积极的，低于 0 分者为否定的、消极的，0 分为中性的（见表 3—1、图 3—1）。

表 3—1　　　　　　　　　　14 项人格特质评分序列

人格特质	均值	标准差
气　节	4.05	1.561
忠　孝	3.92	2.020
仁　爱	3.87	1.532
理　智	3.75	2.170
勤　俭	3.10	2.362
进　取	2.91	2.182

续前表

人格特质	均值	标准差
侠　义	2.33	2.571
中　庸	0.01	3.448
实　用	−0.63	2.553
功　利	2.77	2.769
私　德	−3.58	2.102
屈　从	−3.69	2.356
嫉　妒	−3.83	1.976
欺　瞒	−3.83	2.025

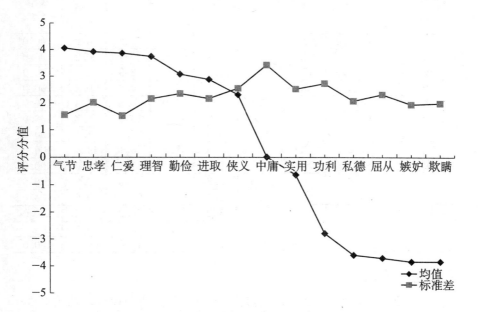

图 3—1　14 项人格特质评分序列图示

标准差是用来表示一组数据的离散程度或数值分配的离中趋势的，是差异量数的一种表示方式。标准差越大，集中量数的代表性越小，一组数值的离散程度越大；反之，标准差越小，集中量数的代表性越大，离散程度越小。假如标准差为 0，表明包括在该组的数值彼此相等，这个数值就是集中量数。

从统计结果看，被调查者对问卷中 14 项人格特质的评分最高者是气节，最低者是欺瞒。序列依次是：气节、忠孝、仁爱、理智、勤俭、进取、侠义、中庸、实用、功利、私德、屈从、嫉妒、欺瞒。

（二）从百分比看评价结果

从表 3—2、图 3—2—1、图 3—2—2 看，被调查者对 14 项人格特质予以肯定评价的气节、忠孝、仁爱、理智、勤俭、进取，都是 5 分所占百分比居首位，予以否定评价的功利、私德、屈从、嫉妒和欺瞒，都是－5 分百分比居首位，这两种评分相当集中，有明显的极化倾向，表明对优质人格特质的强烈肯定，对劣质人格特质的极度否定，只有对侠义、中庸的肯定和对实用的否定比较缓和。

表 3—2　　　　　　　　　　　　14 项人格特质各种评分百分比

人格特质　评分百分比	5	3	1	0	－1	－3	－5	∑
仁　爱	57.0	32.9	5.5	4.1	0.2	0.2	0.2	100.0
气　节	66.3	23.8	4.7	4.1	0.5	0.4	0.2	100.0
侠　义	25.5	35.3	19.8	11.2	3.3	2.9	2.0	100.0
忠　孝	59.6	29.5	5.5	4.4	0.5	0.3	0.2	100.0
理　智	55.6	30.4	7.4	4.3	1.0	0.8	0.4	100.0
中　庸	6.4	17.1	19.0	20.7	11.2	16.9	8.7	100.0
私　德	1.3	1.2	0.9	9.0	5.6	23.8	58.4	100.0
功　利	2.8	3.6	3.9	11.8	7.9	25.1	44.7	100.0
勤　俭	41.4	34.0	11.6	8.2	2.5	1.4	1.0	100.0
进　取	38.6	31.4	11.5	9.2	4.0	2.6	0.3	100.0
实　用	4.3	12.2	14.3	20.7	16.0	23.0	9.6	100.0
嫉　妒	0.8	1.0	1.2	7.2	4.6	20.2	65.2	100.0
屈　从	0.6	1.3	1.0	6.5	6.0	25.0	59.7	100.0
欺　瞒	1.4	0.8	1.0	7.3	4.7	18.7	66.3	100.0

（三）中性评价

在中庸项中，占百分比最高的是 0 分和 1 分，两种评分均约占 20％。如果把 1、3、5 三种评分相加作为肯定评分值，把－1、－3、－5 之和作为否定评分值，则肯定评分为 43％（即对中庸持肯定评价的人有 43％），否定评分为 37％。这样，中性评分 20％在整个评分中的比例就显得少，因此，中庸项的均值接近于中性，但其分布相当分散。对实用项的评分，有着类似的情形，0 分占 20％，仅次于－3 分的百分比（22％），并且，肯定评分为 30％，否定评分为 48％，其离散程度也很高。这种情况不仅说明对中庸和实用的中性价值判断非常不统一，相当分散，而且对这两项的整体评价也是不整齐、不集中的，相当模糊。从评价趋向看，中庸倾向于肯定，实用倾向于否定。

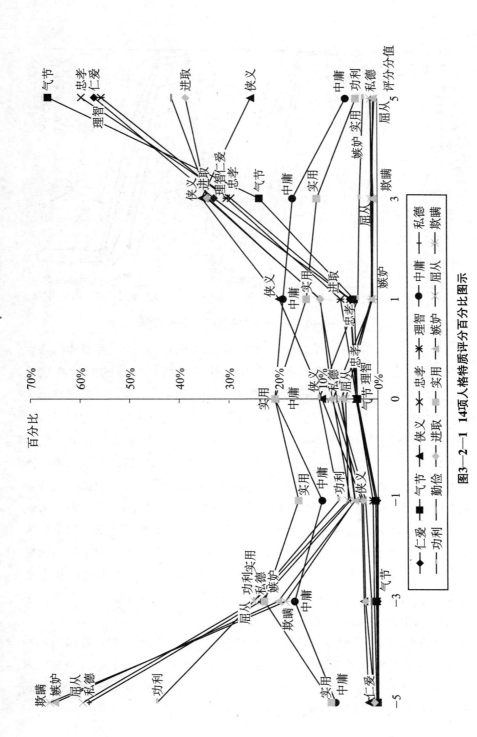

图3-2-1 14项人格特质评分百分比图示

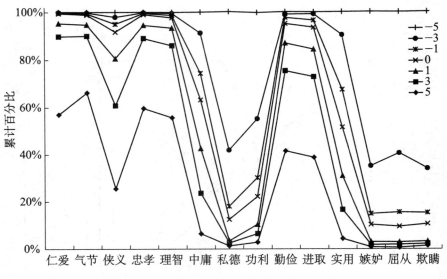

图3—2—2　14项人格特质评分百分比图示

对中庸和实用评价的模糊性，在实际表现中却是作为一种温和的东西被尊奉着。尤其在"文化大革命"中，既得不到对气节的那种高歌赞颂——哪怕是口头的，也不会像"欺瞒"那样被口诛笔伐——纵然是形式的。"中庸"和"实用"在生活中是不冷不热，而具有保护和满足作用。"中庸"所蕴涵的哲理或许尚不为中国人自己所真正理解，却在庶民们世代平庸的生活中默然信守，用它去圆满那些不圆满的事情，去平衡那些不平衡的心理；在20世纪50年代以来的多次政治格斗中，"中庸"与斗争对象的噩运一样，一起被"斗争"、被"批判"、被"抨击"，因为它太缺乏阶级斗争味儿。这种抨击恐怕至今还在恐吓一些历经"运动"风险的人们，不愿意去正面承认它。这就是说，人们实际尊奉的东西，采用不明确或"糊涂"的方式表达着。"实用"亦然，多少年来，人们对它的肯定态度是讳莫如深，多次"吃亏"之后，还是觉得"实用"更实惠一些，不"实用"就吃亏，真是"非君子即小人"也。

如果说问卷中评分高的那些人格特质如气节、仁爱、理智等是人们心目中崇尚而实际上做不到的，评分低的欺瞒、嫉妒等是人们心目中痛恶而实际中不得不做的，那么，中庸和实用是心目中喜爱而实际上也做得到的，而在答卷中多以中性的面貌出现。

二、年龄与人格特质评价

作为问卷用的自变量有性别、年龄、学历、职业和特别职业层。

从统计结果看，男女性别对 14 项人格特质的评分序列是一样的。因此，这里省略了性别组的价值判断。同时，从下面将要展开的各个问句统计结果看，男女性别差在数据上没有明显的表现（见附录二 X^2 显著性检验）。因而，在以下各个问句的组别比较中，均省略了对性别组的各种比较，代之以妇女干部组的比较分析。妇女干部组作为一种特别职业层参与课题分析将会更有意义。

（一）经历"文化大革命"的四代人

这里使用的年龄组有四个取值：用 01 代表 30 岁以下，02 代表 31～40 岁，03 代表 41～50 岁，04 代表 51 岁以上。如此分组，主要出于对不同年龄组历史背景上的重大差别的考虑。以知识分子为例，四个年龄段的历史背景大体上是这样的：

01 组，在 1966—1976 年的"文化大革命"期间，尚是 8 岁以下的孩童（有的尚未出生），其中不少人是小学生，耳闻目睹过这场动乱；

02 组，在"文化大革命"期间，基本上在 9～18 岁之间，尚是中学时代，但其中不少人经历了上山下乡，是炽热和苦痛、顽强和拼争、血与火兼而有之的一代；

03 组，当年正是 19～28 岁血气方刚的一代，先是"轰轰烈烈"参加到"革命"大军中去，然后到工厂下基层接受再教育，有着与 02 组差不多的特点；

04 组，当时 29～38 岁，处在"三十而立"的年代，但在这场社会浩劫中，耗尽了人生最好的时光（见表 3—3、图 3—3）。

表 3—3　　　　　　年龄组及其社会经历

年龄组（岁）＼社会经历	以 1966—1976 年为社会背景	
	年龄（岁）	社会经历
51 岁以上（04 组）	29～38 岁以上	事业欲立而不能
41～50 岁（03 组）	19～28 岁	大学时代，学业荒废
31～40 岁（02 组）	9～18 岁	中学时代，下乡下厂（场）
30 岁以下（01 组）	8 岁以下	小学时代，目睹"文化大革命"

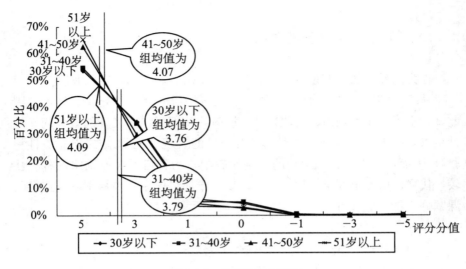

图 3—3　年龄组均值图示

（二）对仁爱、气节、理智、勤俭的肯定随年龄递增

肯定评价指 5、3、1 三种打分和均值为正值者。

从表 3—4、图 3—4—1、图 3—4—2 看，四个年龄组对仁爱、气节、理智、勤俭的肯定评价所占比率的均值（除勤俭项均值），都是随着年龄而递增的，即随着年龄的增长对这四项的肯定程度增高。

表 3—4　　　14 项人格特质评价年龄组交互表（％，均值）

		5	3	1	0	—1	—3	—5	均值	标准差
1. 仁爱	01	53.7	34.5	6.3	4.4	0.2	0.3	0.2	3.76	1.59
	02	54.7	34.0	5.2	4.9	0.5	0.0	0.2	3.79	1.57
	03	62.5	29.8	4.7	2.7	0.0	0.0	0.0	4.07	1.34
	04	65.3	27.2	3.5	3.0	0.0	0.0	0.5	4.09	1.48
2. 气节	01	62.0	26.1	5.8	4.2	0.5	0.5	0.3	3.91	1.65
	02	63.5	24.9	5.2	4.7	0.7	0.2	0.0	3.96	1.58
	03	74.2	19.1	2.3	3.3	0.0	0.0	0.0	4.30	1.35
	04	75.7	18.3	2.0	4.0	0.0	0.0	0.0	4.35	1.29
3. 侠义	01	23.1	36.6	17.6	12.2	3.8	3.2	2.4	2.18	2.33
	02	28.1	33.7	21.2	9.9	3.0	1.0	1.5	2.46	2.17
	03	25.8	33.1	20.7	11.0	2.3	4.0	1.7	2.26	2.31
	04	24.8	31.7	24.8	9.9	2.5	3.0	1.5	2.25	2.22

		5	3	1	0	—1	—3	—5	均值	标准差
4. 忠孝	01	53.7	32.0	7.5	4.4	0.4	0.4	0.4	3.68	1.73
	02	61.8	26.8	3.9	5.4	0.2	0.2	0.0	3.93	1.57
	03	67.9	22.4	4.0	3.3	1.0	0.3	0.0	4.09	1.53
	04	60.4	30.2	1.5	4.0	0.5	0.0	0.0	4.06	1.41
5. 理智	01	52.1	31.1	8.4	4.8	1.3	1.1	0.5	3.55	1.88
	02	53.0	32.5	7.4	3.7	1.5	0.5	0.2	3.66	1.72
	03	60.9	26.1	7.4	3.3	0.0	0.7	0.3	3.87	1.68
	04	62.9	29.2	3.0	4.5	0.0	0.5	0.5	3.89	1.67
6. 中庸	01	5.5	14.8	18.9	19.5	11.6	18.0	10.4	—0.27	2.68
	02	7.1	15.5	20.0	22.2	10.6	16.7	6.7	0.08	2.58
	03	2.7	19.4	17.7	21.1	11.4	19.1	8.0	—0.19	2.53
	04	8.9	23.8	19.3	22.3	10.4	7.4	5.9	0.73	2.50
7. 私德	01	1.0	1.4	1.0	6.9	5.6	23.4	60.0	—3.66	2.04
	02	2.0	0.7	0.5	11.8	5.4	25.4	53.2	—3.35	2.23
	03	1.0	0.0	0.7	9.0	4.7	22.1	62.5	—3.78	1.91
	04	0.5	1.0	1.5	12.4	6.4	23.3	54.5	—3.42	—2.08
8. 功利	01	2.8	4.9	4.3	12.4	8.1	27.4	39.6	—2.55	2.67
	02	4.2	1.7	4.4	12.1	7.6	22.4	46.6	—2.77	2.70
	03	1.3	2.0	2.3	10.7	8.0	19.7	54.2	—3.23	2.34
	04	0.5	3.0	3.0	10.4	6.4	25.7	50.0	—3.19	2.26
9. 勤俭	01	31.6	35.2	15.7	10.5	3.7	2.1	0.6	2.66	2.13
	02	40.9	35.5	10.8	7.9	2.2	1.0	0.7	3.13	2.00
	03	56.9	31.4	4.7	5.0	0.3	0.7	0.7	3.78	1.75
	04	58.4	27.7	4.5	5.0	1.0	0.0	3.5	3.61	2.23
10. 进取	01	40.2	32.7	10.3	9.7	2.8	2.1	1.1	2.95	2.21
	02	37.4	35.0	12.8	8.9	2.5	2.0	0.5	2.94	2.08
	03	33.1	36.1	13.4	8.0	3.7	4.0	0.7	2.68	2.25
	04	29.2	36.6	12.4	11.4	4.5	4.0	0.0	2.52	2.18
11. 实用	01	4.4	10.6	13.4	23.7	15.9	22.4	8.8	—0.60	2.49
	02	3.0	13.5	17.0	17.7	17.0	21.7	8.9	—0.54	2.49
	03	1.3	13.7	13.7	19.4	14.0	23.7	13.4	—0.91	2.55
	04	4.5	13.4	12.4	16.3	14.9	27.2	8.9	—0.66	2.62

		5	3	1	0	−1	−3	−5	均值	标准差
12. 嫉妒	01	0.4	1.3	1.8	7.6	4.9	21.4	62.0	−3.71	1.99
	02	1.0	0.5	0.0	6.9	4.4	20.4	65.8	−3.88	1.89
	03	0.3	0.3	1.7	5.0	4.0	18.7	69.2	−4.02	1.73
	04	1.5	0.5	0.0	8.9	3.5	13.4	71.8	−3.94	2.02
13. 屈从	01	0.4	1.2	1.1	5.8	6.1	27.5	57.5	−3.69	1.87
	02	0.7	1.0	1.0	7.1	7.1	23.6	58.6	−3.63	1.99
	03	0.0	0.7	1.3	6.0	4.7	20.4	65.9	−3.92	1.75
	04	0.0	2.0	0.5	8.9	4.5	21.3	62.4	−3.74	1.94
14. 欺瞒	01	1.0	1.3	1.4	7.2	6.3	21.2	61.3	−3.66	2.07
	02	1.2	0.2	0.7	6.9	4.4	17.7	68.2	−3.91	1.93
	03	0.0	0.7	0.7	7.0	2.7	15.4	73.6	−4.14	1.66
	04	1.5	0.0	0.0	10.4	0.5	12.4	74.8	−4.04	1.97

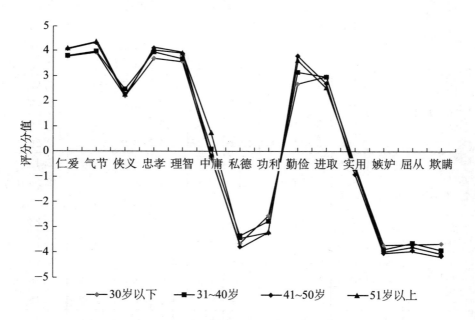

图3—4—1 14项人格特质评价与年龄组交互（均值）图示

在肯定评价中02组和03组对侠义和忠孝的评分分别居首位，表明02组更侠义，更富正义感，03组作为41~50岁的中年人更讲忠孝些。

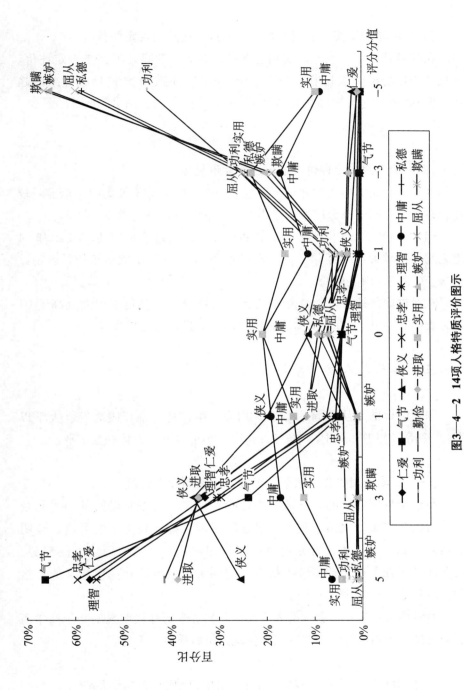

图3—4—2 14项人格特质评价图示

（三）中年对私德、实用、嫉妒、屈从、欺瞒的否定居首

在问卷结果中，私德、实用、嫉妒、屈从、欺瞒几项都是否定评价，并且四个年龄组对这几项的否定评价，没有出现随年龄递增或递减的趋势。但03组对这几项的否定程度最高（见表3—4、图3—4—1、图3—4—2）。

（四）青年对中庸评价最低、进取评价最高

四个年龄组对中庸的评价都接近于中性，但评分不够集中，标准差较高、较多地分布于0分区域（见表3—4、图3—4—1、图3—4—2）。

但02组和03组的评价（0.08和－0.19）更近乎于中性，01组和04组之间相差较大，04组给予的是肯定评价（0.73），01组给予的是否定评价（－0.27），均值最低。

在对进取的评价中，01组的肯定评价明显高于其他组但尤其高于04组。表明30岁以下青年对中庸否定最多，对进取肯定最多。

三、学历与人格特质评价

课题设计的学历变量有三个，用高、中、初分别代表高等（大学以上）、中等（初中、高中、中专）、初等（小学以下）文化教育水平。

（一）高学历对仁爱、气节、理智、进取的肯定居首

在给予肯定评价的人格特质中，除了侠义、忠孝和勤俭外，对其余人格特质如仁爱、气节、理智和进取的肯定，都是高学历组最高，较明显地高于初等学历组。并且，对进取项的肯定，有随学历递增的趋势。表明高学历在重视某些传统人格特质的同时更重视具有现代意义的人格特质（见表3—5、图3—5）。

但对侠义、忠孝和勤俭的肯定评价，初等学历却较明显地高于高学历而居首位。表明初等学历对这三种传统人格特质更看重些。

（二）对私德、功利、嫉妒、屈从、欺瞒的否定随学历递减

三个学历组对这五项人格特质的评价都是否定的，但高学历的否定程

度明显高于初等学历，并且三个学历组之间呈递减趋势，表现出认知上的学历差（见表3—5、图3—5）。

表3—5 　　　　　　　　　学历组交互表（％，均值）

		5	3	1	0	—1	—3	—5	Σ	均值	标准差
1. 仁爱	高	63.0	30.0	4.0	2.0	0.0	0.0	0.0	100	4.09	1.33
	中	53.0	34.0	6.0	5.0	0.0	1.0	0.0	100	3.70	1.66
	初	53.0	37.0	7.0	3.0	0.0	0.0	1.0	100	3.78	1.62
2. 气节	高	76.0	21.0	2.0	1.0	0.0	0.0	0.0	100	4.03	2.16
	中	62.0	25.0	6.0	5.0	1.0	1.0	0.0	100	3.87	1.71
	初	61.0	21.0	6.0	5.0	0.0	1.0	0.0	100	3.89	1.64
3. 侠义	高	24.0	38.0	21.0	10.0	4.0	2.0	1.0	100	2.40	2.08
	中	24.0	33.0	21.0	12.0	3.0	4.0	3.0	100	2.10	2.43
	初	32.0	36.0	14.0	8.0	2.0	5.0	2.0	99	2.55	2.42
4. 忠孝	高	58.0	31.0	6.0	3.0	1.0	0.0	0.0	99	3.88	1.52
	中	59.0	30.0	5.0	5.0	1.0	1.0	0.0	101	3.86	1.64
	初	71.0	20.0	4.0	4.0	1.0	0.0	0.0	100	4.15	1.46
5. 理智	高	62.0	27.0	7.0	2.0	1.0	1.0	0.0	100	3.94	1.61
	中	52.0	32.0	8.0	5.0	2.0	1.0	1.0	101	3.54	1.95
	初	48.0	35.0	7.0	6.0	1.0	1.0	1.0	99	3.43	1.95
6. 中庸	高	4.0	14.0	18.0	19.0	13.0	20.0	13.0	101	—0.58	2.70
	中	6.0	17.0	22.0	22.0	11.0	16.0	7.0	101	0.09	2.58
	初	10.0	23.0	16.0	18.0	9.0	14.0	10.0	100	0.34	2.91
7. 私德	高	1.0	0.0	0.0	4.0	4.0	23.0	68.0	100	—4.08	1.65
	中	1.0	1.0	1.0	11.0	6.0	24.0	57.0	101	—3.54	2.07
	初	2.0	3.0	3.0	12.0	6.0	29.0	45.0	100	—2.96	2.44
8. 功利	高	2.0	2.0	5.0	11.0	7.0	22.0	52.0	101	—3.12	2.46
	中	3.0	4.0	3.0	11.0	8.0	26.0	45.0	100	—2.81	2.63
	初	4.0	5.0	7.0	14.0	11.0	29.0	31.0	101	—2.11	2.75
9. 勤俭	高	39.0	35.0	13.0	7.0	3.0	1.0	1.0	99	3.02	2.07
	中	40.0	34.0	12.0	9.0	2.0	2.0	1.0	100	3.01	2.14
	初	52.0	34.0	6.0	4.0	1.0	1.0	2.0	100	3.54	2.05
10. 进取	高	45.0	36.0	11.0	5.0	2.0	2.0	0.0	101	3.36	1.87
	中	33.0	35.0	12.0	11.0	4.0	4.0	1.0	100	2.61	2.31
	初	32.0	35.0	12.0	10.0	5.0	5.0	1.0	100	2.25	2.38
11. 实用	高	3.0	11.0	13.0	21.0	15.0	26.0	11.0	100	—0.87	2.25
	中	5.0	11.0	16.0	21.0	17.0	21.0	10.0	101	—0.56	2.58
	初	3.0	26.0	12.0	16.0	15.0	19.0	8.0	99	—0.07	2.66

续前表

		5	3	1	0	—1	—3	—5	Σ	均值	标准差
12. 嫉妒	高	1.0	1.0	1.0	4.0	2.0	16.0	76.0	101	—4.21	1.76
	中	1.0	1.0	1.0	8.0	5.0	22.0	63.0	101	—3.77	1.98
	初	2.0	2.0	2.0	11.0	5.0	25.0	53.0	100	—3.27	2.36
13. 屈从	高	0.0	0.0	1.0	2.0	3.0	23.0	71.0	100	—4.26	1.31
	中	0.0	1.0	1.0	7.0	7.0	27.0	57.0	100	—3.69	1.80
	初	1.0	2.0	2.0	10.0	10.0	26.0	49.0	100	—3.20	2.21
14. 欺瞒	高	0.0	1.0	1.0	4.0	3.0	17.0	74.0	100	—4.20	1.59
	中	1.0	1.0	1.0	8.0	5.0	20.0	64.0	100	—3.76	2.02
	初	2.0	1.0	1.0	13.0	4.0	19.0	60.0	100	—3.47	2.30

注：高代表大学以上的教育水平者；中代表初中、高中、中专的教育水平者；初代表小学以下的教育水平者。以下同。

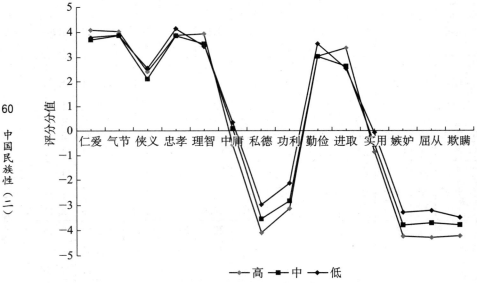

图 3—5　14项人格特质评价与学历组交互（均值）

（三）高学历对中庸实用评价最低

从总体上看，中庸和实用两项的得分分别为—0.58和—0.87，都接近于中性评价（见表3—5、图3—5）。

但从三个学历组的评价结果看，高学历组和初学历组对中庸的评价分别为—0.58和0.34，对实用的评价分别为—0.87和—0.07，都是高学历否定得多。

四、职业与人格特质评价

有四个职业组：体力劳动者、脑力劳动者、服务员和学生。

四个职业组对 14 项人格特质的评分同年龄组和学历组有共同之处，就是四个职业组的评分也基本上分为三类：肯定性评价类、否定性评价类和接近中性评价类，并且也呈现出一定的趋势。

（一）脑力组对仁爱、气节、理智、侠义、忠孝、勤俭的肯定居首

在对 14 项人格特质的肯定评价中，除了进取，其余六项，都是脑力组的评价最高，体力组的肯定评价低于高学历组，尤其对气节的肯定，脑—体之间的均值差在 0.7 以上，表明脑力组更重气节（见表 3—6、图 3—6）。

（二）学生更重进取，更轻屈从

在对人格特质的肯定评价上，学生组对进取的评价居首位，且其均值的标准差最小，表明学生组不仅重进取，并且评价最集中（见表 3—6、图 3—6）。

在否定评价上，学生组对屈从的评价不相上下，其均值一样，但学生组的均值标准差低于脑力组，在四个组中标准差最小，表明学生组对屈从的否定比脑力组更少分散。

表 3—6　　　　　　　　　　职业组交互表（％，均值）

		5	3	1	0	−1	−3	−5	Σ	均值	标准差
1. 仁爱	体	49.0	38.0	7.0	5.0	0.0	0.0	1.0	100.0	3.61	1.55
	脑	64.0	29.0	4.0	3.0	0.0	0.0	0.0	100.0	4.11	1.33
	服	54.0	35.0	3.0	8.0	0.0	0.0	0.0	100.0	3.78	1.55
	学	58.0	32.0	6.0	1.0	1.0	1.0	1.0	100.0	3.83	1.77
2. 气节	体	57.0	29.0	7.0	5.0	1.0	1.0	0.0	100.0	3.75	1.72
	脑	78.0	18.0	2.0	2.0	0.0	0.0	0.0	100.0	4.46	1.12
	服	58.0	24.0	9.0	6.0	2.0	1.0	0.0	100.0	3.66	1.86
	学	68.0	25.0	5.0	2.0	0.0	0.0	0.0	100.0	4.2	1.29

		5	3	1	0	−1	−3	−5	Σ	均值	标准差
3. 侠义	体	26.0	36.0	18.0	9.0	4.0	4.0	3.0	100.0	2.25	2.45
	脑	26.0	34.0	23.0	10.0	3.0	3.0	1.0	100.0	2.38	2.16
	服	17.0	30.0	22.0	19.0	3.0	6.0	4.0	100.0	1.56	2.51
	学	23.0	42.0	16.0	12.0	5.0	2.0	0.0	100.0	2.46	1.97
4. 忠孝	体	62.0	26.0	5.0	5.0	1.0	1.0	0.0	100.0	3.89	1.69
	脑	60.0	30.0	6.0	4.0	0.0	0.0	0.0	100.0	3.96	1.44
	服	54.0	34.0	5.0	5.0	1.0	1.0	0.0	100.0	3.73	1.67
	学	51.0	33.0	9.0	2.0	3.0	1.0	1.0	100.0	3.52	1.95
5. 理智	体	46.0	35.0	9.0	6.0	2.0	1.0	1.0	100.0	3.34	1.99
	脑	65.0	26.0	5.0	2.0	1.0	1.0	0.0	100.0	4.04	1.56
	服	58.0	30.0	6.0	5.0	1.0	1.0	1.0	100.0	3.77	1.84
	学	50.0	34.0	10.0	4.0	1.0	1.0	0.0	100.0	3.58	1.72
6. 中庸	体	8.0	19.0	20.0	21.0	9.0	14.0	8.0	100.0	0.26	2.68
	脑	3.0	16.0	19.0	19.0	13.0	19.0	11.0	100.0	0.26	2.63
	服	6.0	13.0	26.0	21.0	15.0	15.0	4.0	100.0	0.15	2.33
	学	4.0	10.0	12.0	19.0	15.0	24.0	16.0	100.0	−1.05	2.69
7. 私德	体	1.0	2.0	2.0	10.0	6.0	27.0	52.0	100.0	−3.34	2.19
	脑	1.0	1.0	0.0	7.0	4.0	21.0	66.0	100.0	−3.89	1.91
	服	1.0	1.0	1.0	11.0	3.0	20.0	63.0	100.0	−3.69	2.08
	学	1.0	0.0	0.0	7.0	5.0	26.0	61.0	100.0	−3.83	1.79
8. 功利	体	4.0	5.0	4.0	11.0	10.0	28.0	38.0	100.0	−2.45	2.76
	脑	2.0	2.0	5.0	11.0	7.0	22.0	53.0	100.0	−3.17	2.45
	服	2.0	1.0	2.0	12.0	9.0	24.0	50.0	100.0	−3.16	2.32
	学	2.0	7.0	3.0	15.0	6.0	26.0	43.0	100.0	−2.65	2.699
9. 勤俭	体	40.0	36.0	9.0	8.0	3.0	2.0	2.0	100.0	2.98	2.27
	脑	46.0	34.0	10.0	7.0	1.0	1.0	1.0	100.0	3.33	1.98
	服	37.0	26.0	20.0	13.0	1.0	2.0	1.0	100.0	2.71	2.21
	学	21.0	38.0	20.0	9.0	10.0	1.0	1.0	100.0	2.21	2.10
10. 进取	体	31.0	35.0	12.0	11.0	5.0	5.0	1.0	100.0	2.47	2.38
	脑	41.0	36.0	12.0	6.0	2.0	3.0	0.0	100.0	3.14	2.01
	服	36.0	31.0	15.0	11.0	1.0	5.0	1.0	100.0	2.67	2.35
	学	50.0	36.0	5.0	7.0	1.0	0.0	1.0	100.0	3.57	1.82
11. 实用	体	4.0	15.0	14.0	19.0	17.0	21.0	10.0	100.0	−0.51	2.16
	脑	3.0	10.0	14.0	21.0	16.0	25.0	11.0	100.0	−0.87	2.49
	服	4.0	9.0	19.0	23.0	14.0	22.0	9.0	100.0	−0.59	2.45
	学	5.0	2.0	13.0	23.0	18.0	22.0	7.0	100.0	−1.85	1.72

中国民族性（二）

续前表

		5	3	1	0	−1	−3	−5	Σ	均值	标准差
12. 嫉妒	体	0.0	1.0	2.0	9.0	6.0	25.0	56.0	100.0	−3.56	1.94
	脑	1.0	1.0	2.0	5.0	3.0	15.0	75.0	100.0	−4.13	1.85
	服	0.0	0.0	0.0	9.0	3.0	18.0	70.0	100.0	−4.07	1.61
	学	2.0		2.0	3.0	3.0	26.0	65.0	100.0	−3.95	1.88
13. 屈从	体	0.0	2.0	2.0	8.0	8.0	29.0	53.0	100.0	−3.56	1.83
	脑	0.0	1.0	1.0	4.0	3.0	21.0	70.0	100.0	−4.12	1.60
	服	1.0	1.0	1.0	8.0	7.0	26.0	58.0	100.0	−3.66	1.97
	学	0.0	1.0	0.0	0.0	6.0	28.0	65.0	100.0	−4.12	1.39
14. 期满	体	1.0	1.0	1.0	9.0	7.0	22.0	59.0	100.0	−3.59	2.06
	脑	0.0	0.0	0.0	6.0	3.0	16.0	75.0	100.0	−4.28	1.44
	服	1.0	1.0	1.0	9.0	4.0	15.0	69.0	100.0	−3.85	2.04
	学	0.0	1.0	1.0	3.0	4.0	22.0	68.0	100.0	−4.01	1.81

注：脑代表脑力劳动者组；体代表体力劳动者组；服代表服务业者组；学代表学生组。以下同。

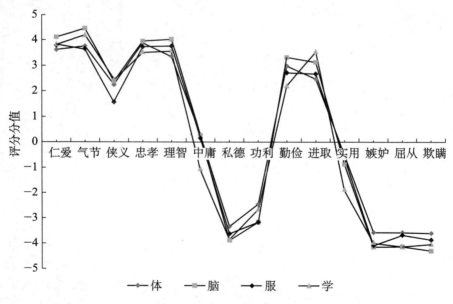

图3—6　14项人格特质评价与职业组交互（均值）

（三）体力组对人格特质的否定居末

表3—6还给我们揭示了一个有意思的现象，就是体力组对私德、功利、实用、嫉妒、屈从、欺瞒的否定程度最低。高学历组和学生组的否定

程度高于初等学历组。

从脑—体比较看，脑力组对 14 项人格特质中一些特质的肯定程度高于体力组，同时对另一些特质的否定也高于体力组；反之，体力组在肯定评价方面低于脑力组，同时在否定评价方面也低于脑力组，并且在 14 项人格特质的均值标准差上体力组都大于脑力组，表明体力组对 14 项人格特质的认知程度低于脑力组，且在认知上比较分散。

第四章　人格选择反差

问卷在对 14 项人格特质评价之后，接着设计了对"文化大革命"前、"文化大革命"中和改革后三个时期人格特质的选择问句。问句有两个部分，一是对三个时期多数人最具备的人格特质的选择；二是对多数人最缺乏的人格特质的选择。采用两项选择的方法进行选择，最后取两项选择的平均值。选择的人格特质仍然是前一问句中的 14 项。从 1966 年"文化大革命"开始算起，时间已过了 20 多年，因此，问卷规定 20 岁以下者不填写"文化大革命"前和"文化大革命"中两栏。这样，问卷中"文化大革命"前和"文化大革命"中的数据，只是 20 岁以上者的评分数值。

一、人格选择上三种格局

(一)"文化大革命"前多勤俭、缺理智

对"文化大革命"前最具备的人格特质前四位的选择依次为：勤俭（20.5%）、仁爱（17.0%）、忠孝（13.5%）、气节（5.0%）（见表 4—1、图 4—1 至图 4—3）。

表 4—1　　　　　　　　　三个历史时期的人格特质选择

	平均值	最具备（%）			最缺乏（%）		
		"文化大革命"前	"文化大革命"中	改革后	"文化大革命"前	"文化大革命"中	改革后
气节	4.05	5.0	2.5	1.5	4.5	③10.5	③10.0
忠孝	3.92	③13.5	3.5	3.0	2.0	④5.0	④10.0

	平均值	最具备（%）			最缺乏（%）		
		"文化大革命"前	"文化大革命"中	改革后	"文化大革命"前	"文化大革命"中	改革后
仁爱	3.87	②17.0	1.0	3.0	3.0	②15.0	②13.5
理智	3.75	2.0	1.5	④9.5	①13.5	①19.0	4.5
勤俭	3.10	①20.5	2.5	3.5	1.5	2.5	①22.0
进取	2.91	3.5	1.5	①19.0	②12.5	5.0	6.5
侠义	2.33	2.0	3.0	2.5	3.0	3.5	6.0
中庸	0.01	3.0	③10.5	3.0	2.0	2.5	2.0
实用	−0.63	1.0	3.0	②17.5	5.0	2.5	3.0
功利	−2.77	0.5	④6.0	③14.0	③6.5	2.0	2.5
私德	−3.58	0.0	6.0	5.0	④5.5	1.5	2.5
屈从	−3.69	0.5	①15.5	1.0	④5.5	1.0	1.5
嫉妒	−3.83	0.0	5.0	5.0	3.5	0.5	2.0
欺瞒	−3.83	0.5	②11.5	4.0	5.0	1.0	1.5

注："○"内表示选择顺序。

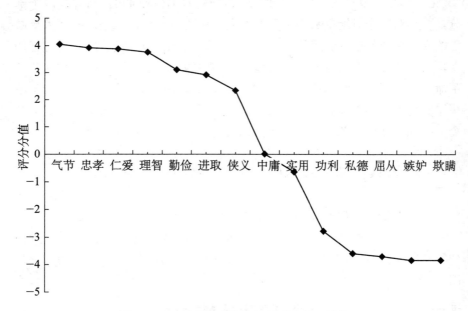

图4—1　三个历史时期人格特质选择（均值）

从表3—1、表3—2中的前四位人格特质评价看，除了理智项之外，其余三项全部被选入"文化大革命"前多数人最具备的人格特质之列，居第五位的勤俭，被选择为"文化大革命"前首位人格特质。这表明在人们

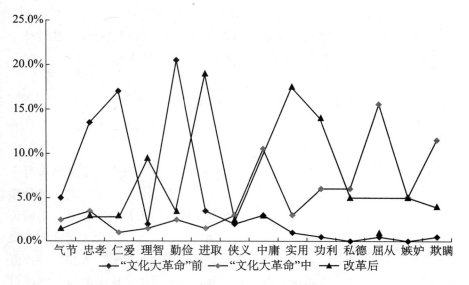

图4—2 三个历史时期人格特质"最具备"选择（%）

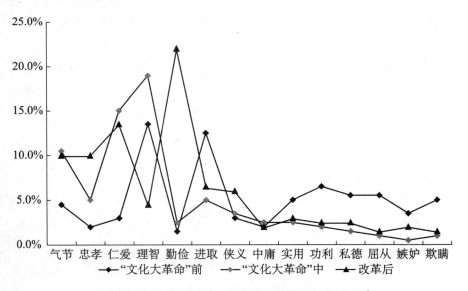

图4—3 三个历史时期人格特质"最缺乏"选择（%）

心目中"文化大革命"前人格比较好，但从多数人最缺乏的人格特质选择这个侧面看，居首位的却是理智，然后依次是进取、功利、私德和屈从（两项并列为第四位），即理智（13.5%）、进取（12.5%）、功利（6.5%）、私德和屈从（均占5.5%），除了理智和进取属于肯定评价之外，功利、私德或屈从均属于否定评价，这表明答卷人认为"文化大革命"前的人既不那么理智和进取，也不那么功利、自私或屈从。从总体上看，问卷结果表明，"文化大革命"前人格尚属中等偏上。

（二）"文化大革命"中多屈从、缺理智

前四位选择依次是：屈从（15.5％）、欺瞒（11.5％）、中庸（10.5％）、私德（6.0％）（见表4—1）。

这里值得注意的是，不仅在14项人格评价中居前四位的特质没有一项被选入"文化大革命"中人格之列，而且所有给予肯定评价的人格特质都没有被选入。相反，被选择的全部是否定评价的人格特质，并且前两位是评价最低的屈从和欺瞒。屈从和欺瞒连在一起成为"文化大革命"中最具备的前两位人格特质，可以说，这既是对"文化大革命"人格的一种低评价，也是对"文化大革命"本身的一种不满意。"文化大革命"之所以能够把全国亿万人卷入漩涡，酿成全国规模的灾难，固然有人们狂热这种因素起作用，却也有对"文化大革命"本身那不可抗拒的"力"的顺从，并且还是带着几分自欺欺人的顺从。

"文化大革命"中多数人最缺乏的前四位人格特质，依次是：理智（19.0％）、仁爱（15.0％）、气节（10.5％）、忠孝（5.0％），四项全部是14项人格特质评价中的肯定项。表明人们心目中对"文化大革命"中人格的评价很不好，属于下等。

（三）改革后多进取、缺勤俭

这类选择的首位人格特质是进取，其余三项依次是实用、功利和理智：进取（19.0％）、实用（17.5％）、功利（14.0％）、理智（9.5％）（见表4—1）。

如果将这种选择同表3—1、表3—2中的前四项评价比较，那么只有理智选为改革后人格特质，其余仁爱、气节、忠孝均不在选。就是说，改革后最具备的人格特质中，有两项在14项人格特质评价中得到肯定评价，一项得到否定评价，另一项实用接近于中性偏否定评价。

而从最缺乏的人格特质选择看，前四项全部是14项人格特质评价中的肯定项：勤俭（22.0％）、仁爱（13.5％）、气节（10.0％）、忠孝（10.0％）。

总之，三个历史时期的人格选择表现为："文化大革命"前人格相对

为良好，改革后人格次之，"文化大革命"中人格最差。这一点在下面将要接触到的综合判断分析中得到了进一步证明。

如果把对"文化大革命"前、"文化大革命"中和改革后三个历史时期最具备和最缺乏的人格特质选择结果用图表示，则呈现出图4—4那种不均匀分布状态。

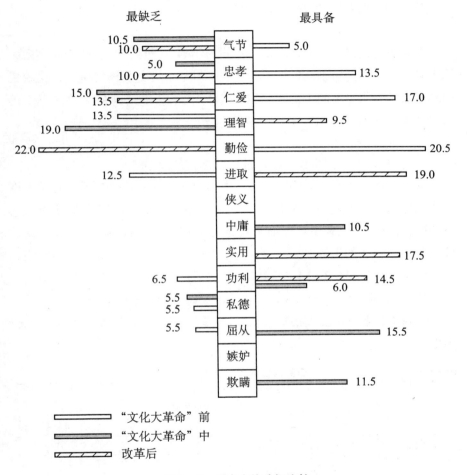

图4—4 历史人格选择比较

从对最具备的人格特质的选择结果看：

"文化大革命"前的前四位选择全部分布在上端肯定区域；

"文化大革命"中的前四位选择基本上分布在下端否定区域；

改革后的前四位选择分布在接近中间的肯定和否定区域。

从对最缺乏的人格特质的选择结果看：

"文化大革命"前的前四位选择分布在接近中间和下端的肯定和否定区域；

"文化大革命"中的前四位选择多数分布在上端肯定区域；

改革后的前四位选择全部分布在上端肯定区域。

二、人格选择上的历史觉醒

在对历史人格特质的选择上，不同的年龄、学历、职业的选择序列大同小异。但在不同组别的选择中，出现了对某个历史人格特质选择比较集中的现象，表明对不同历史时期的人格认知程度不同，即在人格选择上的历史觉醒程度不同。

(一) 年长者"文化大革命"前人格选择较集中

从表4—2、图4—5至图4—10看，四个年龄组对三个历史时期人格特质选择的主要特点是：04组对"文化大革命"前最具备和最缺乏的人格特质选择比01组集中。以前三位选择为例，对最具备（A）和最缺乏（B）的人格特质的选择（%）为：

（A）04组（25.2＋21.0＋17.3）＞01组（14.5＋12.9＋10.5），

（B）04组（22.6＋13.8＋11.0）＞01组（14.1＋6.6＋4.9），

表明年长者对历史人格知之较多，年轻一代则知之较少，对历史比较陌生。

表4—2　　　　　　　　　历史人格选择组别比较（%）

	多数人最具备的人格特质											
	"文化大革命"前				"文化大革命"中				改革后			
	01	02	03	04	01	02	03	04	01	02	03	04
1. 仁爱	12.9	21.0	20.2	21.0	1.0	1.5	1.15	1.0	3.7	1.8	2.1	1.7
2. 气节	3.5	5.5	7.7	9.7	1.2	4.2	4.0	4.4	2.2	1.7	1.5	1.7
3. 侠义	1.8	2.1	2.2	2.2	2.6	4.1	3.5	3.2	1.5	1.5	1.8	1.0
4. 忠孝	10.5	16.7	16.5	17.3	3.0	5.0	4.1	2.0	3.9	2.2	2.0	1.5
5. 理智	1.4	2.2	3.8	2.2	1.1	2.2	2.5	3.0	6.5	10.7	9.3	9.6
6. 中庸	1.9	4.0	3.5	4.5	7.9	12.9	15.4	11.8	2.4	3.8	3.7	3.95
7. 私德	0.2	0.3	0.3	0.5	5.0	5.0	7.8	9.2	4.2	4.6	4.2	6.2
8. 功利	0.5	0.8	0.8	0.0	4.2	6.6	7.9	6.4	13.3	12.4	16.5	16.0
9. 勤俭	14.5	28.2	27.8	25.2	1.7	3.4	2.3	2.2	4.0	3.3	4.1	0.75

	多数人最具备的人格特质											
	"文化大革命"前				"文化大革命"中				改革后			
	01	02	03	04	01	02	03	04	01	02	03	04
10. 进取	2.0	2.9	5.8	4.9	1.2	2.2	0.8	1.0	18.2	19.5	19.2	19.8
11. 实用	1.1	1.6	1.0	1.0	4.0	4.2	5.0	5.4	15.2	18.4	19.7	21.3
12. 嫉妒	0.6	0.3	0.0	0.0	4.0	4.9	5.6	7.6	5.8	4.3	4.5	4.7
13. 屈从	1.4	2.2	1.8	2.7	12.4	18.6	17.0	19.8	0.7	1.8	1.5	1.0
14. 欺瞒	0.55	0.1	0.6	1.2	9.3	12.5	14.5	14.3	3.1	14.7	4.3	4.5

	多数人最缺乏的人格特质											
	"文化大革命"前				"文化大革命"中				改革后			
	01	02	03	04	01	02	03	04	01	02	03	04
1. 仁爱	2.0	3.9	4.1	5.7	11.1	17.8	19.5	22.3	13.1	14.1	12.9	13.6
2. 气节	3.4	5.8	5.0	5.4	8.2	10.9	12.5	12.6	10.2	8.6	11.3	9.9
3. 侠义	2.3	3.8	4.5	3.7	3.05	3.8	5.3	3.0	6.1	7.5	5.6	5.2
4. 忠孝	1.5	2.4	1.8	3.2	4.3	5.4	6.7	6.4	8.6	9.9	10.0	13.8
5. 理智	6.6	9.0	9.5	11.0	14.1	23.5	24.9	22.5	5.7	4.5	2.5	3.0
6. 中庸	1.7	3.1	4.05	2.7	1.5	3.6	2.1	3.0	1.8	1.8	2.8	2.5
7. 私德	3.3	6.6	7.3	7.4	1.1	2.2	2.6	2.0	3.0	2.1	2.3	2.0
8. 功利	4.9	7.4	7.2	8.7	1.2	2.8	1.5	1.2	2.7	3.1	3.0	1.7
9. 勤俭	1.25	1.35	2.15	1.75	1.9	1.85	1.61	2.5	19.6	22.9	22.7	23.7
10. 进取	14.1	15.2	16.9	13.8	3.8	6.5	8.5	5.7	6.5	4.1	7.3	5.4
11. 实用	3.8	5.7	6.5	22.6	1.8	2.6	2.0	2.5	2.9	2.7	1.8	2.9
12. 嫉妒	2.3	4.5	4.5	3.2	0.3	1.1	0.4	2.1	2.1	2.1	1.0	1.7
13. 屈从	1.5	2.9	2.0	3.5	0.9	0.9	1.3	1.5	3.5	1.7	2.2	2.7
14. 欺瞒	3.5	6.0	8.9	6.2	0.7	1.9	1.0	1.2	1.3	1.4	2.0	0.7

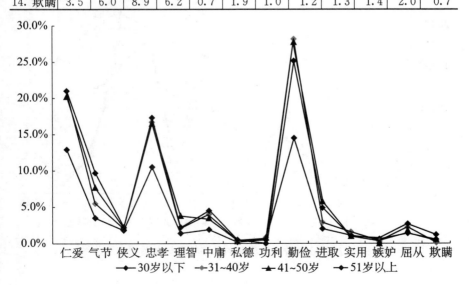

图 4—5 "文化大革命"前多数人最具备的人格特质与年龄组交互（%）

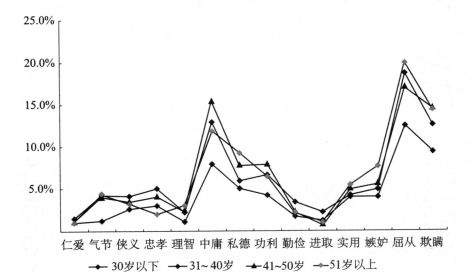

图4—6 "文化大革命"中多数人最具备的人格特质与年龄组交互（%）

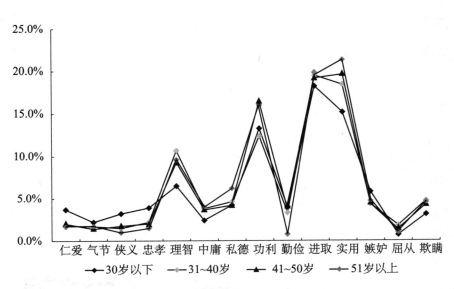

图4—7 改革后多数人最具备的人格特质与年龄组交互（%）

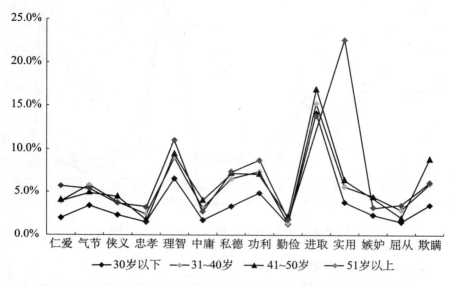

图4—8　"文化大革命"前多数人最缺乏的人格特质与年龄组交互（％）

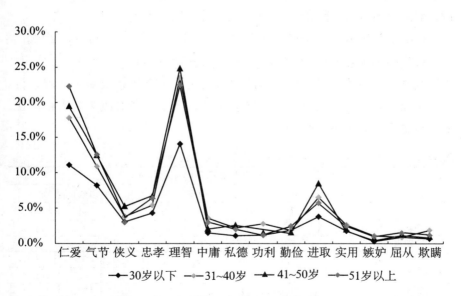

图4—9　"文化大革命"中多数人最缺乏的人格特质与年龄组交互（％）

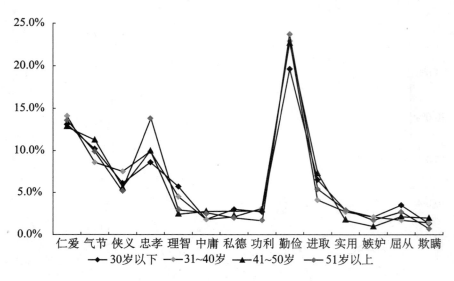

图4—10 改革后多数人最缺乏的人格特质与年龄组交互（%）

（二）高学历者对改革后人格更关注

从表4—3、图4—11至图4—16看，对历史人格选择上的学历差，主要表现在高、初等学历组对改革后的人格特质选择上。以前三位选择为例，对最具备（A）和最缺乏（B）的选择（%）为：

（A）高学历组（23.5＋18.5＋17.0）＞初学历组（18.0＋14.0＋12.0），

（B）高学历组（24.5＋16.0＋12.5）＞初学历组（17.0＋14.0＋11.0），

表明高学历组对改革后人格特质的选择较之初等学历组要集中。就是说，从学历这个角度看人们对历史人格的认知，高学历者对改革后人格的优、劣之点更看重，更关心些。

表4—3　　　　　　　　历史人格选择的学历比较（%）

	多数人最具备的人格特质								
	"文化大革命"前			"文化大革命"中			改革后		
	高	中	初	高	中	初	高	中	初
1. 仁爱	19.0	16.5	14.0	1.0	1.0	1.5	1.0	3.5	3.0
2. 气节	5.0	5.5	5.0	2.0	3.0	3.0	0.5	2.5	2.5
3. 侠义	1.5	2.0	3.0	3.0	3.5	2.5	1.0	3.0	2.0
4. 忠孝	14.0	12.5	18.5	4.0	3.5	3.5	0.5	4.0	4.5
5. 理智	1.5	2.5	1.5	1.5	1.5	2.0	9.0	10.0	8.0
6. 中庸	3.5	3.0	3.5	12.5	9.0	13.0	3.5	3.0	2.5
7. 私德	0.0	0.0	1.0	5.5	6.0	7.5	5.0	3.5	8.5
8. 功利	0.5	0.5	0.5	4.5	6.5	8.0	17.0	13.0	12.0

	多数人最具备的人格特质								
	"文化大革命"前			"文化大革命"中			改革后		
	高	中	初	高	中	初	高	中	初
9. 勤俭	26.5	18.5	18.5	1.5	2.5	6.0	1.0	4.5	7.0
10. 进取	4.0	3.0	3.5	1.0	2.0	0.5	18.5	18.0	18.0
11. 实用	0.5	1.0	4.0	3.5	3.5	2.0	23.5	14.5	14.0
12. 嫉妒	0.0	0.5	1.0	4.5	4.5	5.5	5.5	5.0	4.5
13. 屈从	2.5	1.0	2.0	19.5	13.5	13.5	1.0	1.0	1.5
14. 欺瞒	0.5	0.5	0.5	14.5	9.5	13.0	3.5	4.0	5.0

	多数人最缺乏的人格特质								
	"文化大革命"前			"文化大革命"中			改革后		
	高	中	初	高	中	初	高	中	初
1. 仁爱	3.0	3.0	4.0	18.0	13.0	17.5	16.0	12.0	14.0
2. 气节	4.5	4.0	5.0	11.5	9.0	13.0	12.5	9.5	7.5
3. 侠义	3.0	3.0	4.5	3.5	3.0	4.5	4.5	6.0	11.0
4. 忠孝	1.0	2.5	2.5	4.5	5.0	6.0	10.0	10.0	10.5
5. 理智	9.5	7.0	11.0	23.5	17.0	19.0	3.0	5.5	5.0
6. 中庸	2.5	2.5	1.5	2.0	2.5	1.0	2.0	2.0	2.5
7. 私德	5.5	5.0	5.0	1.0	1.5	2.0	1.5	2.0	5.0
8. 功利	7.5	5.5	8.0	1.0	2.0	2.5	1.5	3.0	3.5
9. 勤俭	0.5	2.0	2.0	1.5	2.0	3.0	24.5	20.5	17.0
10. 进取	6.0	10.0	14.5	5.0	5.0	8.0	6.5	6.5	7.0
11. 实用	6.5	4.5	6.0	1.5	2.5	2.5	1.5	3.5	4.0
12. 嫉妒	3.5	3.5	2.5	0.5	1.0	1.0	1.0	2.5	2.5
13. 屈从	1.5	2.5	2.5	0.5	1.5	1.5	2.5	1.5	1.5
14. 欺瞒	7.0	4.5	4.0	0.5	1.0	1.0	0.5	1.5	1.5

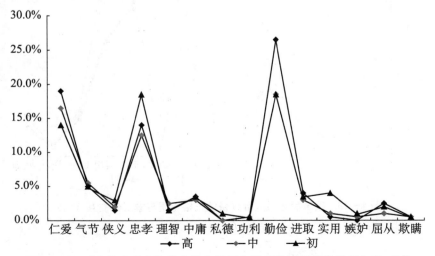

图4—11 "文化大革命"前多数人最具备的人格特质与学历组交互（%）

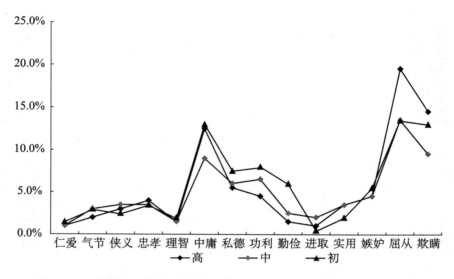

图4—12 "文化大革命"中多数人最具备的人格特质与学历组交互（%）

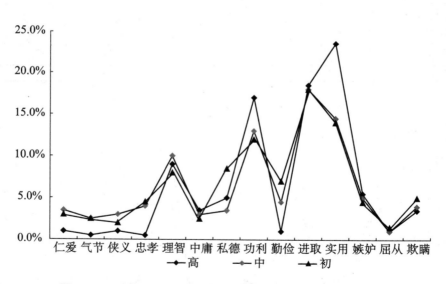

图4—13 改革后多数人最具备的人格特质与学历组交互（%）

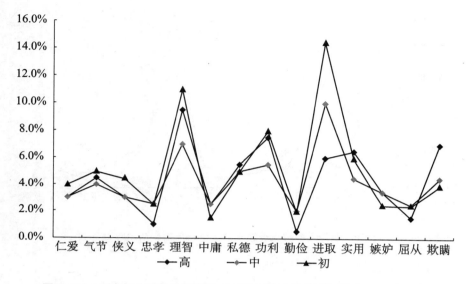

图4—14　"文化大革命"前多数人最缺乏的人格特质与学历组交互（%）

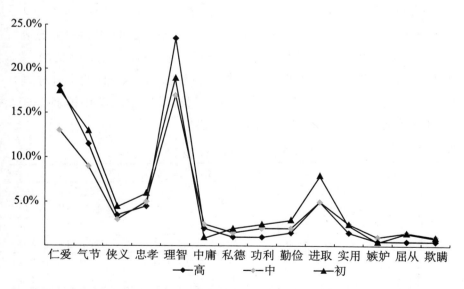

图4—15　"文化大革命"中多数人最缺乏的人格特质与学历组交互（%）

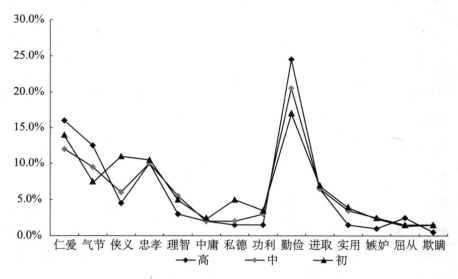

图4—16　改革后多数人最缺乏的人格特质与学历组交互（%）

（三）脑力组对"文化大革命"中人格较熟悉

从表4—4、图4—17至图4—22看，人们对历史人格的选择，脑力组对"文化大革命"中人格的选择更集中些。以脑力组和体力组前三位选择为例，对最具备（A）和最缺乏（B）的选择（%）为：

（A）脑力组（21.0+13.5+13.5）＞体力组（12.5+10.9+9.0），

（B）脑力组（24.0+19.5+11.5）＞体力组（17.0+13.0+9.0），

表明脑力组对"文化大革命"中的人格更熟悉些。但脑、体两个组对"文化大革命"中最缺乏的人格特质选择都比最具备的选择要集中得多，即对"文化大革命"中的人格不足识别得更清楚些。

表4—4　　　　　　　历史人格选择的职业比较（%）

| | 多数人最具备的人格特质 | | | | | | | | | | | |
| | "文化大革命"前 | | | | "文化大革命"中 | | | | 改革后 | | | |
	体	脑	服	学	体	脑	服	学	体	脑	服	学
1. 仁爱	15.0	21.0	17.5	8.5	1.5	1.0	1.0	0.5	4.5	1.5	3.0	2.0
2. 气节	4.0	6.5	7.0	2.5	2.5	3.5	1.5	0.5	2.5	1.0	2.0	2.0
3. 侠义	2.5	1.5	2.5	1.0	2.5	3.5	6.0	1.5	3.5	1.5	3.0	1.0
4. 忠孝	13.0	15.5	13.5	8.0	4.0	4.0	1.0	2.5	5.0	1.0	2.5	2.5
5. 理智	2.0	2.5	1.5	2.0	1.5	2.5	1.5	0.5	10.0	9.0	11.0	7.5
6. 中庸	2.5	3.5	4.5	1.0	9.0	13.5	9.5	7.0	2.5	3.5	2.0	3.5
7. 利德	0.5	13.0	0.5	0.0	7.0	5.5	8.0	4.0	4.0	4.5	4.5	7.0

| | 多数人最具备的人格特质 | | | | | | | | | | | |
| | "文化大革命"前 | | | | "文化大革命"中 | | | | 改革后 | | | |
	体	脑	服	学	体	脑	服	学	体	脑	服	学
8. 功利	0.5	0.5	0.5	1.0	7.0	5.5	6.0	2.5	12.0	17.0	13.5	14.5
9. 勤俭	16.5	28.5	19.0	10.5	3.0	1.5	3.0	1.0	6.5	1.0	1.0	3.0
10. 进取	2.5	4.5	3.0	2.0	1.0	1.5	2.5	1.0	17.0	19.5	20.5	18.0
11. 实用	2.0	0.5	0.5	0.0	2.5	4.5	4.5	1.5	13.5	22.5	15.5	18.0
12. 嫉妒	0.5	0.0	0.0	0.5	4.5	5.5	5.0	2.0	4.5	5.0	6.0	8.5
13. 屈从	1.5	2.0	0.5	1.5	12.5	21.0	13.5	7.0	1.0	1.0	2.0	0.5
14. 欺瞒	0.5	0.5	0.5	0.5	10.0	13.0	11.0	10.0	3.5	5.0	4.0	1.5
	多数人最缺乏的人格特质											
	"文化大革命"前				"文化大革命"中				改革后			
	体	脑	服	学	体	脑	服	学	体	脑	服	学
1. 仁爱	2.5	3.5	3.5	2.0	13.0	19.5	15.5	5.0	11.5	15.5	12.5	16.0
2. 气节	4.5	4.5	4.0	2.0	9.0	11.5	12.0	6.5	7.5	11.5	10.5	14.5
3. 侠义	4.0	2.5	2.0	2.0	3.5	3.5	3.5	1.5	8.0	5.0	2.0	4.5
4. 忠孝	2.5	2.0	2.0	0.5	5.0	5.5	6.0	1.5	9.5	10.0	11.0	10.5
5. 理智	7.5	10.0	8.5	4.0	17.0	24.0	15.5	13.5	6.5	3.0	6.0	6.0
6. 中庸	2.0	3.0	3.0	0.5	2.5	3.0	2.0	1.5	2.0	2.0	1.5	1.0
7. 私德	3.5	6.5	9.0	2.5	2.0	1.0	3.0	0.5	4.0	1.5	3.5	2.0
8. 功利	5.5	7.5	8.0	3.0	2.0	1.0	1.5	0.5	3.5	2.0	3.5	1.5
9. 勤俭	2.5	1.0	1.5	0.5	2.0	1.5	3.0	0.5	19.0	24.5	22.5	21.0
10. 进取	11.0	16.5	16.5	4.5	5.5	4.0	4.5	0.0	7.5	6.5	4.0	6.5
11. 实用	5.0	7.0	3.5	3.5	2.5	2.5	0.5	1.5	4.0	2.0	1.5	1.5
12. 嫉妒	3.0	4.0	2.5	1.5	0.5	0.5	1.0	0.5	3.0	1.0	4.0	1.0
13. 屈从	2.0	2.5	2.5	1.0	1.5	1.0	1.5	0.0	1.0	3.0	2.0	1.5
14. 欺瞒	4.0	7.5	3.0	3.5	1.5	1.0	1.5	0.0	2.0	1.0	1.5	0.0

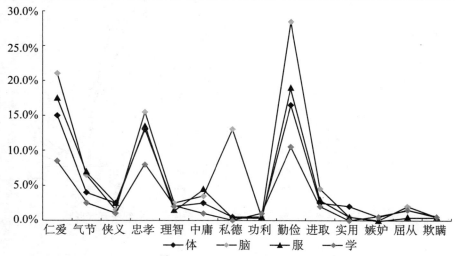

图 4—17 "文化大革命"前多数人最具备的人格特质与职业组交互（％）

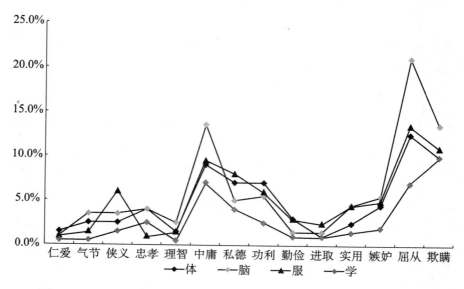

图4—18 "文化大革命"中多数人最具备的人格特质与职业组交互（%）

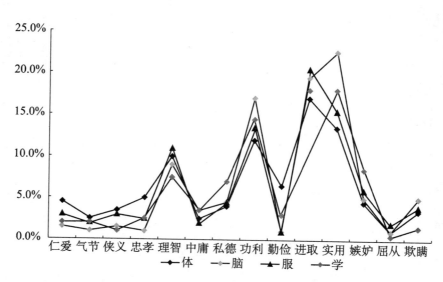

图4—19 改革后多数人最具备的人格特质与职业组交互（%）

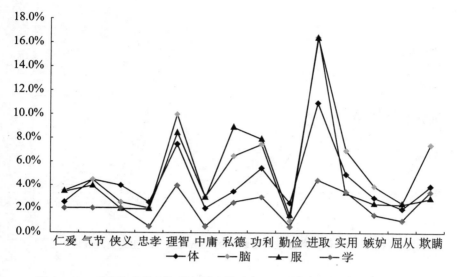

图 4—20 "文化大革命"前多数人最缺乏的人格特质与职业组交互（%）

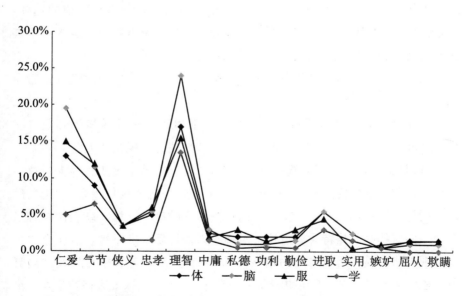

图 4—21 "文化大革命"后多数人最缺乏的人格特质与职业组交互（%）

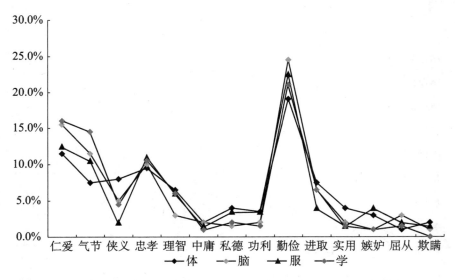

图4—22　改革后多数人最缺乏的人格特质与职业组交互（%）

（四）微妙的选择视点

不论对最具备的人格特质的选择，还是对最缺乏的人格特质的选择，其选择频率高意味着人们的重视程度亦高，选择频率低则意味着人们不甚关心这些人格特质是否在某个历史时期具有或者缺乏。

由此，我们想从重视程度这个侧面来看人们对三个历史时期人格特质的选择。

首先把所有选择项的百分数（频率）都累积起来并转换为频数（次数），同时，把"最具备"视为"有"，把"最缺乏"视为"无"。

"最具备"栏人格特质选择频数越多，"有"越多，表明答卷人对这一人格特质的重视程度越高；"最缺乏"栏人格特质选择频数越多，"无"越多，同样表明答卷人对该人格特质的重视程度越高。这样，就会比较容易发现人们对哪些人格特质更重视，对哪些人格特质不够重视，进而会进一步发现人格特质与历史之间的相互关系。"有"意味着人格特质在"最具备"栏内的地位，它占有历史和历史拥有它，"无"意味着人格特质在"最缺乏"栏内的地位，它没能占有历史和历史不拥有它；"有"的数量比较多，表明它成了历史上的肯定者，"无"的数量比较多，则从反面表明它应该成为历史的肯定者。图4—23是根据前11位选择频数制作而成。

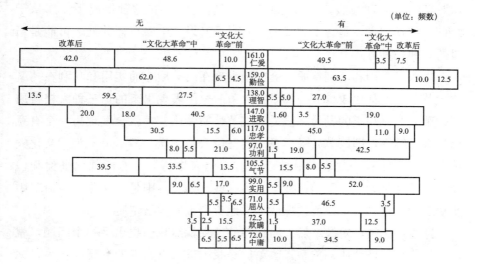

（单位：频数）

图 4—23　微妙的选择视点

　　图 4—23 表明，仁爱、勤俭、理智是选择频数比较多的前四位人格特质，并在不同的历史时期以不同的身份出现。比如仁爱特质，在"文化大革命"前基本上是以正面身份表明它的存在及作用。仁爱在"文化大革命"中和改革后都基本上是以反面身份出现，表明它在这两个历史时期的弱存在和"无能为力"。勤俭特质的出现，和仁爱大同小异，也是更多地以正面身份出现于"文化大革命"前，更多地以反面身份出现于改革后。理智特质则不同，它被人们的重视是反映在对"文化大革命"中人格缺乏的选择，表明理智在"文化大革命"这样的灾难中的不可缺少。而进取却基本上以改革后最具备的正面身份出现在历史舞台上，表明它由过去的基本"缺乏"到基本"具备"。总之，前三位频数多的人格特质，全部是在14 项人格特质评价中得到肯定的人格特质。

　　与此相反，在 14 项人格特质评价中得到否定的欺瞒、屈从人格特质，不仅选择频数较少，而且多为"文化大革命"中所拥有。这表明，人们在对历史人格进行选择时，大体上是把注意力集中在有好评、得分高的人格特质上，而对没有好评、得分低的人格特质不予些许关注，这是一种"趋善避恶"的心理倾向。

　　中庸特质基本上是"有"多于"无"，并且"有"主要表现在"文化大革命"中，和"文化大革命"中屈从、欺瞒的选择频数相差不大。这是一个十分有意思的选择结果。在本来以"阶级斗争为纲"的"文化大革命"期间，真真假假，"假亦真"，"真亦假"，在这种情况下，屈从于"纲"，相互欺瞒，是合乎逻辑的；同时，又以"中庸"而共处，可能是当时的一种处世方式。

进取、实用和功利特质，突出地表现在改革后，而实用和功利在"文化大革命"前都比较少有。如果把改革后突出表现出来的这三种人格特质同改革后明显缺乏的勤俭、仁爱和气节特质做比较，就会发现另一个有意思的选择结果，即改革后最具备的前三位人格特质，基本上不为"文化大革命"前所拥有，改革后最缺乏的前三位人格特质，有两项（勤俭和仁爱）为"文化大革命"前所拥有，另一项（气节）则是"文化大革命"中所缺乏的，都是改革以前这样或那样地肯定过的人格特质。

这样一比较，对改革后人格选择的结果就给我们提出了一个问题，就是现代化与人格特质的关系。改革后是我国进入以实现四个现代化为目标的历史时期，在这个历史时期，过去（"文化大革命"前和"文化大革命"中）不曾起重大作用的人格特质会跃居前位，而过去曾经起作用的人格特质又会骤然从生活中消失或失色，因此人们会感到不习惯，甚至难以接受。可见选择上的心理倾向涉及现代化与传统的关系。现代化不等于全部抛弃传统；全部抛弃传统，将会影响人们对现代化的理解和接受程度。这个问题实际上是第一章曾经讲过的现代化与传统的结合点问题，是从心理侧面揭示结合点的重要性，同时又揭示出保持以仁爱为核心的人文精神的重要性以及保持民族性中感情和意志特色的重要性。

三、人格与历史之间的亲和性

通过上述分析我们看到，被选择了的人格特质在不同的历史时期是以不同的地位和身份出现的，有的以正面（有）的身份出现，表明它是得到了历史地位的东西，有的以负面（无）的身份出现，表明它是没能得到历史地位的东西。由此，人们便有理由说，人格特质与历史时期之间存在着某种关系，我们在这里姑且称之为亲和性。

（一）亲和性的出现

这里的亲和性概念是一种借用。某人格特质被选择的次数越多，即亲和性程度越高，表明历史需要这种人格特质的程度也越高，同时表明这种人格特质的存在及其作用是历史产物。

人格特质与历史时期之间的这种亲和关系，在年龄组、学历组和职业组中都有表现。下面拟以职业组为例说明这种亲和性的出现。

从前面的表4—4可以看到职业组的历史人格选择有如下特点。

（1）对"文化大革命"前最具备的人格特质，四个职业组都选了勤俭、仁爱、忠孝、气节四项，只是各项上的百分比分布不一样；对最缺乏的人格特质，四个职业组都选了进取、理智、功利、实用，所不同的也是各项上的百分比分布有异。

（2）对"文化大革命"中最具备的人格特质，四个职业组都选了屈从、欺瞒、中庸、私德；对最缺乏的人格特质，都选了理智、仁爱、气节、忠孝，但百分比的分布不一样。

（3）对改革后最具备的人格特质，四个职业组都选了进取、实用、功利、理智，对最缺乏的人格特质，都选了勤俭、仁爱、气节、忠孝，百分比的分布也不一样。

这些特点说明，职业组的选择不仅具有一致性，而且在不同的历史时期表现出结构性的特点，这种结构在不同的历史条件下将一定的人格特质纳入其中。这正是我们下面要讨论的亲和选择问题。

（二）亲和选择结构

为了更突出地表示入选的人格特质与特定的历史时期的某种结合力或某种亲和关系，我们借用人际关系测量中经常使用的人际选择矩阵方式进行说明。

如图4—24所示，12项人格特质与职业组和历史时期组合成的12种选择者项一起构成一个12×12矩阵，从这个矩阵可看出如下问题。

（1）从横向看，有四项人格特质被选择了12次，四项人格特质被选了8次，四项被选择了4次，被选择的人格特质既有肯定性的，也有否定性的。不论何种性质的，只要是被选择了的，并且被选择的次数多，就表明该项人格特质为人们所重视。由此可以认为仁爱、理智、忠孝、气节在三个不同历史时期都比其他8项人格特质更被重视，勤俭、进取、功利、实用次之，屈从、欺瞒、中庸、私德在其后。

还要看到另一面。进入矩阵的每个选择点并不具有量的意义，即使被选择的量仅占百分之几，也和百分之十几或几十的选择点一样，以同等的地位出现在分布区域，因此，所谓次数多即被重视是相对的，然而却不能因此而忽视选择点频数的作用。

| | （选择者） | | | | | | | | | | | | Σ | ○（有） | ×（无） |
| | 体 脑 服 学 | | | 体 脑 服 学 | | | 体 脑 服 学 | | | | | | | |
	（"文化大革命"前）				（"文化大革命"中）				（改革后）						
仁爱	○	○	○	○	×	×	×	×	×	×	×	×	12	4	8
勤俭	○	○	○	○					×	×	×	×	8	4	4
理智	×	×	×	×	×	×	×	×	○	○	○	○	12	4	8
进取	×	×	×	×					○	○	○	○	8	4	4
忠孝	○	○	○	○	×	×	×	×	×	×	×	×	12	4	8
功利	×	×	×	×					○	○	○	○	8	4	4
气节	○	○	○	○	×	×	×	×	×	×	×	×	12	4	8
实用	×	×	×	×					○	○	○	○	8	4	4
屈从					○	○	○	○					4	4	
欺瞒					○	○	○	○					4	4	
中庸					○	○	○	○					4	4	
私德					○	○	○	○					4	4	
Σ	8	8	8	8	8	8	8	8	8	8	8	8	96		

（被选择者）

注：○表示最具备（有）。×表示最缺乏（无）。

图4—24　人格特质与历史时期的亲和选择

（2）从纵向看，"文化大革命"前的"有"的四个选择点全部集中在肯定性人格特质上，"无"的选择点、肯定评价和否定评价的人格特质都各有两个；"文化大革命"中则几乎相反，"无"的选择点四个全部集中于肯定性人格特质，"有"的选择点四个全部集中于否定特质；改革后的选择则介于这二者之间，即没有"文化大革命"前那么好，也没有"文化大革命"中那么劣，其"有"的四个选择点和"无"的四个选择点分布在"文化大革命"前相反的人格特质区域，"有"选择点是肯定和否定两种性质人格特质兼而有之，"无"的选择点却全部集中在肯定性人格特质区域。

三个历史域选择点的分布状态表明，在"文化大革命"前这种比较安宁、比较太平的时期，同肯定性人格特质之间的结合力更强些；在"文化大革命"中，同否定性人格特质更有结合力；而在改革后的历史时期，同肯定性特质的结合力不够，同否定性特质的结合力也不够。

（3）纵横交错看，选择点最多的仁爱、理智、忠孝和气节，"有"占1/3，"无"占2/3，"有"太少，"无"太多；选择点为中等的勤俭、进取、功利和实用，"有"和"无"的选择相等，各为1/2；选择点少的屈从、欺瞒、中庸和私德，全部为"有"，于是，从总体上看历史人格，其面目不够清晰、不甚美观。

总之，通过四个职业组对三个历史时期人格特质的选择，又验证了前面四个年龄组和三个学历级对人格选择的结果，揭示了中国人在三个不同历史时期的人格特色及其总体轮廓。

四、理想人格和实际人格选择

如果说前两部分问卷通过对14项人格特质评价和对三个历史时期人格特质的选择，揭示了人们在评价和选择上的微妙差异，那么这部分问卷则是对评价和选择上这种差异的进一步验证和展开。这部分通过对理想人格和实际人格、自己和他人的实际人格的选择来揭示中国人的性格特点。

这部分问卷是这样设计的：仍然就14项人格特质提出两个问句，一问理想人格是什么样的，二问实际人格又是怎样的。在实际人格问句中，包括两个内容，即自己在实际上的人格和他人在实际上的人格怎样。理想人格是人们心目中的、一般说来是积极的、美好的、向往的；实际人格是生活中的、实际具有的，因而是形形色色、多种多样的。之所以这样设计问卷，主要是要在问卷中拓开一块地盘，使人们有可能把对现实生活中的各种心理状态（感受和看法）表达出来。在我们的现实生活中，几乎到处都有吵架、发脾气、要态度的，既不尊重他人，也不尊重自己，都属于负现象。当然，援生救死、以礼相待、助人为乐的也有，但却不能形成一种风气。似乎是这样的局面：谁都不满意现在的坏风气，谁也不去为树立好风气坚持做些什么。那么，在这种事实的深处，隐藏着什么呢？人们究竟怎样看自己，又怎样看他人呢？本着这种考虑，问卷在对历史人格选择的基础上，进一步设计了理想与实际、自己与他人不同层面的问句。问卷结果证明，在中国人的性格中存在着巨大的反差现象。

（一）人格选择上理想—实际反差和自—他反差

对理想人格的选择比较均匀、集中。如果取前六位，所占比例约为：进取（19.5%），理智（18.5%），仁爱（17.0%），气节（13.0%），忠孝（11.0%），勤俭（8.5%）。

这种选择结果表明，答卷人在理想人格选择上更看重进取这一现代因素，而忠孝、勤俭之类传统因素则相对退居后位。但六项人格特质在人格特质价值判断中全部是肯定评价。

对自己实际人格的选择序列依次是：仁爱（16.5%），理智（13%），进取（12.5%），勤俭（13%），忠孝（12%），气节（8%）。（见表4—5、图4—25。）

表4—5　　　　　　　　　　理想—实际、自—他人格特质选择

	平均值	理想的（%）	实际的（%）	
			自　己	他　人
气节	4.05	④13.0	⑥ 9.5	
忠孝	3.92	⑤11.0	③12.5	
仁爱	3.87	③17.0	①16.5	
理智	3.75	②18.5	②13.0	
勤俭	3.10	⑥ 8.5	③12.5	
进取	2.91	①19.5	③ 1.25	⑥ 6.5
侠义	2.33			
中庸	0.01			③ 9.5
实用	−0.63			①17.0
功利	−2.77			②11.0
私德	−3.58			⑤ 7.0
屈从	−3.69			4.0
嫉妒	−3.83			④ 9.0
欺瞒	−3.83			

注："○"内表示选择顺序。

与理想人格选择序列比较略有差别，这里是仁爱居首位，进取从理想人格的首位变为第三位，理智仍然是第二位，从总体看，理想人格前六位选择项和自己实际人格前六位选择项还是一样的。

对他人实际人格的选择却出现了另外一种性质的选择序列：实用（17.0%），功利（11.0%），中庸（9.5%），嫉妒（9.0%），私德（7.0%），进取（6.5%）。

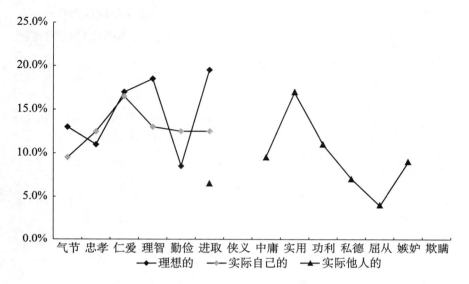

图 4—25 理想—实际、自—他人格特质选择（%）

在六项人格特质中，只有进取项是对前面两种选择的重复，是属于肯定评价的人格特质，其余五项中的中庸项，虽然也属肯定评价的人格特质，却是接近于中性价值判断的，实用项虽然比较接近中性价值判断，却属于否定价值判断，至于功利、嫉妒和私德全为否定评价。

（二）反差的出现

在对理想人格和实际人格、自己和他人的实际人格的选择结果中，有一个无法回避的事实，这就是反差现象。

为了说明这一点，不妨先对选择结果做一比较（见图 4—26）。

自—他反差比较的参照系是理想人格选择序列，并作为图的纵轴使用。

在纵轴上，除了前六位理想人格选择项，还有六位之外的六种人格特质。这后六项人格特质在理想人格选择中所占百分比极低，甚至为 0，即侠义（5.0%），实用（2.0%），功利（1.0%），中庸（0.5%），嫉妒（0，0%），私德（0.0%）。

为了比较上的方便，这里把后六项人格特质作为理想界外项使用，就是说，从分布上看，由于后六项人格特质所占百分比极低而没有进入理想选择的区域。

横轴是由对自己和他人实际人格的选择序列构成。均取前六位选择。

纵轴和横轴交叉后的对角线，实际上是理想人格选择序列的理想线。于是图4—26竟然向我们显示了这样的图像。

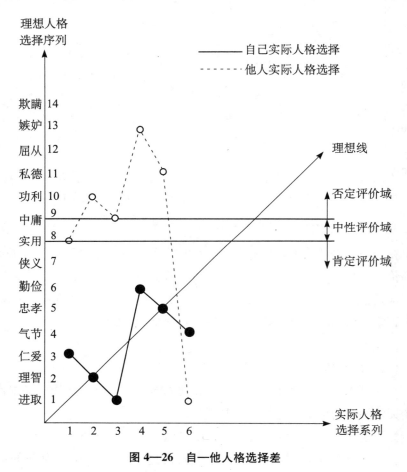

图4—26　自—他人格选择差

对自己实际人格的选择序列（仁爱—进取—理智—勤俭—忠孝—气节）十分接近理想线，基本上在理想线附近徘徊；对他人实际人格的选择序列（实用—功利—中庸—嫉妒—私德—进取）距离理想线甚远，六项之中有五项处于理想线之外，唯一进入理想域的人格特质（进取）则处于选择序列的末位，即在理想人格选择中为首位的人格特质在他人实际人格选择中是末位，不仅差距非常大，而且是一种反差。

当然，心理反应上的反差现象是常见的。比如，在大众传播界宣传好人或好事时，如果不适度，吹得天花乱坠，那么，在受众中会对好人或好事产生极高的社会期望值，其结果是人们一旦接触其人其事的不足之处，便会产生出比对常人更为强烈的反感或意见，这是因为期望值越高，反差越大的缘故。

（三）年老者和青年选择反差的区别

二者选择反差的区别，见表4—6、图4—27至图4—29。

表4—6　　　　　　年龄组理想人格和实际人格选择比较（％）

| | 理想人格 | | | | 实　际　人　格 | | | | | | | |
| | | | | | 自　己 | | | | 他　人 | | | |
	01	02	03	04	01	02	03	04	01	02	03	04
1. 仁爱	17.3	15.9	17.0	19.8	16.1	15.5	17.9	17.8				
2. 气节	11.3	14.6	14.2	13.1			9.2	9.1				
3. 侠义												
4. 忠孝	10.2	12.2	11.1	12.6	12.2	12.2	13.0	11.9				
5. 理智	20.2	16.7	17.5	16.3	13.0	12.0	11.7	15.1			5.8	6.4
6. 中庸									9.0	10.45	10.2	9.6
7. 私德									8.1	4.8	6.3	
8. 功利									10.3	10.7	13.4	13.3
9. 勤俭	6.6	9.0	11.3	12.6	9.0	12.5	17.4	17.8				6.4
10. 进取	20.9	18.7	19.4	13.3	14.0	14.2	10.7	8.2	7.1	6.0		6.4
11. 实用					7.0	8.4			15.4	18.5	16.4	17.5
12. 嫉妒									8.8	8.5	8.8	6.4
13. 屈从												
14. 欺瞒												

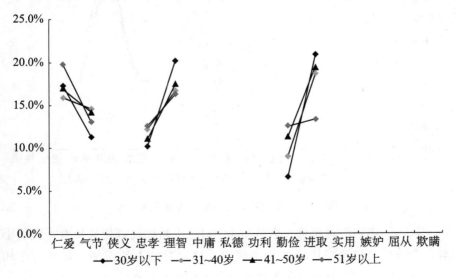

图4—27　年龄组与理想人格交互（％）

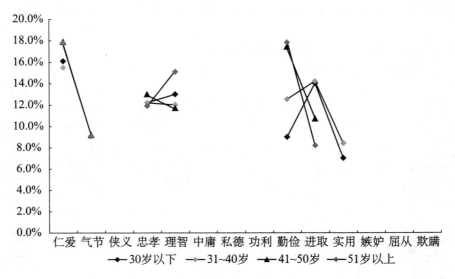

图4—28 年龄组与实际自己人格交互（%）

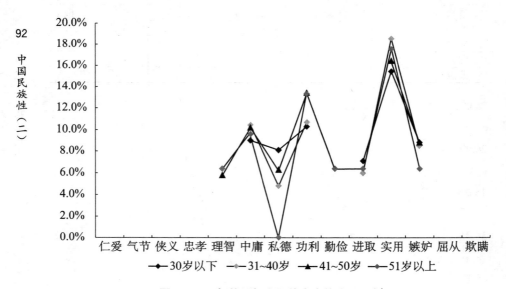

图4—29 年龄组与实际他人人格交互（%）

从不同年龄组对理想人格和实际中自己人格的前六位选择看，大同小异，即对自己的选择比较接近于理想人格，对他人的选择，几乎与之相反。这表明心理反差现象在不同年龄的人中普遍存在。

略有不同的是，04组较之01组，把仁爱、勤俭和气节更多地选给理想人格及自己人格;而 01 组较之 04 组,则把进取更多地选给理想人格和自己,把理智选给理想人格而自己却少有,又把实用较多地选给自己。

但四个年龄组都把仁爱和理智较多地选择给理想人格和自己,把忠孝选择给自己,把实用和功利则选择给他人。

(四)高学历和低学历选择反差的区别

三个学历组的共同点是,都把仁爱和理智较多地选择给理想人格和实际人格,把忠孝选择给自己,把实用和功利较多地选择给他人。

但高学历组比低学历组,把仁爱、理智、进取更多地选择给理想人格和自己,低学历组则把忠孝、勤俭更多地选择给理想人格和自己。

并且高学历组的选择比低学历组要集中,表明高学历组对理想人格和实际人格的认知程度高些。见表 4—7、图 4—30 至图 4—32。

表 4—7　　　　　　　　年龄组理想人格和实际人格选择比较(%)

| | 理想人格 | | | 实际人格 | | | | | |
| | | | | 自己 | | | 他人 | | |
	高	中	初	高	中	初	高	中	初
1. 仁爱	19.0	16.5	14.5	19.5	15.0	12.0			7.0
2. 气节	15.5	12.5	8.0	9.0	7.0				
3. 侠义						8.0			
4. 忠孝	6.0	3.0	16.5	10.5	13.0	16.5			
5. 理智	22.0	7.5	13.5	14.5	12.5	9.5			
6. 中庸							12.0	6.0	6.5
7. 私德							6.0	10.5	9.0
8. 功利							13.5	7.0	9.5
9. 勤俭	5.0	10.0	14.0	9.5	13.5	14.5			
10. 进取	24.5	18.0	13.0	15.5	12.0	8.5	7.0	7.0	
11. 实用				7.0	6.5		22.5	14.5	11.5
12. 嫉妒							7.5	10.0	
13. 屈从									
14. 欺瞒									

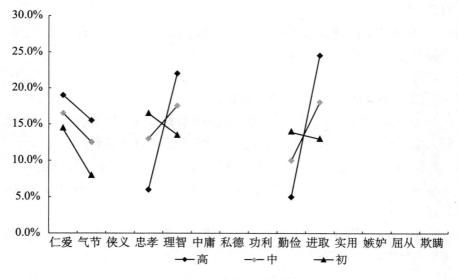

图4—30 学历组与理想人格交互（％）

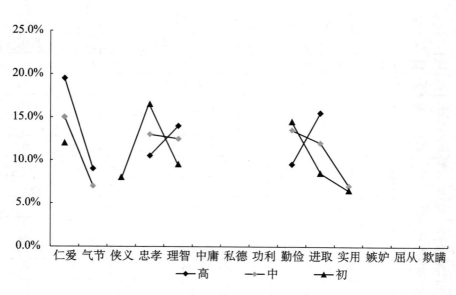

图4—31 学历组与实际自己人格交互（％）

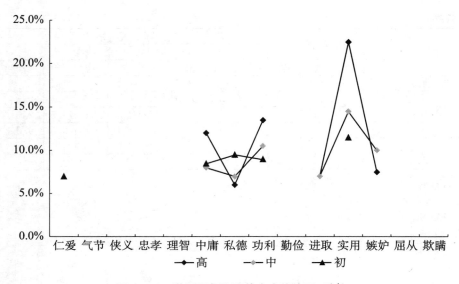

图4—32　学历组与实际他人人格交互（％）

（五）脑力组和体力组选择反差的区别

四个职业组对理想人格和实际人格选择的共同点是，都把仁爱、理智和进取较多地选择给理想人格和实际人格，把忠孝较多地选择给自己，把实用和功利选择给他人。

但在这四个组中，脑力者和学生更多地把仁爱、理智、进取选择给理想人格和自己，在理想人格选择上尤为集中，而体力组则更多地把忠孝、勤俭较多地选择给理想人格和自己。

并且，四个组之间相比较，脑力组和学生的选择更集中些，认知程度更高些。（见表4—8、图4—33至图4—35。）

表4—8　　　　　　　职业组理想人格和实际人格选择比较（％）

| | 理想人格 | | | | 实　际　人　格 | | | | | | | |
| | | | | | 自　　己 | | | | 他　　人 | | | |
	体	脑	服	学	体	脑	服	学	体	脑	服	学
1. 仁爱	15.0	19.0	18.0	19.0	12.5	19.5	18.5	19.5				
2. 气节	10.0	16.0	13.0	13.0		9.5	8.0					
3. 侠义				4.0	7.0							
4. 忠孝	16.0	7.0	11.0	8.0	15.5	10.0	10.5	12.0				
5. 理智	16.5	20.0	19.5	23.0	11.0	14.5	14.0	13.5		5.0		
6. 中庸								7.5	8.0	10.5	9.0	11.5
7. 私德									8.5		6.5	9.0
8. 功利									9.0	14.5	9.5	11.5

续前表

	理想人格				实 际 人 格							
					自 己				他 人			
	体	脑	服	学	体	脑	服	学	体	脑	服	学
9. 勤俭	11.0	7.0	8.5		14.0	12.5	13.5		6.5			
10. 进取	16.0	23.0	17.0	25.0	12.0	13.5	11.0	15.5		6.5	7.5	9.5
11. 实用							8.0	10.0	12.5	21.0	19.5	17.0
12. 嫉妒									9.0	8.0	9.5	9.0
13. 屈从												
14. 欺瞒												

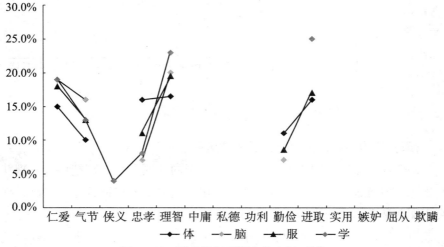

图 4—33 职业组与理想人格交互（%）

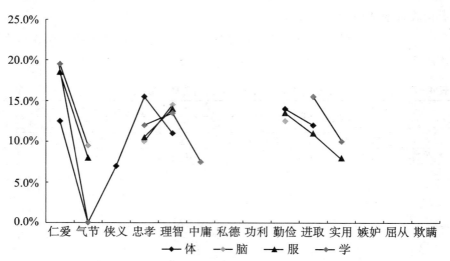

图 4—34 职业组与实际自己人格交互（%）

中国民族性（二）

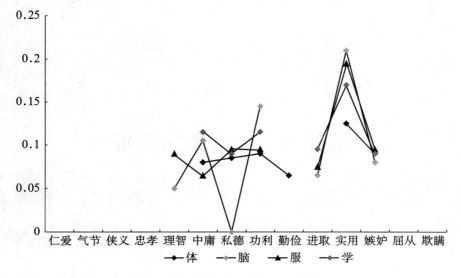

仁爱 气节 侠义 忠孝 理智 中庸 私德 功利 勤俭 进取 实用 嫉妒 屈从 欺瞒

◆ 体　　◆ 脑　　▲ 服　　◆ 学

图 4—35　职业组与实际他人人格交互（％）

第五章　综合判断分析

本章拟对前面所做的一些考察进行一次综合判断分析。

一、综合判断分析的主题与方法

（一）综合判断分析的方法论意义和主题

综合多因素做判断分析，可以利用其综合作用在许许多多单因素之间建立起众多的中介领域，建立单因素本身难以连接起来的各种关系。

综合判断分析的意义，主要在于克服分析上可能出现的片面性。从这个意义上看，前面对各组历史人物选择、理想人格和实际人格选择分别进行的判断分析，纵然是必要的、多侧面的，仍属于单因素分析，因此，多因素综合判断分析也就成为课题数据分析十分重要的一步了。

成为这部分分析主题的有两个：一是三个历史时期人格之"优劣"比较。前面曾经就"文化大革命"前、"文化大革命"中和改革后人格选择的各种结果数据，分析了三个历史时期人格何者为优、何者为劣。现在要做的工作是要用综合判断分析，对历史人格之"优劣"做进一步的考察。

二是对理想人格和实际人格之间的差异做进一步判断分析。这里不是像前面所做的那样对各种不同的样本组分别考察，而是将各种因素综合起来，进行综合判断分析。

（二）综合判断分析方法

这里使用的综合判断分析方法，是借用模糊数学知识建立模糊关系矩阵，然后进行比较和判断分析。

为此，有必要设计一种数学模型，以对主题思想做出数学表述。

设有两个有限论域：

$$x = \{x_1, x_2, \cdots, x_n\}$$
$$y = \{y_1, y_2, \cdots, y_n\}$$

其中，x 代表各种因素的集合，y 代表对 x 的评语集合。

于是，可采用一种模糊变换方式表达二者之间的关系：

$$B = AoR$$

此模糊变换被称之为综合判断模型。其中，R 为一个 $m \times n$ 的模糊矩阵，表示每种因素与其评语的关系；A 为各种判断在综合评判中的权重；B 为综合判断的结果。

首先确定模糊关系矩阵 R：利用诸因素之集合 X，分别对评语集合 Y 中的诸评语做出单因素评判，然后确定诸因素在综合评判中的权重 A，最后作出模糊变换 $B = AoR$，得到评判结果 B。

关于模糊关系矩阵 R 的确立。使用以下两种数据：一是答卷人对 14 项人格特质的评分，给出了 14 项人格特质的单因素评判资料；二是答卷人评分频数，给出了评分频数分布资料。这样就可得到一个 14×7 矩阵 R。

矩阵的行分别对应于问卷中 14 项人格特质；列分别依次对应于 7 种评分 $\{5, 3, 1, 0, -1, -3, -5\}$。例如，$R$（4，1）表示答卷人在回答 14 项人格特质中第 14 项即忠孝时，有 59.6% 的人给了 5 分，于是 R（4，1）＝0.596；R（14，7）表示答卷人回答第 14 项即欺瞒时，有 66.2% 的人给了 -5 分，于是 R（14，7）＝0.662，如此等等。

关于权重 A 的确定。使用权重做出综合判断分析，对于像课题调查这样一种不容易或不可能精确定量的场合，无疑是一种能够令人满意的做法。但是，问题还有另一面。权重 A 的确定是相当复杂的，常常会介入分析者的主观判断因素。为了减少分析者的主观因素之介入，我们将三个历史时期人格选择问句、理想人格和实际人格、自己的和他人的实际人格各种选择问句的频数统计资料作为权重 A，这就隐含了一个假设，即每个答卷人对问句的回答都是可靠的、可信的，他们对问句有充分的理解，他们足以构成理性的决策者。也就是说，只要他们对问句的回答被作为问卷统计数据参与问卷的结果分析，其数据就成为一种有客观意义的判断分析依据。

$$R = \begin{bmatrix} 0.569 & 0.329 & 0.055 & 0.041 & 0.002 & 0.002 & 0.002 \\ 0.663 & 0.238 & 0.047 & 0.041 & 0.005 & 0.004 & 0.002 \\ 0.255 & 0.353 & 0.198 & 0.112 & 0.033 & 0.029 & 0.020 \\ 0.596 & 0.295 & 0.055 & 0.044 & 0.005 & 0.003 & 0.002 \\ 0.557 & 0.304 & 0.074 & 0.043 & 0.010 & 0.008 & 0.004 \\ 0.064 & 0.171 & 0.190 & 0.207 & 0.112 & 0.169 & 0.087 \\ 0.013 & 0.012 & 0.009 & 0.090 & 0.056 & 0.238 & 0.583 \\ 0.028 & 0.036 & 0.039 & 0.118 & 0.079 & 0.252 & 0.448 \\ 0.414 & 0.340 & 0.116 & 0.082 & 0.025 & 0.014 & 0.010 \\ 0.386 & 0.343 & 0.115 & 0.092 & 0.030 & 0.026 & 0.008 \\ 0.043 & 0.122 & 0.143 & 0.207 & 0.160 & 0.230 & 0.096 \\ 0.008 & 0.010 & 0.012 & 0.072 & 0.046 & 0.202 & 0.651 \\ 0.006 & 0.013 & 0.010 & 0.065 & 0.060 & 0.250 & 0.596 \\ 0.014 & 0.008 & 0.010 & 0.073 & 0.047 & 0.187 & 0.662 \end{bmatrix}$$

关于运用模糊变换 $B = AoR$ 式进行运算。为了实现这一运算，我们采用了有界和与普通实数乘法算子，即

$$bij = \min\left\{ \sum_{k=1}^{14} aik \quad rkj, 1 \right\}$$

的公式并命令其具体执行运算指令。

二、历史人格选择的综合判断分析

我们把历史人格选择的问句内容分为两个部分进行综合判断分析，一是对三个历史时期最具备的人格特质的选择分析，二是三个历史时期最缺乏的人格特质选择的分析。

第一部分，多数人最具备的人格特质之综合评判，由矩阵向我们提供有关数据。

$$B_1 = \begin{bmatrix} 0.462 & 0.294 & 0.084 & 0.069 & 0.022 & 0.030 & 0.039 \\ 0.125 & 0.106 & 0.064 & 0.100 & 0.061 & 0.172 & 0.373 \\ 0.225 & 0.185 & 0.087 & 0.111 & 0.064 & 0.132 & 0.197 \end{bmatrix}$$

这里，行分别表示"文化大革命"前、"文化大革命"中和改革后三个历史时期，列表示 $\{5, 3, 1, 0, -1, -3, -5\}$ 7 种评分。例如，因素 b_1（1，1）＝0.462 表示，综合起来看，在对"文化大革命"前多数人最具备的人格进行评价时，有46.2％的人认为应该给5分；因素 b_1（2，5）＝0.061 表示，综合起来看，在对"文化大革命"中多数人最具备的人格评价时，有 6.1％的人认为应该给－1分，b_1（3，3）＝0.087 表示，综合起来看，有8.7％的人认为对改革后最具备的人格评价应该给1分。

这样一来，通过矩阵我们可以从纵横交错中看问题。

从纵向看5分的百分数：有46.2％的人在回答"文化大革命"前最具备的人格时，给5分；12.5％的人给"文化大革命"中打5分；22.5％的人给改革后打5分。在三个时期最具备的人格这个问句中，答5分的结果很不一样，得5分最多的是"文化大革命"前，最少的是"文化大革命"中，相反，在－5分的答卷结果中，"文化大革命"中的百分数最大，"文化大革命"前的最小，改革后在两种评分中均属于第二位。

从纵向看3分的频数：回答三个时期最具备的人格最大，"文化大革命"前的最小，改革后在两种评分中均属于第二位。

从纵向看3分的频数：在回答三个时期最具备的人格时，29.4％的人主张给"文化大革命"前打3分，10.6％的人主张给"文化大革命"中打3分，18.5％的人主张给改革后打3分。

从纵向看0分的百分数："文化大革命"前是 0.69％，"文化大革命"中是10.0％，改革后是11.1％。0分属于中性判断，表示判断上的模糊性。答卷人在"文化大革命"前最具备的人格特质评价上给予中性判断的百分比最低，表明判断的模糊性最小；"文化大革命"中的中性判断百分比在三个历史时期是比较高的，但在"文化大革命"中肯定、否定和中性三种判断中却是比较低的，因此，在总体上，对"文化大革命"中人格判断的模糊性比较小；而改革后则否，不论从三个历史时期的中性判断看，还是从肯定、否定和中性三种判断看，其百分比均偏高，判断模糊性大。

从横轴看七种评分亦然：

"文化大革命"前得5分的百分比最大，占46.2％，得3分的百分比次之，占 29.4%；"文化大革命"中得－5 分的百分比最大，占 37.3%，得－3 分的百分比次之，占 17.2%；改革后得 5 分的百分比最多，占 22.5%，但得－5 分的也不少，占 19.7%，与 5 分的百分比十分接近。这种情况，进一步验证了"文化大革命"中 0 分百分比高、判断模糊性较大的结论。

在 B_1 矩阵的基础上，现在我们将进一步以 B_1 为权，算出三个时期的人格综合得分。

为了分析上的方便和习惯用法，我们又将 5 至－5 的 7 种评分改为人们较为习惯的百分制，使之成为这样的对应关系：5←→100（分），3←→80（分），1←→60（分），0←→50（分），－1←→40（分），－3←→20（分），－5←→0（分）。

然后，以 B_1 矩阵的每行为权重，分别计算其加权平均数，于是，得到三个不同历史时期的综合分 B_1^*：[①]

$$B_1^* = \begin{bmatrix} 79.34 \\ 34.84 \\ 52.72 \end{bmatrix}$$

即"文化大革命"前的综合分为 79.34，"文化大革命"中为 34.84，改革后为 52.72。

这样不难看出，在此评判中，"文化大革命"前的人格优于改革后的人格，改革后的人格优于"文化大革命"中的。不太严格地说，"文化大革命"前的人格得到的赞扬高于责贬，其得分相当于学校成绩中的良，"文化大革命"中的人格遭到的否定多于肯定，其得分谓之为不及格未尝不可。改革后的人格评价是褒与贬、肯定与否定大致平衡，可以说是成绩上的及格，不过实际上和学校打分成绩有不同的含义。

第二部分，多数人最缺乏的人格特质之综合评判，由矩阵提供数据：

$$B_2 = \begin{bmatrix} 0.268 & 0.192 & 0.076 & 0.092 & 0.048 & 0.111 & 0.213 \\ 0.471 & 0.273 & 0.076 & 0.065 & 0.022 & 0.038 & 0.055 \\ 0.415 & 0.271 & 0.086 & 0.075 & 0.027 & 0.047 & 0.079 \end{bmatrix}$$

---

① B_1^* 的计算例举如下：

79.34＝0.462×100＋0.294×80＋0.084×60＋0.069×50＋0.022×40＋0.030×20＋0.039×0。

行分别表示"文化大革命"前、"文化大革命"中和改革后三个历史时期；列表示 $\{5, 3, 1, 0, -1, -3, -5\}$ 7 种评价。例如，因 B_2 $(1, 5) = 0.048$ 表示，综合起来，在对"文化大革命"前多数人最缺乏的人格特质进行评价时，有 4.8% 的人给 -1 分；B_2 $(1, 1) = 0.268$ 表示，有 26.8% 的人给 5 分，依此类推。我们同样从纵横交错中考察对三个历史时期人格的综合评判。

从纵向看 5 分评价，"文化大革命"中所占百分数最大，占 47.1%；其次是改革后，占 41.5%；最后是"文化大革命"前，占 26.8%。就是说，对多数人最缺乏的人格特质进行综合评判时，给"文化大革命"中打 5 分的最多，意味着从反面给予的评判最不好，给"文化大革命"前打 5 分的最少，意味着从反面给予的评判，比较起来最好。

从纵向看 -5 分评价，"文化大革命"前所占百分数最大，占 21.3%；"文化大革命"中的百分数最小，占 5.5%；改革后的百分数占第三位，为 7.9%。表明从最缺乏的人格特质是什么这个角度看三个历史时期的人格，"文化大革命"中得到的否定评价值最高，"文化大革命"前的否定评价值最低，改革后得到的肯定远低于"文化大革命"前。

从纵向看 3 分评价，"文化大革命"前与"文化大革命"中和改革后也有较大的差距，"文化大革命"前为 19.2%，"文化大革命"中为 27.3%，改革后为 27.1%。在 -3 分和 -5 分评价上，"文化大革命"前却远高于"文化大革命"中和改革后，"文化大革命"前的百分数分别达到 11.4% 和 21.7%，而"文化大革命"中和改革后在 -3 分与 -5 分上，均不足 10%。

如果把第一部分的 B_1 矩阵评判视为对不同历史时期人格的不同特质的肯定，那么，则可以把第二部分的 B_2 阵评判视之对三个历史时期人格的不同程度的否定。如果可以这样看问题的话，第二部分的 B_2 阵所提供给我们的数据也就可以从第一部分的 B_1 阵的相反意义上加以理解。这就是说，得高分的百分数越大，其被否定的程度就越大，肯定的程度越小；得低分的百分数越小，其被否定的程度就越小，肯定的程度越大。

从横向看，除了 0 分之外，"文化大革命"前得分百分数最大的是 5 分，占 26.8%，其次是 -5 分，占 21.3%；两部分的百分数相差无几，几乎可以抵消。"文化大革命"中得分百分数最大的是 5 分（41.5%），其次是 3 分（27.3%），两种的频数都比较大；改革后得分百分数最大的是 5

分（41.5%），其次是 3 分（27.1%）。可见，从前两位得分百分数中也可以看出，"文化大革命"前得到的否定评判更少些，"文化大革命"中得到的否定评判更多些，改革后属于中等。

现在，我们将像处理第一部分的问题那样，对第二部分问题做进一步的分析。就是以 B_2 阵的每行为权，分别计算其加权平均数，得到三个不同历史时期的综合分 B_2^* [①]：

$$B_2^* = \begin{bmatrix} 54.90 \\ 80.22 \\ 73.74 \end{bmatrix}$$

即"文化大革命"前的综合分为 54.90，"文化大革命"中的综合分为 80.22，改革后的综合分为 73.74。

到此，我们考察了问卷调查中答卷人对三个不同历史时期最具备和最缺乏的人格特质究竟是什么这个问题的回答。这是两种问法，但考察的意图都是为了对不同时期的历史人格做出综合评价。从 B_1^* 和 B_2^* 看，答卷人在从"最具备"和"最缺乏"两个侧面评价"文化大革命"前、"文化大革命"中和改革后人格时，出现了很大的差别，即每种历史人格所得到的肯定性综合评分和否定性综合评分之间缺少对应关系：在 B_1^* 中，对"文化大革命"前人格的肯定性综合评分为 79.34，属于高分；对"文化大革命"前人格的这种高度肯定，在 B_2^* 中就应该是低分和低度否定，然而，事实上得到的综合分却是 54.90，属于中性价值判断；同样，对"文化大革命"中的人格的肯定性综合分是 34.84，属于中性价值判断，这种模糊性判定，在 B_2^* 中也应该是中性的，然而，事实上得到的却是 80.22，属于高分，表明对"文化大革命"中的人格的高度否定；对改革后人格的肯定性综合分也是属于中性价值判断，其综合分为 52.72，这种评分在 C_2^* 中也应该是中性的，事实上却不然，得到的综合分却是 73.74，属于高分，表明答卷人对改革后人格的高度否定。

在 B_1^* 和 B_2^* 中出现的这种差别，也是一种反差现象。这种反差现象揭示出，答卷人对"文化大革命"前人格的肯定高于改革后和"文化大革

---

① B_2^* 的计算方式同 B_1^*：首先将 5 分至－5 分的七种评分转换成百分制，$5 \longleftrightarrow 100$（分），$3 \longleftrightarrow 80$（分），$1 \longleftrightarrow 60$（分）$0 \longleftrightarrow 50$（分），$-3 \longleftrightarrow 40$（分）$-3 \longleftrightarrow 20$（分）$-5 \longleftrightarrow 0$（分），然后求加权平均数，如

$54.90 = 0.268 \times 100 + 0.192 \times 80 + 0.076 \times 60 + 0.092 \times 50 + 0.048 \times 40 + 0.111 \times 20 + 0.213 \times 0$。

命"中人格，而对改革后和"文化大革命"中人格的肯定是模糊的，答卷人对"文化大革命"前人格的否定是模糊的，对"文化大革命"中的否定高于改革后，改革后高于"文化大革命"前。

这种反差现象揭示的事实究竟告诉了我们一个什么问题呢？它对于我们今天的社会改革有何启示？对于这一点，可以有各种回答。这里想提出的是，在这两种否定性综合分偏高的事实中，透露出一种更为有意义的东西，就是人们考虑问题的角度。答卷人面对"最具备"和"最缺乏"这些问句，实际上是对一正一反的问句做答，第一句是要人们做肯定回答，第二句是对第一句的反提问，要求做反面回答，在看到我们身上有什么品质的同时，去看我们自己还缺少什么，在肯定我们自己的同时，再用批判的眼光去反思、去寻求、去探索，去把那些"不为我有"的人间品质"据为我有"。这就是问卷结果中极多数经过千万次转化把人们认为美的、善的、喜欢的人格特质和丑的、恶的、不喜欢的人格特质，而借用评分上的分数和选择上的频数这样或那样地层层分化和结合，最后转变成 B_1 阵和 B_2 阵以及 $B_1{}^*$ 和 $B_2{}^*$ 的综合分，从而表示人们对我们已有的东西、更对我们缺乏的东西的深切的反思和炽热的追求。

三、理想人格和实际人格的综合判断分析

有了上一部分的综合判断分析前例，我们就不难进行本部分的工作。本部分的综合判断分析，同样采用 $B=AoR$ 公式的"有限和 o 与普通实数乘法"算子进行具体运算，结果得出：

$$B_3 = \begin{bmatrix} 0.494 & 0.304 & 0.085 & 0.065 & 0.019 & 0.020 & 0.014 \\ 0.409 & 0.276 & 0.094 & 0.084 & 0.034 & 0.051 & 0.052 \\ 0.179 & 0.154 & 0.085 & 0.115 & 0.069 & 0.151 & 0.248 \end{bmatrix}$$

其中行分别表示理想人格、自己的实际人格和他人的实际人格；列表示 $\{5, 3, 1, 0, -1, -3, -5\}$ 七种评分。如因素 B_3 (1, 1) = 0.494 表示，综合起来看，有 49.4% 的人给所选择的理想人格打 5 分；因素 B_3 (1, 7) = 0.014 表示，综合起来看，有 1.4% 的人给理想人格打 -5 分；因素 B_3 (2, 2) = 0.276 表示，对自己人格的选择中，综合起来看，有 27.6% 的人打 3 分；因素 B_3 (2, 1) = 0.409 表示，自己人格的选择中，有 40.9% 的人打 5 分；同样，因素 B_3 (3, 2) = 0.154 表示，对

他人人格选择中，有 15.4% 的人打 3 分；因素 B_3（3，6）＝0.151 表示，他人人格选择中，－3 分项的百分比综合后，有 15.1%。

至此，所谓"综合判断"似乎更为明确了。在所有 B 阵中的打分百分比，都是综合了同类分数所占百分数之后得出的平均数，比如，在对理想人格进行选择时，所选择的人格特质基本上是在 14 项人格特质评分中得 5 分的百分数最高或者比较高的，这里 5 项百分比的加权平均数即为 B 阵中的列百分数。

B_3 阵清楚地提供了理想人格、自己人格和他人人格七种得分的百分比。理想人格得 5 分的百分比最高（48.8%），其次是 3 分百分比（30.7%），自己人格得 5 分的百分数也最高（40.3%），其次是 3 分的百分比（27.9%）；而他人人格则相反，得－5 分的是 25.3%，居首位，得 5 分的是 17.4%，第二位，但得 3 分和－3 分的百分比十分接近，基本上相互抵消，可见，对他人人格的选择和评判是最差的。

在 B_3 阵的基础上，以 $B_3{}^*$ 为权，并将 5 至－5 分的七种评分相应转换成百分制的 100 分至 0 分，算出三种人格的综合得分 $B_3{}^*$：

$$B_3{}^* = \begin{bmatrix} 82.97 \\ 74.83 \\ 46.32 \end{bmatrix}$$

这样一来，我们又进一步更加明显地看出三种人格之间的差别。依照这个综合分，理想人格（82.97）＞自己人格（74.83）＞他人人格（46.32）。

在前面，我们曾用各种矩阵图表示样本总体和各种组别对理想人格、自己人格和他人人格的选择。从选择项看，对理想人格和自己人格的选择基本相同，但在百分比上有别，比如，妇女组对自己人格的理智项选择百分比远远低于理想人格的理智项，对自己人格仁爱项选择的百分比又高于理想人格等等。虽然现在尚难清楚地比较出理想人格选择和自己人格选择上的量的差异，但用模糊关系矩阵就能够一目了然地区别出三种人格选择上量的差异，从而，使我们的判断与分析更少带有片面性。

四、历史人格、理想人格和实际人格的综合判断分析

这种综合判断分析，实际上是前两部分的综合考察。这里想从另外一

种角度进行综合考察。这就是使用隶属这个概念，理出它们之间的隶属关系，进而对几种人格进行综合判断分析。

隶属度是模糊数学中的一个概念，用来表示隶属于某一事物的程度，在课题问卷数据中，用来表示各种人格隶属于所有可能存在的最高综合评分的程度，这个最高综合评分不超过 7（最低综合评分不小于 1）。

用以表示隶属度概念基本含义的量，可以有这样三个分值，即 1，0.5，0。隶属度接近 1 的，表明评价中的肯定因素强；隶属度接近 0.5 的，表明评价中肯定和否定的因素大体相当（属于中性）；接近于 0 的，表明否定因素强，否定的程度高。

现给出公式：

$$r = (y - b)/(a - b)$$

其中 y 代表隶属度，$y = B_1{}^*$，$B_2{}^*$，$B_3{}^*$。运算结果见表 5—1、图 5—1。

表 5—1 是几种人格隶属度比较；在比较方式上，"文化大革命"前、"文化大革命"中和改革后是从"最具备"和"最缺乏"两个侧面进行的。因此，为了比较上的方便，首先对表中理想人格、自己人格、他人人格和最具备栏中的"文化大革命"前人格、"文化大革命"中人格、改革后人格进行比较。

表 5—1 几种人格隶属度①比较

		隶属度
	理想人格	0.972
	自己人格	0.858
	他人人格	0.452
最具备	"文化大革命"前	0.922
	"文化大革命"中	0.293
	改革后	0.543
最缺乏	"文化大革命"前	0.576
	"文化大革命"中	0.903
	改革后	0.843

① 隶属度运算例举：

理想人格综合评分在 $B_3{}^*$ 中为 6.073 303，将其代入 r 公式，则（6.073 3－1.854 1）/（6.195 0－1.854 1）＝0.972。

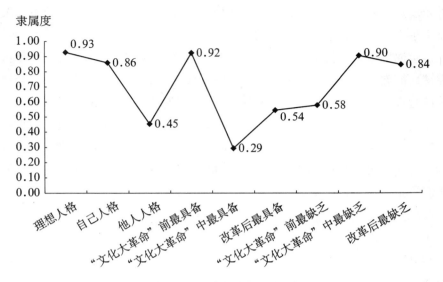

隶属度

图 5—1　几种人格隶属度比较

隶属度最高者为理想人格，即 0.972 很接近于 1，表明理想人格得分十分接近在所有可能性中最高综合评分。其次是"文化大革命"前人格，其隶属度为 0.922；再次是自己人格，其隶属度为 0.858。最次的是"文化大革命"中人格，其隶属度为 0.293。

然后，从最缺乏栏中看"文化大革命"前人格、"文化大革命"中人格和改革后人格的隶属程度，则"文化大革命"中人格隶属度最高为 0.903，表明它在相反意义即否定意义上最接近于所有可能性中最高综合评分，也就是它在肯定意义上的综合得分是最低的；其次是改革后，其隶属度为 0.843，同样表明其在肯定意义上的综合得分相当低。

最后，表 5—1 中有三个在 0.5 左右徘徊的数字，即他人人格的隶属度 0.452，从最具备的角度看改革后人格的隶属度 0.543，从最缺乏的侧面看"文化大革命"前人格的隶属度 0.576，表明答卷人在总体上对他人人格改革后的优点、"文化大革命"前人格缺点的看法比较模糊，呈中性状态。

隶属度的建构需要两种极端值：在所有的可能性中存在的最高综合评分 a 和最低综合评分 b。实际上，在我们这里用以进行比较的可比性，是建立在同一个 R 阵的基础之上，这时评分及判断的差异仅仅来自于权重即答卷人对各项人格特质的相对肯定程度。对于我们特设的 R 阵而言，我们

已经证明 $a<7$，$b>1$，这样，一个可能的方案是进行优化，求出有关的最大值（a）和最小值（b）。

由于课题财力和时间分配上的原因，我们没有做上面的优化运算，而是做了一种变通处理，以寻找一个亚优化的解决：在 14 项人格特质的非综合评分（见表 4—1）的基础上，采用我们的正负两极化方法，构成两个权重向量，然后加入综合判断模型，得到 $a = 6.194\ 503$，$b = 1.854\ 097$。

我们所谓正负两极化方法，是对于平均为正的人格特质项（气节、忠孝、仁爱、理智、勤俭、进取、侠义）保留其平均分，对于平均分接近于 0 的项（中庸）保留其分数的 50%，其余 6 项计值为 0；然后对于已形成的向量做归一化处理，得到对应于 a 的权重向量。而负极处理类似，即将负的人格特质项（实用、功利、私德、屈从、嫉妒、欺瞒）保留其平均分，对于平均分接近于 0 的项（中庸）保留其分数的 50%，其余 7 项计值为 0；然后对于已形成的向量做归一化处理，得到对应于 b 的权重向量。

这就是通过模糊数学上的隶属度得到的 9 种人格之间的比较，使人们可以确定不移地相信，在答卷人的心目中上乘人格和下等人格之间的量的差异以及在数字背后的人格特质受人喜爱的程度。

第六章 需要和人生价值

本章是对课题问卷中社会需要和人生价值的选择结果进行分析。

一、需要选择中的"镜"投射

(一) 需要选择问卷的设计

在需要选择部分,课题问卷的提问方式是:答卷人认为自己和他人在"文化大革命"前、"文化大革命"中、改革后最迫切的需要是什么(单项选择,20 岁以下者免答"文化大革命"前和"文化大革命"中两栏)。采用历史分段和自——他选答方式有两点考虑:一是通过历史分段进一步考察前面提出的三个历史时期人格特质选择及判断。一般来说,对三种历史人格的判断和对三个历史时期社会需要的选择是一致的:只要对"文化大革命"前人格评定最好,也就应该是"文化大革命"前高层次需要选择最多,对"文化大革命"中人格评定最差,也就应该是"文化大革命"中高层次需要选择最少,如此等等。二是通过自——他选答深入了解需要选择的特点。对自己和他人的三种历史需要选择上表现出来的心理反差,不仅可以使我们通过他人这面"镜子"看需要选择本意,而且还可以通过历史这面镜子看选择的本意。

关于需要选择的内涵,课题问卷提供了六种需要,处于六个层次:收入需要(增加收入,改善生活条件等),安全需要(人身安全有保障,生活稳定等），和谐需要（婚姻美满，家庭幸福，与同事、邻居和睦相处，人际关系和谐等），尊敬需要（受人尊敬，解决职称或职务问题等），自我实现需要（有合适的工作，发挥个人才能，念书深造，教子成才等），社会实现需要（积极向上，争当先进和模范，为人楷模）。

对需要选择的这种设计，主要是根据马斯洛（A. H. Maslow）有关需要的层次结构理论。前五种需要基本上属于马斯洛需要理论中的生理需要、安全需要、爱的需要、自尊需要、自我实现需要。处于最高层次上的是社会实现需要。

课题问卷中之所以设计社会实现需要，是因为社会是一种有机体。社会有机体同个体一样蕴藏有巨大的能量，有发挥潜在能量的特有运行规则和发展趋势，有对社会机体和社会成员健康发展的责任、待遇、管理以及为了履行职责所构成的组织等等。总之，社会有自己固有的结构和职能、固有的目标。社会潜在能量的发挥，依照一定结构原则的运行和履行职责；通过一定手段进行目标求成活动，就是社会自身的完善和实现的过程。社会有机体同个体一样，也有实现自身的倾向。它和个体的自我实现的区别在于（个体）自我实现基于个人的内在能量及目标活动，辅之以群体和社会的力量，而社会实现却基于个人和由这些个人组成的群体的力量及其目标活动，它既不是靠一个人，也不是靠一群人，甚至不是靠一代人的努力，但又依靠一个个个人、一群群群体、一代代人的努力才能求得目标的实现。自我实现和社会实现在一定的社会历史条件下是一致的、互补和互促的；个人为了社会实现需要而做出的奉献，是个人应尽的义务、应有的献身。因此，课题问卷在需要选择中设计了社会实现，以作为最高层次的需要。

（二）需要选择反差特点

在需要选择上出现较大自—他反差的，有社会实现、自我实现和增加收入三个选择项，并集中在对"文化大革命"前和改革后的自—他不同选择上（见表6—1、图6—1）：

对"文化大革命"前社会需要选择和改革后增加收入的选择，都是自己＜他人。

对"文化大革命"前自我实现需要和改革后自我实现需要的选择，都是自己＞他人。

表6—1   改革后收入项选择明显增加（％）

	"文化大革命"前		"文化大革命"中		改革后	
	自己	他人	自己	他人	自己	他人
社会实现	16.8	23.0	6.8	5.5	2.4	2.9
自我实现	54.4	33.5	38.7	27.2	54.5	32.6
自尊	5.5	9.9	5.7	7.4	6.9	8.4
和谐	6.7	5.3	12.0	9.2	9.8	7.3
安全	1.7	2.4	23.2	28.3	8.0	8.2
收入	5.4	6.4	5.3	5.1	14.8	28.2
不知道	9.5	19.4	8.2	17.3	3.7	12.3

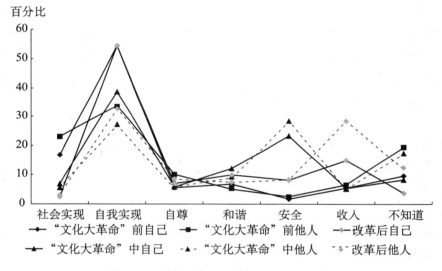

图6—1　改革后收入项选择明显增加（％）

　　实际上，在"文化大革命"前人们是有献身精神的，但在个性发展、自我实现方面没有得到应有的重视和发挥，没有将社会实现需要和自我实现需要很好地统一起来。因此，"文化大革命"前社会实现需要项的选择结果低于史实，而低于史实的这部分"减量"又作为自我实现"欲求不满"的补充，一种"增量"，转化为自我实现需要选择。这就是说，在社会实现和自我实现这种高层次需要选择上的自—他反差除了在改革后栏内直接表现出自我实现需要之外，又通过"文化大革命"前栏内"史实"上量的增减间接表现出自我实现需要；同时通过自己＜他人这种反差表现出社会实现的历史性需要。

　　在增加收入项上的自己＜他人选择，则是通过他人表现增加收入的现实需要。

表6—1还揭示出，在自尊、和谐、安全三个选择项上，以及"文化大革命"前和"文化大革命"中的收入项、改革后的社会实现项上的自—他选择差不明显，表明在这些方面的需要退居后位。

（三）高层次需要选择的高峰与低谷

在需要选择的问卷结果中，对三个历史时期的自—他社会实现需要和自我实现需要的选择不同，对自己和他人在三个历史时期的需要选择也不同，从而在选择分布中形成了选择高峰与低谷的现象（见表6—2、图6—2）。

表6—2　　　　　　　　高层次需要选择上的峰和谷（%）

		"文化大革命"前	"文化大革命"中	改革后
自	社会实现	16.8	6.8	2.4
己	自我实现	54.4	38.7	54.4
	$\sum$	71.2	45.5	56.8
他	社会实现	23.0	5.5	2.9
人	自我实现	33.5	27.7	32.6
	$\sum$	56.5	33.2	35.5

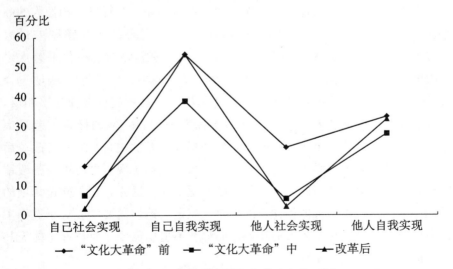

图6—2　高层次需要选择上的峰和谷（%）

第一，三个历史时期的自—他社会实现和自我实现需要的不同选择。对社会实现需要的选择，不论在自己栏还是在他人栏，都是逐期递减的；

而对自我实现需要的选择频率，在自己栏和他人栏都一直比较高，于是出现了54.4（％）的高峰和2.4（％）的低谷，代表对自己改革后自我实现需要的选择和对自己改革后社会实现需要的选择。这里，如果以对"文化大革命"前的较高选择频率为参照系与改革后的选择做比较，那么，自己栏社会实现需要的选择差为16.8－2.4＝14.4（％），他人栏社会实现需要的选择差为23.0－2.9＝20.1（％），下降的幅度都相当大；而在自我实现需要选择上却相差无几，不论对自己还是对他人改革后的自我实现需要选择都十分接近于"文化大革命"前。这种选择差的不均衡性，一方面揭示了"文化大革命"前社会实现需要的史实，同时更揭示出改革后自我实现需要的强烈欲望，揭示出历史需要选择上的历史"镜"作用。在欲求不满的情况下，人们在使用历史这面镜子时，总是或多或少透过"镜子"反映现在的需要，这种现象类似于人格心理学中的对人投射。为了解释问卷中出现的投射现象，姑且把它称为"历史投射"，但它又有些不同于对人反射。对人反射是把个人未如愿的欲求和由欲求不满引起的情绪、态度等心理状态及其原因归之为他者，在弗洛伊德的人格理论中是自我防御的主要机制之一；问卷中出现的"历史投射"则是把现实生活中形成并强烈追求的需要通过对历史上的需要选择表现出来。

第二，对自己和对他人高层次需要的不同选择。在对自己和他人的高层需要选择反差中，对改革后自—他自我实现需要的选择频率差最大（21.8％），对"文化大革命"前自—他自我实现需要的选择频率差次之（20.9％），对"文化大革命"中的这种选择差最小（11.0％），表明选择高峰处于自己改革后的自我实现需要选择项。同自我实现选择几乎相反，在社会实现需要的选择上，"文化大革命"前的自—他选择频率差最大（－6.2％），"文化大革命"中的自—他选择频率差次之（1.3％），改革后的自—他选择频率差则最小（－0.5％），表明社会实现需要已不再是改革后而是"文化大革命"前，不再是自己而是他人。这样，在不同选择项的不同反差中出现了一种值得注意的现象，就是对迫切需要的、对于选择主体有价值的选择存在着较大的反差，而那些不迫切需要、对选择主体无甚价值的选择没有多少差别。

第三，对三个历史时期自—他社会实现与自我实现的统一选择不同。从社会心理学的角度看，社会实现和自我实现是统一的，如同社会与个人是统一的一样。一个个人连同他的自我实现是社会及社会实现的基础；社会及社会实现是每个个人及其自我实现的条件。由此，我们在对高层次需要选择进行分析时，又可以把对社会实现需要和自我实现需要的选择统一起来考察。这样一来，71.2（％）的高峰代表对自己在"文化大革命"前的高层需要，33.2（％）的低谷代表对他人"文化大革命"中高层需要选择，表明对"文化大革命"前自己高层需要的选择优于其他高层选择；但从自—他反差上看，选择频率最高的是对改革后的高层需要选择，又表明对自己在改革后的高层需要最强烈。

（四）自我实现和增加收入选择上的正反差和逆反差

这里提出"正反差"和"逆反差"的概念，是想用来解释数据中反复出现的心理反差现象（见表6—3、图6—3至图6—5）。

反差这个概念本来是指人们在没能实现预期愿望时产生的心理距离，期望值越大，反差也越大。

在课题问卷结果中出现的心理反差主要有两种情况：一是对"应有的"和"实际上的"两栏选择中的反差；二是对"自己"和"他人"选择中出现的反差。

前面我们曾看到第一种反差中"应有的"选择频率大于"实际上的"选择和"应有的"选择频率小于"实际上的"选择。我们把前者称为"正反差"，后者称为"逆反差"。

在这部分里，我们把第二种反差中对"自己"选择频率大于"他人"选择称为正反差，把"自己"选择频率小于"他人"称为逆反差。

需要说明的是，这种"正反差"和"逆反差"的"正"和"逆"不带有评价意义，即不意味着好或坏、积极或消极、肯定或否定等等，只是用来表示选择反差的方向，为了解释上的方便。

正反差表示从正面、以直接的方式进行选择所产生的反差；逆反差则表示从另一个侧面、以间接的方式进行选择所产生的反差。

在需要选择上的自—他反差现象，我们通过表6—2做过一些阐述。表6—2揭示给我们的反差现象，集中在自我实现和增加收入两项选择上，并且在自我实现需要选择频率中表现为"自己"＞"他人"，是正反差；在增加收入需要选择频率中表现为"自己"＜"他人"，是逆反差。

下面将使用表6—3分析这两项需要选择中的心理反差现象，并且以改革后的选择为主，对照"文化大革命"前和"文化大革命"中的选择频率上，分析增加收入和自我实现需要的选择特点。

表6—3　　　　　　　　收入和自我实现需要选择的反差特点（%）

| | | "文化大革命"前 | | | | "文化大革命"中 | | | | 改革后 | | | |
| | | 自己 | | 他人 | | 自己 | | 他人 | | 自己 | | 他人 | |
		收入	自我实现	收入	自我实现	收入	自我实现	收入	自我实现	收入	自我实现	收入	自我实现
T		5.4	54.4	6.4	33.5	5.3	38.7	5.1	27.2	14.8	54.4	28.2	32.6
年龄组	30岁以下	4.1	52.5	4.4	29.1	5.6	47.7	3.9	28.5	11.9	55.4	25.5	33.2
	31~40岁	5.5	56.6	7.2	34.4	6.1	44.0	5.4	28.2	17.8	53.8	32.2	27.8
	41~50岁	6.5	56.0	8.5	37.0	4.3	35.6	5.8	24.9	17.0	54.4	27.4	37.6
	51岁以上	6.3	53.4	6.4	39.8	4.7	27.3	5.8	26.2	21.1	43.7	34.6	27.7
学历组	初	10.2	59.3	9.8	31.1	11.0	27.2	7.4	20.7	29.8	39.3	29.1	29.1
	中	5.0	53.7	5.9	32.3	5.1	40.2	5.7	26.5	16.3	50.4	27.5	32.4
	高	3.6	58.5	5.0	37.7	3.2	41.0	3.3	32.1	7.2	65.8	29.2	34.7
职业组	体	7.0	51.9	7.7	30.0	8.0	38.8	4.9	23.8	22.9	46.5	28.6	30.8
	脑	4.3	56.0	5.0	36.5	2.9	39.4	5.1	29.8	10.9	58.6	30.0	31.5
	服	6.7	56.7	8.0	34.1	6.4	34.0	5.4	19.6	9.3	53.3	26.7	27.4
	学	0.0	41.2	0.0	42.9	0.0	47.6	0.0	51.9	1.9	73.4	20.6	46.9

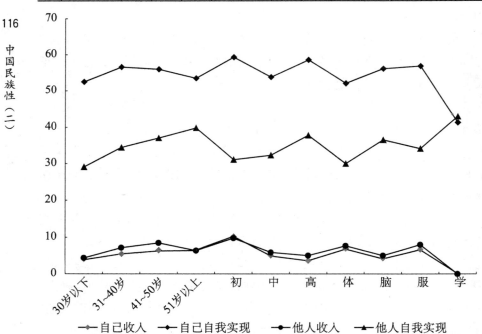

图6—3　　"文化大革命"前收入和自我实现需要选择上的反差特点（%）

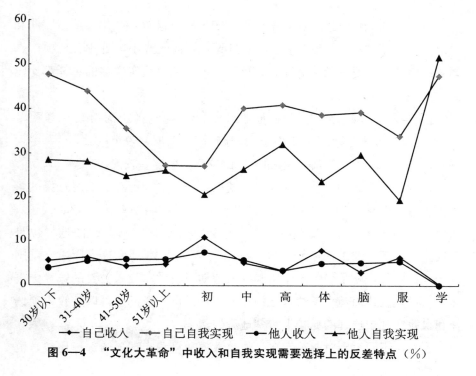

图6—4　"文化大革命"中收入和自我实现需要选择上的反差特点（%）

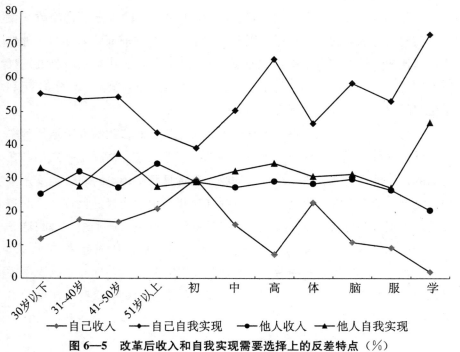

图6—5　改革后收入和自我实现需要选择上的反差特点（%）

117

第六章　需要和人生价值

第一，四个年龄组、三个学历组、四个职业组对"文化大革命"前和"文化大革命"中收入项的选择普遍偏低，并且反差小，自我实现项的选择普遍偏高，并且反差大，而对改革后收入项和自我实现项的选择都比较高，反差比较大。

第二，从不同年龄、学历、职业对改革后自—他收入需要的选择看，

04 组，初学历组、体力组的选择比较高，但反差较小；

02 组，高学历组、脑力组的选择比较低，但反差较大。

这两种情况表明，在增加收入需要的选择上，学历和职业对选择的影响更大些。高学历组的选择不仅是逆反差，而且频率差为－22.0（％），初学历组的选择则是正反差，其频率差为 0.7（％）；脑力组的选择也是逆反差，其频率差也比较大，为－19.1（％），而体力组的选择逆反差则为－5.7（％），就是说，高学历和脑力劳动者在增加收入需要的选择上更多地通过他人这面镜子反映自己的需要。这一点，我们还可以从收入项选择和自我实现项选择的比较上清楚地看到。

第三，不同组别对改革后自—他收入项和自我实现项的选择比较，也有两种情况是令人感兴趣的。

一是 01 组、高学历组、脑力组和学生组对自己的收入项选择频率偏低，而对自己的自我实现项选择则偏高。这种情况同前面收入项自—他选择反差比较的情况略有不同：在前面自—他反差的比较中，对自己的选择频率偏低，自—他反差偏大的是 02 组、高学历组和脑力组，表明 01 组和学生组的自我实现需要远远强于增加收入需要。

二是对自己的收入项选择频率偏高，而对自己的自我实现项选择频率则偏低。这种情况同前面收入项自—他选择反差比较的情况是一致的，在前面的自—他反差比较中，对自己的收入项选择频率偏高，自—他反差偏小的是这三个组；在这里的收入项选择和自我实现项选择的比较中，对自己的收入项选择偏高，自我实现项选择偏低的，也是这三个组，表明这三个组在增加收入需要上的表现更强烈、更直接一些。比较起来，31～50岁的中青年、高学历、脑力劳动者在自我实现需要上的表现较之收入需要更强烈、正反差更大，而在增加收入需要上的表现则更间接些，逆反差更大一些。

二、人生价值选择中的名与实

课题在对人生价值选择的设计上给出了 10 个选择项，又可以把这 10 项归为 5 大项：（1）人品及名声，（2）知识及力量，（3）健康及家庭，（4）地位及权力，（5）金钱及财产。让答卷人对"您认为人生最宝贵的东西<u>应该</u>是什么，而自己和他人在<u>实际</u>上是什么"的问句做单项选择。

（一）人品和金钱的倒选择

从对人生价值的理想性（即对应该栏，见表 6—4、图 6—6）选择的序列看，

最高位，人品项（含名声），38.6%，

最低位，金钱项（念财产），3.1%，

表明有更多人注重人品项的人生价值，有极少人重视金钱项，但在人品项中，人品与名声相比较，更看重人品而非名声，在金钱项中金钱与财产相比较，更看重金钱而非财产。

表 6—4　　　　　　　　　人生价值选择（%）

	应有的（Σ）		实际上的			
			自己	（Σ）	他人	（Σ）
人品（名声）	26.8 (10.0)	(36.8)	23.5 (10.3)	(33.8)	5.1 (4.2)	(9.3)
知识（力量）	32.4 (2.7)	(35.1)	19.5 (2.4)	(21.9)	4.9 (2.0)	(6.9)
健康（家庭）	11.5 (2.3)	(13.8)	17.5 (5.7)	(23.2)	4.1 (3.6)	(7.7)
地位（权力）	2.4 (2.1)	(4.5)	3.6 (3.2)	(6.8)	10.0 (14.8)	(24.3)
金钱（财产）	2.5 (0.6)	(3.1)	6.7 (1.5)	(8.2)	28.5 (3.9)	(32.4)
不知道		6.7		6.1		19.4

在对自己人生价值的实际选择频率上，最高位，人品项（含名声）33.8%，和理想性选择相当接近，最低位，金钱项（含财产）8.2%。然而，在对他人人生价值的实际选择中，出现的是与自己极为不同的倒选择：

最高位，金钱项（含财产），32.4%；

最低位，人品项（含名声）9.2%。

可见，自己的人品项选择频率和他人的金钱项选择极为接近，自己的金钱项选择频率与他人的人品项选择极为接近，从而，在表 6—5 中，

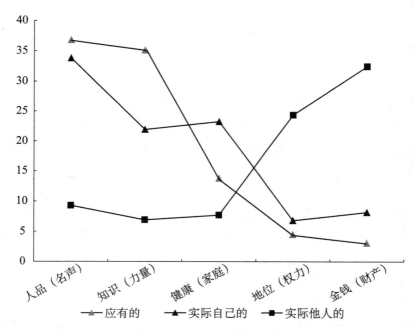

图 6—6　人生价值选择（％）

自—他的人品项和金钱项选择频率构成两根对角线，处于相互对立的角上。这种现象表明在不少人的眼睛中他人人生价值是倒立着的、与己不协调的。

这种选择中的倒选择以及心理不协调现象，并不是首次出现的、罕见的事实，而是在前面几部分的结果分析中多次出现的、屡见不鲜的现象。比如，在对理想人格和自—他实际人格的选择中，出现过优质人格特质对自选择和劣质人格特质对人选择的倾向，在需要选择中，出现过高层次需要对自选择和低层次需要对人选择的倾向，表明社会生活中的心理不协调程度是相当高的。

心理学中的"倒"或"逆"（inverson）概念是表示心理反应中的逆转（逆向）现象，比如逆转眼镜（invertinglense）现象。心理学者斯特拉顿（G. M. Stratton）为了验证人们对外界事物的知觉过程中"网膜像倒立"是否必要的问题进行了一种实验。因为通常人们的网膜像是倒立的，而得到的是正立的知觉。斯特拉顿制作了一种令上下、左右的视野逆转的凸型焦距眼镜，并在日常生活中戴用八天。刚戴上逆转眼镜时，感到所见到的东西都是倒立着的，行动极为不便，但是，随着天数、视觉与身体感觉逐渐一致，倒立着的视野正立了起来，从而形成一个新的视觉—运动的协调关系。这个实验证明网膜像倒立并不是视野正立的必要条件。这里出现的由视觉—身体感觉之间不一致到一致消逝（一致）的顺应过程，与经验分不开。

课题问卷结果中出现的倒选择，表明社会生活的骤然变化引起的自—他之间逆转心理关系，在他人这面镜子及客我这面镜子中的"人像"之颠倒，是对骤然变化了的社会生活的不适应，但是，久而久之，颠倒了的心理反应一旦再被颠倒过来，形成顺应过程，或许就会"习以为常"，大家彼此彼此，在堂堂正正的人品之后同时是金钱。这纵然不是绝大多数，却也不在少数。

（二）人品和金钱的名与实

如果说我们在表 6—4 人生选择频率分布中看到的一个突出现象是自—他人品项选择和金钱项的选择频率基本上处于对角线的四个角上，相互对立又相互补充、相互顺应，那么，在这一部分中，我们不仅会继续看到对角关系，而且还会看到另一种对立和互补关系（见表 6—5、图 6—7至图 6—9）。

表 6—5 的选择分布是一个展示三种组别人生价值选择的列联表、一个平面，同时，又是一个揭示人生价值选择上此起彼伏、亦此亦彼、峰谷相交、明暗相错的心理海洋。

表 6—5　　　　　　　　　　　人品和金钱的名与实

组别	应　有　的				
	人品（名声）	知识（力量）	健康（家庭）	地位（权力）	金钱（财产）
01	26.2（9.7）	33.3（3.7）	11.7（2.5）	2.6（1.7）	2.5（0.3）
02	27.6（10.6）	31.0（2.2）	11.6（3.0）	2.2（2.7）	3.9（0.7）
03	35.8（10.0）	32.1（1.7）	11.0（0.7）	2.0（1.7）	1.3（0.7）
04	30.7（9.9）	31.7（1.0）	10.9（2.5）	2.5（3.5）	1.5（1.5）
初	22.0（12.0）	22.0（1.0）	11.0（3.0）	7.0（5.0）	4.0（4.0）
中	27.0（12.0）	34.0（2.0）	12.0（2.0）	3.0（2.0）	2.0（0.4）
高	35.0（6.0）	32.0（5.0）	11.0（2.0）	1.0（1.0）	1.0（1.0）
体	23.0（13.0）	32.0（2.0）	10.0（2.0）	4.0（3.0）	2.0（1.0）
脑	35.0（8.0）	33.0（3.0）	11.0（2.0）	1.0（2.0）	1.0（0.4）
服	29.0（7.0）	28.0（2.0）	23.0（1.0）	1.0（0.4）	4.0（4.0）
学	26.0（8.0）	34.0（6.0）	9.0（2.0）	1.0（2.0）	2.0（1.0）

组别	实 际 上 的				
	自 己				
	人品（名声）	知识（力量）	健康（家庭）	地位（权力）	金钱（财产）
01	19.5（9.7）	21.7（3.2）	15.1（5.2）	4.8（4.1）	7.2（1.4）
02	22.9（10.1）	16.3（2.2）	20.9（7.6）	2.2（2.7）	6.9（2.7）
03	31.4（12.7）	20.7（0.7）	17.4（5.0）	2.0（0.7）	6.4（0.3）
04	31.2（9.9）	14.4（1.5）	21.3（5.0）	3.0（3.5）	4.5（1.5）
初	21.0（9.0）	8.0（2.0）	17.0（10.0）	7.0（2.0）	15.0（2.0）
中	22.0（12.0）	18.0（2.0）	20.0（5.0）	3.0（3.0）	7.0（2.0）
高	29.0（8.0）	27.0（3.0）	13.0（5.0）	3.0（4.0）	3.0（0.3）
体	19.0（12.0）	17.0（2.0）	18.0（6.0）	3.0（2.0）	11.0（3.0）
脑	30.0（10.0）	24.0（2.0）	16.0（5.0）	3.0（4.0）	3.0（0.4）
服	28.0（5.0）	13.0（5.0）	23.0（7.0）	6.0（1.0）	6.0（1.0）
学	21.0（10.0）	23.0（3.0）	12.0（4.0）	5.0（5.0）	5.0（1.0）
组别	他 人				
	人品（名声）	知识（力量）	健康（家庭）	地位（权力）	金钱（财产）
01	3.7（5.4）	47（2.4）	4.3（3.0）	9.8（14.7）	27.0（5.2）
02	4.2（2.2）	4.7（1.7）	4.4（4.2）	12.1（12.1）	30.3（3.7）
03	6.0（3.7）	6.0（2.0）	4.0（3.0）	8.7（15.4）	31.0（1.7）
04	3.5（4.0）	4.5（1.0）	3.5（5.9）	8.4（14.9）	29.7（2.0）
初	5.0（6.0）	2.0（1.0）	4.0（4.0）	6.0（7.0）	32.0（12.0）
中	5.0（4.0）	5.0（2.0）	4.0（4.0）	9.0（3.0）	31.—（4.0）
高	5.0（8.0）	6.0（2.0）	5.0（4.0）	13.0（18.0）	22.0（2.0）
体	6.0（4.0）	4.0（2.0）	4.0（4.0）	8.0（11.0）	29.0（2.0）
脑	5.0（4.0）	5.0（2.0）	4.0（4.0）	13.0（18.0）	24.0（2.0）
服	3.0（2.0）	6.0（1.0）	5.0（2.0）	9.0（15.0）	37.0（3.0）
学	3.0（6.0）	9.0（2.0）	2.0（4.0）	8.0（17.0）	26.0（3.0）

第一，03 组、高学历组和脑力组对人品项（含名声）和金钱项（含财产）的选择比较相似。

03 组，自己人品项（31.4＋12.7）＞他人金钱项（31.0＋1.7）；

人品项自—他差，34.4（％）；

金钱项自—他差，－27.0（％）。

高学历组，自己人品项（29.0＋8.0）＞他人金钱项（22.0＋2.0）；

人品项自—他差，28.0（％）；

金钱项自—他差，－21.0（％）。

脑力组，自己人品项（30.0＋10.0）＞他人金钱项（24.0＋2.0）；

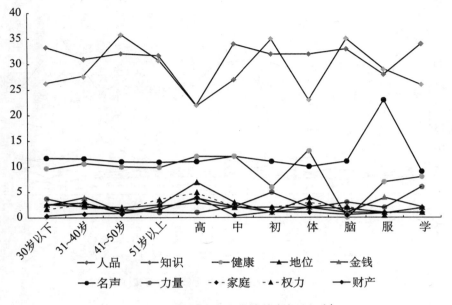

图6—7　应有的人品和金钱的名与实（％）

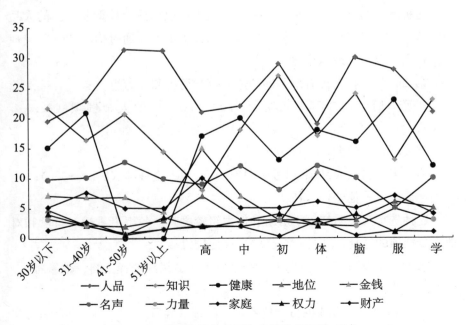

图6—8　实际自己的人品和金钱的名与实（％）

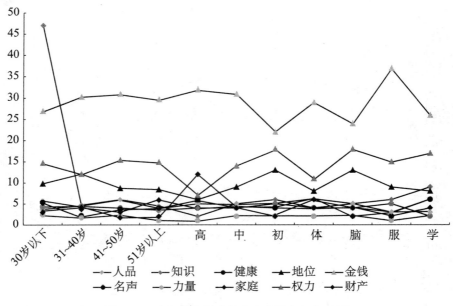

图 6—9 实际他人的人品和金钱的名与实（%）

人品项自—他差，31.0（%）；

金钱项自—他差，−23.0（%）。

这种选择情况表明，以上三个组在人生价值选择上最重视自己的人品项，这种人格特点或许是他们在收入项选择上更多地通过他人"镜"表现自己收入需要的心理因素之一。

第二，与这种选择有所不同的是初等学历组和体力组。

初等学历组，自己人品项（21.0＋9.0）＜他人金钱项（32.0＋12.0）；

金钱项自—他差，−17.0（%）。

体力组，自己人品项（19.0＋12.0）＜他人金钱项（29.0＋6.0）；

金钱项自—他差，−18.0（%）。

这种选择又表明初等学历组和体力组较之其他各组更重视对自己和对他人金钱项的选择，并且对自己的选择比较直接。

第三，比较而言51岁以上组和服务组在金钱项选择上自—他差都大，但人品项选择并不低：

51岁以上组，金钱项自—他差，−25.7（%）；

自己人品项，41.1（%）。

服务组，金钱项自—他差，－310（％）；

自己人品项 33.0（％）。

前面曾经出现过 51 岁以上组对收入项的较高选择与选择上较大的逆反差，和这里出现的金钱项选择相似，但是，也许由于年长而比较重视人品项选择。服务组在金钱项的逆反差最大，对他人金钱项的选择频率也十分突出，达 40.0（％）。服务组作为最多接触大众生活和大众文化的职业层，可能比其他职业更能敏感到社会上的金钱"风"。也可能是由于职业的服务性，这个组对人品项的选择同样予以重视。

第四，30 岁以下组和学生组另具一种选择风格。这两个组对自己和他人的知识（不含力量）选择频率都不同程度高于自己和他人的人品选择。

30 岁以下组，自己知识选择（21.7）＞自己人品选择（19.5）；

学生组，自己知识选择（23.0）＞自己人品选择（21.0）。

在需要选择中，30 岁以下组和学生组的自我实现项选择频率在本组别均居首位，表现出一种强需要。这是知识高于人品的选择倾向，表明青年学生的自我实现与知识追求之间有着函数关系。

第五，在权力选择中，他人栏选择频率偏高，其中 30 岁以下组和学生组以及其他自我实现项选择频率偏高的高学历组、脑力组，对他人栏权力选择的频率偏高。这又表明社会需要上的自我实现选择和人生价值上的权力选择之间有函数关系，这种函数关系促使我们将在下面适当的场合着力去说明。

这里想说明的是人生价值选择上人品和金钱的"名—实关系"。名和实这两个概念，在欧洲哲学发展史上曾一度尖锐对立，出现过唯名论和唯实论之争，是关于观念的名或实的争论。其中主张观念为名称的被称为唯名论，其中主张观念为实体的被称为唯实论。"名"和"实"在本体论上被赋予名称和实体这种意义。

课题问卷中提出的问题，显然不是哲学本体论这个世界本质问题，而是价值选择上社会认知的选择性问题。社会认知的选择性依据认知对象对认知主体的重要性（价值）而转移。选择中的部分总是对认知主体重要的、有价值的部分，这个有价值的部分在人们心目中形成的"心像"用认知科学和传播学中的概念表述的话，就是"图像"（pattern）。心像是一种图像，图像识别（patteren recognition）不仅是对一个个文字或图形等符号，而且是对其中相互关系的认知，是由于认知对象的等价性而被认知。在课题问卷中的价值选择同样是这样一种认知、这样一种图像识别。在这个前提下，我们要进一步说明人生价值选择中出现的人品和金钱选择的自—他反差以及名与实概念的使用。不论人品和金钱的选择是属于对自选择还是对人选择，应该说都是被选中的，从而是被重视、被视之为有价值的。人品和金钱一旦被选中，就会在认知主体内部分别形成某种心像。这两种心像的出没就像认知研究中图与地之间的相互转换，一个像杯形的图由两个对称的脸形衬托而出，杯形是图，脸形成为背景；但是，脸形又可能被人先识别出，这时杯形便隐退为背景，起衬托作用。杯形、脸形因认知主体的选择而异。课题问卷结果中出现的对自己人品项选择和对他人金钱项选择的正反差和逆反差，颇似认知过程中的图与地现象。即当对自己人生价值选择点较多地落在自己人品项时，人品便成为一种突出了的分布状态，而另一种选择点较多的他人金钱项分布则在人品项分布的背面衬托自己的人品；当把注意力转移到他人金钱项时，作为他人对立面的自己又在金钱项分布的背面衬托他人。这样，人生价值选择上人品项和金钱项分布状态的转换，如同认知领域中图与地的转换。只是人品和金钱两项背反，同时又是同一个选择过程中"中选"的两项，正反相交，亦正亦反。

从人生价值选择正反差和逆反差同认知选择图与地的类似性看，笔者在"图与地"意义上使用人品和金钱的"名与实"。一项选择"实"（凸）起来时，另一项选择则在背景上"陷"（凹）下去（见图6—10）。但是，人生价值选择既不同于一般的认知选择，又不同于施普兰格（E. Spranger）的理论、经济、审美、社会、政治、宗教六种价值的选择。课题问卷的人生价值选择是参照了问卷中社会需要和改变社会地位途径等选择而设计的，其中有的选择项（比如金钱及财产、健康及家庭）更实一些，有的

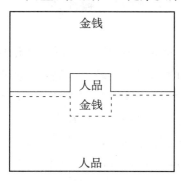

图6—10　人品和金钱的名与实

选择项（比如知识及力量、人品及名声）更虚一些。从这个方面看，笔者又是在"虚"与"实"的意义上使用人品和金钱的"名"与"实"。

（三）极反差

不论14项人格特质评价和选择中的反差，还是社会需要或人生价值选择中的反差，抑或下面将要论述的生活途径选择中的反差，都是以社会认知等心理状态为主体条件的。因此，尽管引起心理反差的原因多种多样，但从认知过程看，它是由认知对象对认知主体的意义（或重要性、价值）引起的。费斯廷格在《认知不协调理论》的序言中概说认知不协调理论时曾提出，认知不协调的程度随着认知要素重要性的增加而增加，认知要素间的不协调总量随着不协调物在这些相互关联的认知要素中所占比例的增加而增加。这里一种很可取的思考是，他提出了认知主体的价值选择性对认知过程的重大影响。在认知对象群中，哪种认知要素对认知主体更具有意义（更有价值），那么认知主体就会更注重这种要素，会赋予它更重的意义即"加重"（weighting）；如果这种要素在全部认知要素中占有很大比例，认知不协调的总量也就会相应增大。在课题问卷结果中出现的反差现象很像费斯廷格认知不协调理论中提出的问题，当我们留心观察这些反差现象时，就会意识到反差与价值评价或价值选择之间的微妙关系。这就是在评价高（如仁爱）和评价低（如自私）的选择项上或者选择频率高（如人品）和选择频率低（如金钱）的选择项上有明显的心理反差。这里的"高"和"低"都表明认知主体的注重程度；重视了，赋予某种意义（加重）了，才在答卷结果中产生了明显的反差。只是问卷中的认知主体是以自己和他人双重身份出现的，把认知主体置于自—他、主—客的相关关系中去认知、去评价、去选择。因此，评价或选择中的"高"和"低"，便分别选给"自"和"主"或"他"和"客"，但是都直接或间接地属于认知主体。认知中的这种高高低低、自自他他、分分合合的交错现象，在费斯廷格的论述中不曾有过，在问卷结果中则出现了认知状态与评价或选择"高"和"低"之间的相关关系。而评价或选择的"高"和"低"是认知的极化现象，表明评价或选择的量的差别，这在尺度值上则是以"无所谓"为界或原点的正或否之间的量的不同；不同极化的评价或选择因认知系统中各种关系的结合或分离而产生认知协调或不协调。课题问卷中的对自己高评价或高选择和对他人低评价或低选择，造成了高程度的认知不协调及心理反差。课题中的他人，作为和自己有着某些共同所属关系的同事、邻居、朋友和伙伴等，一般地说，人际关系是结合性的、正的；否则，便是分离的、负的。因此，在认知不协调和心理反差的情况下，减少或消除不协调和反差的程度，要么改变人际关系上应有的结合关系即正关系，要么改变自己的认知选择。在维持人际关系不变的情况下，需要改变自己的认知选择，假如这种改变能够给自己带来实际益处，就会在实际上放弃自己的某种认知选择，使之与他人认知选择协调。可见，当问卷结果中"他人的"选择作为一面"镜子"起作用，转换为"自己的"场合时，另一种认知不协调和心理反差随即产生，即作为理想状态的"应有的"选择和作为现实状态的"实际上的"选择之间出现不协调和反差。不论哪一种不协调和反差——是自—他的，还是应有—实际的——其程度都可以在认知极化现象中得到解释。

三、奉献精神不朽

通过前面的分析，人们会想到两个问题：是何原因使社会需要选择逐级下降，以致成了改革后的最低选择？是何原因使"文化大革命"前的社会实现需要选择远低于史事？

（一）选择中的"空白"
所谓选择"空白"是指选择中出现的"茫然"状态，包括对历史的遗漏、折射等。

为了说明这个问题，我们将使用需要选择交互表，并且从中取高—初学历、脑—体职业四个组别的选择结果做比较。

高—低学历、脑—体职业四者对自己三个历史时期需要选择中的选择"空白"，见表6—6、图6—11至图6—14。

社会实现需要选择趋势是：

改革后＜"文化大革命"中＜"文化大革命"前；

自我实现需要选择趋势是：

改革后＞"文化大革命"前＞"文化大革命"中；

安全、和谐、自尊选择趋势是：

"文化大革命"中＞改革后＞"文化大革命"前；

表6—6　　　　自己三个历史时期需要选择（％）得分（均值）交互表

	社会实现	自我实现	自尊	和谐	安全	收入	均值	标准差
	"文化大革命"前							
01	14.5	52.5	3.1	7.5	1.9	4.1	3.92	2.07
02	16.1	56.6	7.7	4.8	0.3	5.5	4.31	1.76
03	19.0	56.0	4.0	7.3	2.4	6.5	4.43	1.63
04	19.5	53.4	8.0	5.7	2.9	6.3	4.45	1.59
高	18.4	58.5	4.5	3.6	2.2	3.6	4.40	1.75
中	16.8	53.5	5.7	7.0	1.6	5.0	4.20	1.85
初	11.7	53.9	5.5	10.2	1.6	10.2	4.06	1.78
体	13.6	51.9	6.1	8.2	1.4	7.0	4.00	1.93
脑	20.3	56.0	5.2	4.6	2.0	4.3	4.45	1.68
服	13.3	56.7	5.6	8.9	1.1	6.7	4.21	1.75
学	11.8	41.2	5.9	5.9	5.9	0.0	3.30	2.32
	改　革　后							
	社会实现	自我实现	自尊	和谐	安全	收入	均值	标准差
01	3.4	55.4	7.6	10.9	6.6	11.9	3.86	1.66
02	2.1	53.8	4.7	9.9	8.9	17.8	3.66	1.73
03	0.7	54.4	8.5	6.0	9.5	17.0	3.64	1.75
04	1.1	43.7	8.4	10.0	10.0	21.1	3.63	1.00
高	0.7	65.8	10.0	6.1	6.8	7.2	4.09	1.57
中	2.9	50.4	6.1	12.1	8.2	16.3	3.63	1.74
初	4.8	39.3	3.0	8.9	10.7	29.8	3.15	1.91
体	3.2	46.5	4.4	11.9	7.3	22.9	3.43	1.82
脑	1.5	58.6	9.9	7.3	8.8	10.9	3.92	1.59
服	0.7	53.3	6.7	12.0	14.0	9.3	3.71	1.62
学	2.5	73.4	5.1	8.9	1.3	1.9	4.39	1.29
	"文化大革命"中							
	社会实现	自我实现	自尊	和谐	安全	收入	均值	标准差
01	7.6	41.7	5.6	12.4	14.1	5.6	3.48	1.92
02	8.6	44.0	6.1	9.2	19.6	6.1	3.69	1.77
03	5.1	35.6	5.1	13.0	30.4	4.3	3.33	1.70
04	3.5	27.3	5.2	16.9	37.2	4.7	3.08	1.58
高	6.9	41.0	7.2	11.2	22.9	3.2	3.58	1.74
中	7.4	40.2	5.2	11.5	22.1	5.1	3.50	1.81
初	4.4	27.2	4.4	14.7	28.7	11.0	2.93	1.76
体	5.8	38.8	3.9	11.2	21.8	8.0	3.30	1.87
脑	7.0	39.4	6.7	12.1	25.5	2.9	3.56	1.70
服	9.6	34.0	8.5	14.9	19.1	6.4	3.51	1.78
学	4.8	47.6	4.8	9.5	19.0	0.0	3.53	1.88

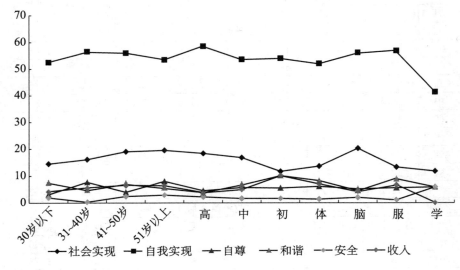

图6—11　自己"文化大革命"前需要选择交互（％）

中国民族性（二）

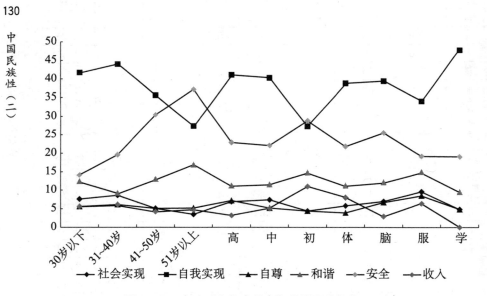

图6—12　自己"文化大革命"中需要选择交互（％）

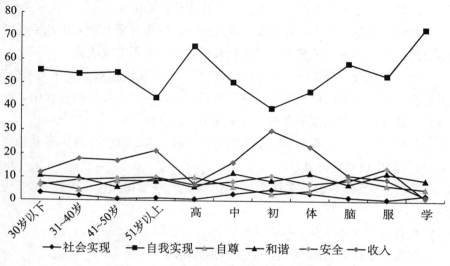

图 6—13　自己改革后需要选择交互（%）

—◆—社会实现　—■—自我实现　—▲—自尊　—▲—和谐　—●—安全　—◆—收入

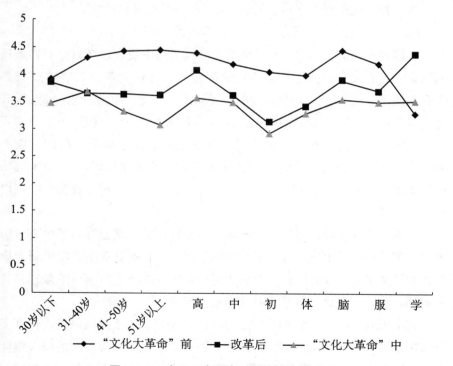

—◆—"文化大革命"前　—■—改革后　—▲—"文化大革命"中

图 6—14　自己三个历史时期需要选择均值

收入选择趋势是：

改革后＞"文化大革命"前＞"文化大革命"中。

在这种选择趋势中，社会实现项选择和自我实现项及收入项几乎是沿着反向升降，其余三项突出了"文化大革命"中的不安定状态。

可见，社会实现需要选择上的"空白"，主要表现在对"文化大革命"前社会实现项的低选择和自我实现项的高选择，以及改革后的选择中，社会实现选择的较大幅度下降和自我实现项的高选择。

如果以高学历组和初学历组为例进行比较，人们就将会具体看到选择"空白"的出现和它的奥妙。

"文化大革命"前，在社会实现选择上，高学历组 18.4％＞初学历组 11.7％；

在自我实现选择上，高学历组 58.5％＞初学历组 53.9％；

在收入选择上，高学历组 3.6％＜初学历组 10.2％。

改革后，在社会实现选择上，高学历组 0.7％＜初学历组 4.8％；

在自我实现选择上，高学历组 65.8％＞初学历组 39.3％；

收入选择上，高学历组 7.2％＜初学历组 29.8％。

在这种不同的选择中，高学历的需要满足感主要表现在对自我实现项的选择上，它以明显高于初学历组的幅度从"文化大革命"前的 58.5％上升到改革后的 65.8％，收入项的选择只由"文化大革命"前的 3.6％升为改革后的 7.2％，社会实现则由 18.4％下降为 0.7％；初学历组的需要满足感主要表现在对收入项的选择上，它以明显高于高学历组的速度上升，从"文化大革命"前的 10.2％上升到改革后的 29.8％，社会实现项由"文化大革命"前的 11.7％下降为改革后的 4.8％，而自我实现项则由 53.9％下降为 39.3％。

如果在这种比较的基础上再做进一步比较，那么就会容易了解高学历组社会实现项选择上所下降的量转移到了何处，它的自我实现项选择上所增加的量又来自何处；同样，初学历组自我实现选择上所减少的量转移到了何处，收入项选择上所增加的量又来自何处。

高学历组改革后自我实现项的"突出"，是以社会实现项的较大幅度下降为补充的；初学历组自我实现项的"突出"，是以自我实现项的较大幅度下降为补充的。高学历组对"文化大革命"前社会实现项低选择和自我实现项的高选择，则是通过历史镜反射出来的一种"自我实现"现实满足感；初学历组对"文化大革命"前社会实现项低选择和收入项（相当于高学历的）较高选择，则是通过历史镜反射出来的一种"增加收入"的现实满足感。

于是，不同历史时期选择中的差量和补充便都找到了自己的来龙去脉。高学历组对"文化大革命"前社会实现项选择上的遗漏是在"自我实现"的现实选择中经过增量和减量之间的转化制造而成的，是发生在"现实"对"历史"（"现在"对"过去"）的价值选择中的，被选择了的部分是不合"现实"（"现在"）时宜的东西、被遗漏的东西，是对"历史"（"过去"）的一种茫然，从而又是对"现实"（"现在"）的这样或那样的漠然。

当我们用这种方式对自己三个历史时期六种需要的选择进行比较，从比较中找出对历史的遗漏和选择上的盲点之后，就不难使用同样的方式对他人三个历史时期六种需要的选择进行比较，以从比较中找出遗漏和茫然之处（见表6—7、图6—15至6—18）。

表6—7　　对他人三个历史时期需要选择百分比得分（均值）交互表

	"文化大革命"前							
	社会实现	自我实现	自尊	和谐	安全	收入	均值	标准差
01	20.6	29.1	10.4	5.1	3.8	4.4	3.38	2.36
02	21.3	34.4	10.2	5.6	2.0	7.2	3.67	2.26
03	23.0	37.0	8.9	6.8	1.7	8.5	3.91	2.10
04	26.3	39.8	9.9	4.1	0.6	6.4	4.16	2.04
高	28.2	37.7	8.7	3.4	2.6	5.0	4.12	2.10
中	20.9	32.3	11.6	5.9	2.6	5.9	3.62	2.25
初	16.4	31.1	8.2	8.2	3.3	9.8	3.28	2.28
体	16.9	30.0	10.2	7.7	2.4	7.7	3.28	2.31
脑	26.5	36.5	9.2	4.6	2.5	5.0	4.02	2.13
服	28.4	34.1	11.4	0.0	2.3	8.0	3.99	2.20
学	28.6	42.9	3.6	3.6	0.0	0.0	4.11	2.24
	"文化大革命"中							
	社会实现	自我实现	自尊	和谐	安全	收入	均值	标准差
01	7.0	28.5	7.9	10.4	21.1	3.9	2.93	2.04
02	4.1	28.2	7.3	7.0	31.6	5.4	2.84	1.89
03	4.6	24.9	8.3	8.7	32.8	5.8	2.83	1.83
04	5.2	26.2	5.2	8.1	32.0	5.8	2.77	1.91
高	3.6	32.1	7.7	10.2	29.4	3.3	3.06	1.82
中	6.4	26.5	8.3	8.3	26.3	5.7	2.87	1.97

	"文化大革命"中							
	社会实现	自我实现	自尊	和谐	安全	收入	均值	标准差
初	6.7	20.7	3.0	8.9	33.3	7.4	2.56	1.93
体	5.8	23.8	7.1	9.8	26.7	4.9	2.70	1.97
脑	5.1	29.8	7.9	8.8	28.7	4.9	2.70	1.88
服	8.7	19.6	7.6	9.8	34.8	5.4	2.85	1.86
学	0.0	51.9	3.7	7.4	18.5	0.0	3.34	1.95
	改 革 后							
	社会实现	自我实现	自尊	和谐	安全	收入	均值	标准差
01	4.2	33.2	6.9	10.4	7.3	25.5	2.90	2.00
02	2.1	27.3	9.6	6.1	9.6	32.6	2.60	1.93
03	1.5	37.6	8.4	3.6	9.9	27.4	2.89	1.98
04	2.1	27.7	9.0	3.7	8.0	34.6	2.49	1.98
高	1.8	34.7	13.8	5.5	7.3	29.2	3.00	1.90
中	3.3	32.4	6.5	8.4	8.7	27.5	2.78	1.99
初	3.6	29.1	1.8	6.1	8.5	29.1	2.39	2.08
体	3.0	30.8	4.6	9.0	8.0	28.6	2.62	2.02
脑	2.6	31.5	13.8	3.7	8.8	30.0	2.87	1.94
服	2.1	27.4	7.5	8.2	14.4	26.7	2.49	2.05
学	3.8	46.9	4.4	13.8	3.1	20.6	3.43	1.90

中国民族性（二）

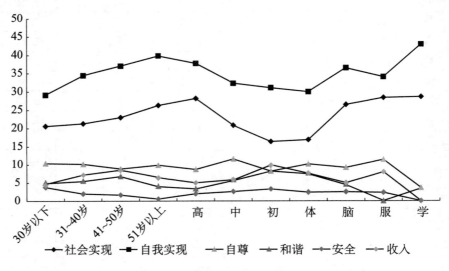

图6—15 对他人"文化大革命"前需要选择交互（％）

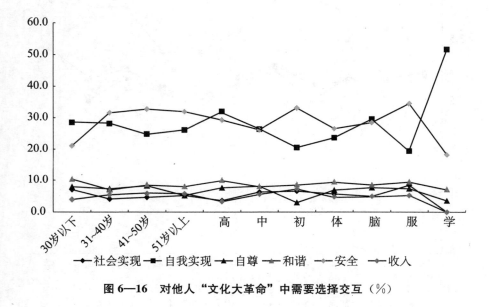

图6—16 对他人"文化大革命"中需要选择交互（％）

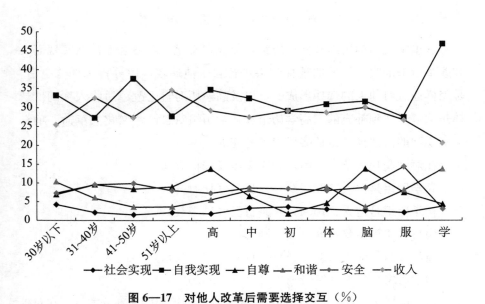

图6—17 对他人改革后需要选择交互（％）

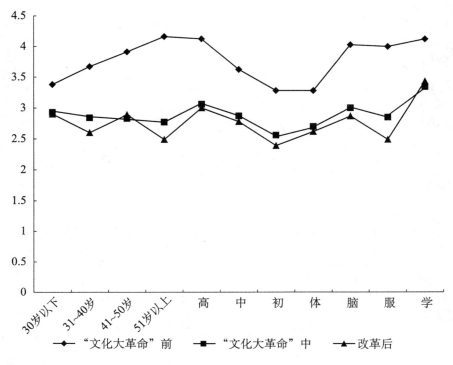

图6—18 对他人三个历史时期需要选择均值（％）

这里拟就高学历组和低学历组对他人"文化大革命"前社会实现需要和改革后增加收入需要的选择结果进行自—他比较，以分析选择"空白"是怎样通过对他人的选择形成的，以及高学历对自己改革后收入项的低选择是从哪里得到补充的，高学历组和初学历组对自己"文化大革命"前社会实现项的低选择又是从哪里得到补充的。

在对"文化大革命"前社会实现需要选择方面，

高学历组是他人（28.2％）＞自己（18.4％），

初学历组是他人（16.4％）＞自己（13.6％），

而自我实现需要选择方面，则

高学历组是他人（37.7％）＜自己（58.5％），

初学历组是他人（31.1％）＜自己（53.9％）。

这种选择又表明，对自己的社会实现选择中遗漏的那部分差量，在对他人的社会实现选择中或多或少得到补充，并且同时减少了对他人自我实现项的选择量。就是说，在自己这里丢了的东西，总会以各种方式不同程度地在他人那里找到。这样，剩下来的是通过他人的收入项选择反映出来的增加收入选择便成了比较稳定的东西，并且高、低两个学历组之间基本上平衡，即在对改革后收入需要选择方面，

高学历组是他人（29.2%）＞自己（7.2%），

初学历组是他人（29.1%）＜自己（29.8%）。

这表明，高学历组一方面看重自我实现，另一方面又看重增加收入；对自我实现的需要选择主要以对自己选择的直接方式表达，而对增加收入的需要选择则主要以对他人选择的间接方式表达。可见，高学历组在低层次需要的选择上，尚不如初学历组直率、朴实，而是更讲究、更自控一些，易出现双面共存的心理失衡状态。

（二）挫折与反差

上述关于社会实现、自我实现和增加收入的几方面比较，能使我们比较具体地看出，三个选择项在不同场合（自己或他人、"文化大革命"前或改革后）有不同的价值表现。

社会实现虽然在对自己改革后的选择中没有多少重量，但在对自己"文化大革命"前和他人改革后以及"文化大革命"前的选择中，得到了这样或那样的补充，表明人们自觉或不自觉地在找回没有选择上的东西。自我实现虽然在对自己改革后的选择中占有主要地位，显得很有重量，并在自己历史镜中得到强化，但在对他人改革后和"文化大革命"前的选择中都多少减轻了重量，使之成了不如改革后他人收入项选择那样稳定的东西。收入项虽然在高学历组对自己改革后和"文化大革命"前的选择中没有重量，但在他人改革后的选择中得到了补充，使之和初学历组对自己和对他人的选择差不多。

由此，又能使我们进一步看出，"文化大革命"前社会生活中对社会实现需要的重视和强化，一方面是人们忘也忘不了，丢也丢不下的，时而被忘却，时而又怀念的东西；改革后社会生活中成了一种时髦的自我实现，只在自己的领地里闪烁光彩，而在他人那里却不那么耀目，自我实现似乎成了自己满足其他需要的工具性东西；对增加收入的选择，在初学历组那里似乎堂堂正正、"天经地义"，而在高学历组那里却不那么冠冕堂皇，尚经折射。这究竟是因为什么呢？一个看上去简单的问题可能是由复杂的因素造成的。笔者在这里想说一个动机理论中的挫折问题。

在动机研究中，有一种关于欲求不满与攻击之间关系的理论假说。欲求不满（frustration）又译为挫折，是指一种动机欲求因受阻碍得不到满足而产生的心理失调状态或挫折感。感到欲求受阻的原因多种多样，有的是认为环境对己不利而不能充分满足欲求，有的是认为应有的欲求权利被剥夺（动机研究中的欲求剥夺），有的是认为自身能力不足而不能充分满足欲求。不论哪一种，都是根据已有的经验所产生的心理反应。在已有的经验中，有的是自己亲身经历过的，"吃过苦头"，"吃过亏"的，受到了"惩罚"；有的是他人经历过的，见到他人受到惩罚。于是，便采取一些方式防御惩罚：在防御方式中，有公开的、直接的方式，比如攻击；也有间接的、替代的方式，比如幻想、压抑、投射。耶鲁大学人类行为研究所的杜勒（J. Dollrad）、米勒（N. E. Miller）等人在1939年发表的《挫折与攻击》中作为一种理论假说提出，攻击的产生与预想挫折存在有关；挫折的存在常常导致某种方式的攻击。我们在这里从这个假说中借鉴的是关于惩罚预期的原理，就是抑制攻击的力量同预想到因攻击而受罚的程度有密切关系。一个人过去因为某事吃过苦头，以后再遇到大体相同的情境就会因为预想到吃苦头而一时压抑攻击。惩罚预期是一种自卫性的心理反应，是挫折防御的重要心理机制。在社会生活中经常出现"敏感话题"，同这种心理状态有关。当人们意识到某个问题属于敏感话题时，便会采用一种间接的替代的投射方式即代偿方式，求得心理满足。

课题研究中出现的代偿虽然也是一种心理防御，却不属于这种敏感话题造成的心理问题。在收入项上的投射现象主要是高学历对自我实现的强烈需要和增加收入强烈需要的冲突造成的。在这两种需要上，多年以来都有某种欲求不满（挫折）。但从层次需要看，当低层次需要得不到满足时，难以上升到高层次需要——虽然高层次需要不是在低层次需要完全满足之后才出现的。因此，增加收入的需要动机寻求满足冲击着自我实现需要。

在社会实现项上的投射现象，主要是这个高层次需要的正当性和它的现实性之间的冲突造成的。正当性表明社会实现需要之必要；其现实性表明实现社会实现需要之困难。这个道理，仍然在于需要本身的层次性。当一个人低层次上的需要较长时间得不到满足，而一直处于高层次需要的强力包围中时，会因为低层次的欲求不满而时刻欲而复归，动机欲求作为内部驱动力向低层次复归，同时会对高层次需要产生心理"亢进"或情绪抵抗；反之，如果低层次需要得到较好解决，会促进高层次需要的出现并予以实现。马斯洛曾说："基本需要在潜力相对原理的基础上按相当确定的等级排列。这样，安全需要比友爱的需要更强烈，因为当两种需要都受到挫折时，安全需要在各种可证实的方面支配有机体。在这个意义上，生理需要（它们被安排在更低的一个层次）强于安全需要，安全需要强于爱的需要，爱的需要又强于尊重的需要，而后者又强于个人特质的需要——我们称之为自我实现的需要。"[①] 这里，马斯洛所揭示的原理意义在于，需要的层次性是以潜力相对原理为基础的，因此，当两种需要得不到满足而发生冲突时，低层次的需要比高层次的需要表现得更强烈。在课题研究中出现的高层次和低层次需要的冲突，不仅表明高层次、低层次上的需要都有待满足，而且低层次的需要更强烈、更待满足，它的迫切性强于高层次的需求满足，但并不表明高层次需要是可有可无的。

（三）需要的圆满性

如同世界因其自身的规律性而"圆满"，人格的真、善、美因其内部的统一和规则性而"圆满"一样，动机需要因其固有的内在性和层次性而圆满。人不仅要满足自己的动机需要，同时还要满足他人的动机需要；每一个自己经过社会转换又都是他人，人不仅需要自己，同时还需要他人。"人不为己，天诛地灭"是无法做到这两种需要的完满结合时的欺人之谈，是无能的自欺欺人。这就是课题问卷设计了社会实现需要的根本理由。

具体而言，课题问卷中之所以设计社会实现需要的理由主要有两点。一是马斯洛在自我实现需要设计上的贡献和不足。自我实现（self-actualization）这个概念，是人格心理学家荣格（C. G. Jung）于 1954 年首先倡用的，用以表示个体发展的最终目标。荣格认为，在个体个性化（individuation）过程中，自我获得充分实现，人格的诸方面都有最佳表现并相互协调，使个体在整体上达到最高的发展水平。马洛斯对于自我实现的动机也十分重视。他在 1954 年发表的《动机与人格》一书中，将自我实现需要作为最高级的动机。马斯洛认为，人在生理、安全、爱和自尊需要得到满足之后，还谋求自身的充分实现。"一个人能够成为什么，他就必须成为什么，他必定忠于他自己的本性。这一需要，我们就可以称为自我实现的需要。"[②] 马斯洛对自我实现需要设计的重大贡献在于，他把人对自身

---

①②[美] 马斯洛：《动机与人格》，113、53 页，北京，华夏出版社，1987。

性能及价值的注重和追求作为人的成长和发展目标，也就克服并补充了以往心理学家关于行为动机的零乱、狭隘的研究，不是注意日常生活个别行为，而是注意到整个发展过程及其目标要求；也克服并补充了正统弗洛伊德理论关于欲求选择的非此即彼的观点，排除了选择上非低级欲求即高级欲求的二者择一的解释，而是把高级的动机欲求置于低级欲求的满足之上，是低级欲求的级进结果。他认为，"需要或价值之间是互相关联的，在人的发展过程中，这些需要具有一定的级进结构，在强度和优势方面有一定顺序。通常，对食物的需要是最强的，其次，与诸如爱等其他方面的需要相比，安全需要是一种较优势、较强、较迫切、较早出现和较有活力的需要。所有这些需要都可以被看做趋向总的自我实现的各个不同阶段，都可以被归于自我实现之中"①。

二是马斯洛对自我实现需要的设计是有缺点的，主要表现在对自我实现的设计上。他认为，能够实现自我实现需要的人具有高超的特性，他规定为 10 条：

对现实的清晰、迅速的把握；

经验的开放性；

人格高度的协调性、完整性和统一性；

高度的自发性、表现性、效率和活力；

真实的自我、充分的自我接受、自主性和独立性；

高度的客观性、公正和自我超越；

创造性的发现；

具有融合具体性和抽象性、初级认识加工和次级认识加工等的能力；

民主的性格结构；

爱的能力等。

②马斯洛说，如果我们将各种宗教看成人类理想的体现，看成体现了可能是人们所愿意追求的人生，那么，从这里我们的信念又可以得到支持：所有的人都渴望自我实现或趋向于自我实现。③ 马斯洛在 1962 年的《完美人性》一书中又进一步说，自我实现者是爱他的、献身的、社会的，

---

① ［美］马斯洛：《人类价值新论》，23～24 页，石家庄，河北人民出版社，1988。

②③参见上书，28、29 页。

但容易引起误会，因此，使用完美人性这个用语。[①] 马斯洛对自我实现者设计的主要问题在于它的个体性和神秘性。他的立论基点是人的存在赋予他的各种冲动之一是指向人格的统一，指向于充分的个性化和同一性……[②]他过于强调人之内在动力的本能作用及人的自我完善。因此，尽管他再三说明自我实现者是非利己的、献身的，但只要"自我实现者"不能跳出个性范围而与群性、社会性结合，就无法完善自己，无法"自我实现"。

当然，从马斯洛对自我实现的设计逻辑出发，会逻辑地得出带有献身精神的社会实现需要的结论。一旦把体现人类奉献精神的社会实现需要提升出来，也就进入来自自我实现又高于自我实现的独立层次。

课题问卷结果十分合拍地证实了社会实现需要的重要性，这一点还可以从表6—6、表6—7的均值中看出。均值是根据马斯洛提出的层次高低和专家评分进行的，最高层上的为6分，最低层上的为1分。结果表明，不论对自己还是对他人的六种需要选择得分，都是"文化大革命"前的高于改革后的，并且在对"文化大革命"前的评分上，高学历组对自己的六种需求选择评分4.40和对他人的4.9都高于初学历组对自己的4.06和对他人的3.28，脑力组对自己的4.45和对他人的4.02都高于体力组对自己的4.00和对他人的3.28。对"文化大革命"前的较高选择评价同第七章中"文化大革命"前人格优于改革后人格的选择是一致的，表明人们对社会实现需要在"文化大革命"前历史时期所起的作用耿耿于怀。

人生活在社会，接受社会教育又教人于社会，从社会化开始又回到社会、服务于社会，在这个过程中实现并发挥着个人的潜能。

---

① See Abraham H. Maslow，*Toward a Psychology of Being*，by D. Van Nastrand Co. Inc.，1962，Preface.

② 参见［美］马斯洛：《人类价值新论》，29页。

第七章　做人

本章以"做人"为题，是想在对人格和历史人格、需要和人生价值选择所做分析的基础上，通过改变社会地位和人际关系选择，说明问卷结果中出现的做人的艺术。人生是艺术，恐怕说的就是做人。人的一生有自己的人生价值，也有自己的人生艺术。然而，做人并不那么简单。

一、改变地位选择上的彩带

在改变社会地位的问句中，课题是这样提问的：您认为改变社会地位的主要途径应该是什么？而您和您周围人在实际上是什么？（单项选择）提出的选择项有五种：才干（有真才实学，勤奋工作等）、人际魅力（有良好的人际关系，受人拥戴，有朋友相助等）、机遇（运气好，时来运转等）、权势（领导提拔，父母有势等）、金钱（有钱有财等）。

（一）选择中才干和权势的"权"

问卷的结果也有明显的两极现象，就是对才干和权势的两种高频率选择，并且在"应有"栏和"实际"栏的选择中，对自己的选择总是和"应有的"选择大体相当，对他人的选择又总是和"应有的"选择相差甚远，基本上是相反的（见表7—1、图7—1）。

表 7—1

	应有的	实际上的		
		自己	他人	自—他差
才干	84.5	65.8	18.1	47.7
人际	5.3	9.7	12.1	−2.4
机遇	2.8	7.2	8.6	−1.4
权势	3.8	5.6	36.4	−30.8
金钱	1.8	3.4	8.7	−5.3
不知道	1.9	8.3	16.1	

表 7—1 改变社会地位选择（%）

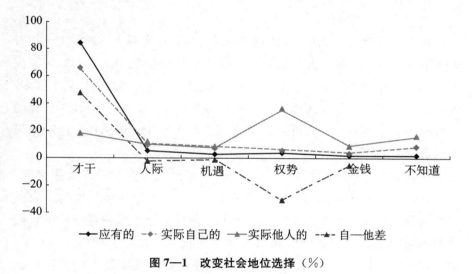

图 7—1　改变社会地位选择（％）

从对"应有"栏的选择看：

最高位，才干项，84.5（％），认为应该是依靠自己的真才实学和勤奋工作等自强之路的人最多。

最低位，金钱项，1.8（％），认为主要靠金钱财产的为数极少。

从对"实际"栏的选择看：

才干项自—他差，47.7（％），最大；

权势项自—他差，—30.8（％）次之；

金钱项自—他差，—5.3（％）。

这表明才干项和权势项在课题问卷给予的选择项中最被重视，其中才干作为生活手段是以正面（自己）、直接的方式表现出来，权势这种生活手段则是以反面（他人）、间接的方式表现的。

但在人际项、机遇项和金钱项的选择上，则

"应有"＜"实际"。

这表明人们在实际上比在道理上、在现实上比在理想上要或多或少看重人际、机遇和金钱三个选择项。但这三项的自—他差都相当小，其中人际和机遇两项尤其小，几乎可以忽略不计，又表明这两项作为生活手段是自己和他人之间无甚差别的。

有意思的是，在才干项上的选择是：

"应有"＞"实际"；

在权势项上的选择又是：

"应有"＜"实际"。

这表明道理上、理想上最多选择的才干项，在实际上、现实上是被看轻了不少，对自己和他人"实际"选择的平均选择频率（42.0）为"应有"选择（8.5）的一半；而权势项在实际上、现实上则是被加重了许多，对自己和他人"实际"选择的平均选择频率（42.0）为"应有"选择的10倍还多，表明权势在实际上更被重视。对才干和权势选择的这种结果颇似数学中的"权"。

在数学中计算加权平均值时，"权"在质上为重要性或重要程度，在量上是一个系数，以这一观点来看表7—2中改变社会地位选择表就很有意思：这里的五条选择途径各得了一种百分比，这种百分比可看做所对应的项在人们心目中的相对重要性或权重。在应有栏内，"才干"的权重很大，排在第一位，"权势"的权重很小，在实际中的自己栏也是如此，只是与应有栏相比，"才干"的权重下降了约20个百分点（即0.2），"权势"的权重上升了约2个百分点（即0.02）。但在实际中的他人栏内，"权势"的权重上升了30～40个百分点，跃居第一，"才干"的权重显著下降，约60个百分点。从表7—2看，对不同的组别，这一变化规律都适用。

这种多少带有规则性的选择结果，一方面表明才干和权势的重要性因场合而异，作为理想心目中的"应有者"，才干重要，作为现实、生活中的"实际者"，权势重要。另一方面又表明，在二者择一的场合，才干以比权势大得多的幅度从理想状态下降约0.6；择一的场合，才干的权重以较大幅度从理想状态下降约0.6，权势的权重将以大幅度从理想状态上升0.3～0.4；实际上，权势所起的系数（常量）作用远比才干大。这种选择结果或许就是"有权就有一切"这个民间观念的一种反映。

（二）才干和权势选择"相反相成"

看上去，选择中才干和权势是相反的、对立的，对二者进行选择，其选择砝码始终不能置于中位；一置于中位，立刻失衡；从表7—1选择分布看，才干项的高频率选择只属于"应有"栏和"实际"栏中的"自己"，它的位置定在偏左上角，权势项的高频率选择只属于"实际"栏的"他人"，被定在偏右下角上。然而，这是选择的结果，在结果这种稳定东西的背后，是选择这种人为的动的过程。任何一个过程、一个系统，其存在和维系的重要条件之一是它的统合性和互补性。参与系统、过程的主要构成要素只有互补，才能被统合为一个整体。因此，从系统看这种选择，只要"应该—实际"、"自己—他人"的不同变量参与其中，这种选择就必须是互补的。"物极必反"，"正反合"，道理是一样的。在改变社会地位主要途径的选择中，给予才干和权势以不同的选择；同时，又是一种同等意义的选择，相反又是相成的。

用表7—2、图7—2—1、图7—2—2说明才干和权势选择的相反相成或许更清楚些。

第一，所有的组对五种选择项的选择结果有共同之处：

才干项选择，自己＞他人，（正反差）；

权势项选择，自己＜他人，（逆反差）。

第二，对自己才干项选择频率偏高的组，对他人权势选择频率也偏高，这两项的自—他差亦偏高：

04组，自己才干项73.6（％），自—他差52.4（％）；

他人权势项36.3（％），自—他差30.9（％）；

高学历组，自己才干项69.6（％），自—他差51.4（％）；

他人权势项48.4（％），自—他差46.4（％）；

脑力组，自己才干项75.4（％），自—他差56.0（％）；

他人权势项46.8（％），自—他差40.2（％）。

以上数字表明这三个组在他们所在的年龄组、学历组和职业组中都是最重视才干项和权势项的。这种选择同表6—5中三个组对人品和权力的选择类似，对人品和权力的选择频率也是在他们所在年龄组、学历组和职业组中选择频率偏高，最为重视，从而表明才干和权势之间的互补关系。

第三，对自己才干项选择频率偏低的组，有两种不同的选择格局：一种是初等学历组和体力组对自己才干项选择频率偏低，同时对他人权势项的选择也偏低，自—他差偏小，即

表7—2　改变社会地位选择组别交互表（%）

组别	应有的 才干	人际	机遇	权势	金钱	实际上的 自己 才干	人际	机遇	权势	金钱	他人 才干	人际	机遇	权势	金钱	自—他差 才干	人际	机遇	权势	金钱
01	81.5	6.9	3.6	3.6	2.3	60.9	11.2	8.9	5.5	3.6	16.6	13.1	8.3	36.2	9.3	44.3	-1.9	0.6	-30.7	-5.7
02	87.3	3.2	2.2	5.2	1.2	69.0	9.3	5.5	6.0	5.0	20.6	10.7	9.9	36.0	9.4	48.4	-1.4	-4.4	-30.0	-4.4
03	87.3	4.5	2.1	2.7	0.3	73.6	6.2	5.1	6.8	1.4	21.2	9.6	8.6	36.3	7.9	52.4	-3.4	-3.5	-29.5	-6.5
04	84.8	5.6	1.5	3.5	3.0	66.7	9.1	5.6	5.1	3.5	17.8	13.7	5.1	36.0	7.6	48.9	-4.6	0.5	-30.9	-4.1
初	80.6	8.6	1.7	2.9	4.0	54.2	18.6	7.3	4.0	6.8	16.9	14.7	11.3	24.3	15.8	37.3	3.9	-4.0	-20.3	-9.0
中	82.6	6.8	2.7	4.0	2.0	65.4	10.6	7.7	5.7	4.2	17.2	13.5	8.6	32.2	10.3	48.2	-2.9	-0.9	-26.5	-6.1
高	89.6	2.0	2.7	3.9	0.5	69.6	5.3	6.5	6.3	1.4	18.2	8.5	8.0	48.4	4.1	51.4	-3.2	-1.5	-46.4	-2.7
体	79.2	7.9	3.1	4.4	3.2	59.2	14.2	8.7	4.0	6.0	18.6	14.3	9.3	25.2	12.1	40.6	-0.1	-0.6	-21.2	-6.1
脑	90.2	2.4	2.4	3.6	0.1	75.4	4.9	4.5	6.6	1.3	19.4	9.2	7.9	46.8	4.5	56.0	-4.3	-3.4	-40.2	-3.2
服	81.0	7.8	3.3	3.9	2.6	65.8	11.0	9.7	8.4	3.2	13.2	11.8	9.2	41.4	9.9	52.6	0.8	0.5	-33.0	-6.7
学	86.7	4.2	3.0	1.8	1.2	55.3	8.7	9.3	5.0	1.2	16.9	13.9	7.8	35.5	10.2	38.4	-5.2	1.5	-30.5	-9.0

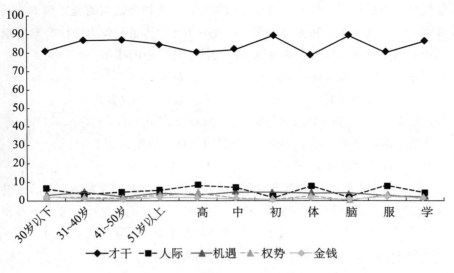

图7—2—1　"应有的"改变社会地位选择组别交互（％）

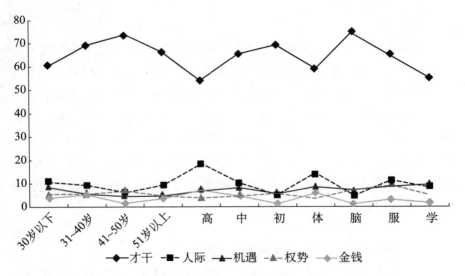

图7—2—2　"实际自己的"改变社会地位选择组别交互（％）

初等学历组，自己才干项 54.2（％），自—他差 37.3（％）；

他人权势项 24.3（％），自—他差 20.3（％）；

体力组，自己才干项 59.2（％），自—他差 40.6（％）；

他人权势项选择 25.2（％），自—他差 21.2（％）。

以上数字表明这两个组对才干和权势在改变社会地位中的作用尚无其

他组那种重视程度。相反，对自己和他人人际项和金钱项的选择频率比其他组尤其是高学历组和脑力组要高，表明初等学历组和体力组比高学历组和脑力组更重视人际关系和金钱在改变社会地位中的作用。

在对才干项偏低选择中的另一种选择格局是：

01组，他人人际选择13.1（％），自—他差1.9（％）；

他人权势项选择36.2（％），自—他差30.7（％）；

学生组，他人人际项选择13.9（％），自—他差5.2（％）；

他人权势项选择35.5（％），自—他差30.5（％）。

这些数字表明，30岁以下的青年学生，既没有41～50岁组、高学历组和脑力组那么重视才干和权势在改变社会地位中的作用，又比初等学历组和体力组重视权势的作用，也比高学历组和脑力组看重人际关系的作用，表明包括学生在内的年轻人有对复杂的社会生活和做人方式特有的敏感性。

二、彼此彼此

课题问卷在改变社会地位主要途径选择问句之后，又设计了有关搞好人际关系的问句，并且使用相同的选择方式：您认为目前搞好人际关系（包括和同事、熟人、朋友、邻居之间的关系）应该靠什么？而您自己和您周围的人实际上是靠什么？（单项选择）提供的选择项有五种：人缘（遇事为他人着想，不图恩报，待人入情入理，有人缘等）、业绩（努力工作，增长才干，有业绩等）、风气（有良好的社会风气等）、和事（对己重修养，与世无争，对人重和事，不伤和气等）、奉承（阿谀奉承，投其所好，相互利用，相互满足等）。

（一）选择结果中人缘和奉承互补

对五种选择项"应有"栏选择的结果，依照选择频率高低，处于最上位的是人缘，其选择频率为35.5（％），处于最下位的是奉承，选择频率为3.0（％）。在"实际"栏对自己的选择中频率最高、处于最上位的也是人缘，占35.0（％），对他人的选择中频率最高，处于人缘对角位置上的是奉承，占45.4（％）（见表7—3、图7—3）。

这里，具体分析以下三种现象。

第一，对人缘项和业绩项的选择，有共同点又有异处。其共同点是：

表 7—3 　　　　　　　　　　搞好人际关系选择（％）

	应有的	实际上的		
		自己	他人	自—他差
人缘	35.5	35.0	13.3	21.7
业绩	34.6	30.6	7.9	22.7
风气	18.9	3.0	3.3	−0.3
和事	5.9	23.5	18.3	5.2
奉承	3.0	4.8	45.4	−40.6
不知道	2.1	3.1	11.7	

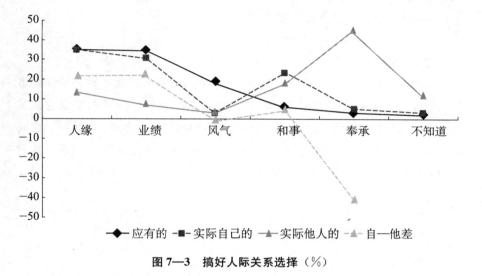

◆─ 应有的　■─ 实际自己的　▲─ 实际他人的　▲- 自—他差

图 7—3　搞好人际关系选择（％）

　　"应有的"和自己的选择较高，自—他差较大，但人缘项"应有的"—自己差＜业绩项"应有的"—自己差，就是说，业绩项实际下降得比较多。这表明人缘项不论在理想选择状态下还是实际上都得到了应有的重视，被选为搞好人际关系的主要途径之一；业绩项实际上还没有人缘项那样被重视。

　　第二，对和事项和奉承项的选择，出现了"应有的"＜"实际的"格局，所不同的是：

　　和事项，"应有的"＜自己，自—他差5.2（％）；

　　奉承项，"应有的"＜他人，自—他差−40.6（％）。

　　这表明和事项在对自己和他人选择中的重要程度无多大差别，而在理想选择下最不重视的奉承项，实际上是最受重视的，是实际上搞好人际关系的重要途径之一。

第三，对风气项的选择，则出现了另外一种局面：

风气项，"应有的"＞"实际的"，自—他差 0.3（％），表明人们希望有一个好的、有利于人际关系的社会风气，但实际上，不论是自己还是他人，似乎无力以从。

总之，在上述五项选择中，对人缘项和奉承项的选择显得格外微妙。在自己心目中的自己，更多的是人缘，在自己眼睛中的他人更多的是奉承。每一个自己都在他人的眼睛中，每一个他人都在自己的心目中。对他人奉承项的如此高频率选择，实际上在自己看不到又看得到的自己的眼睛里、"镜子"中，大家彼此彼此。

（二）自—他之间

在表 7—3 中我们已经看到了一种有意思的选择，这就是对和事项的理想—实际逆反差和自—他正反差特点。和事项在理想选择状态下没有多少"席位"，而在实际选择中却几乎均匀地分布在自己和他人之间，在你我他之间起一种相互选择、相互吸引的作用。这一部分，我们通过表 7—4 会进一步看出和事项在自—他之间的地位和作用（见表 7—4、图 7—4 至图 7—6）。

表 7—4　　　　　　　　搞好人际关系选择组别交互表（％）

| 组别 | 应有的 | | | | | 实际上的 | | | | | | | | | |
| | | | | | | 自己 | | | | | 他人 | | | | |
	人缘	业绩	风气	和事	奉承	人缘	业绩	风气	和事	奉承	人缘	业绩	风气	和事	奉承
01	38.7	32.0	17.7	5.9	3.5	35.1	27.9	3.5	24.8	5.1	13.7	7.5	2.8	17.0	45.9
02	32.2	37.2	18.8	7.0	3.3	30.4	35.2	2.0	22.9	7.0	13.5	9.4	3.1	19.4	43.1
03	27.7	41.1	20.5	6.5	2.7	30.3	37.4	3.4	22.1	4.1	13.6	8.5	5.4	18.7	44.6
04	38.9	30.8	20.7	5.1	1.5	49.2	21.6	3.0	23.1	1.5	10.2	6.6	3.0	21.3	47.7
初	37.7	32.6	12.0	7.4	6.9	41.2	20.3	4.5	16.4	14.1	13.0	9.6	2.3	16.4	45.2
中	35.1	35.7	17.6	6.2	3.4	34.1	31.4	3.6	23.0	4.5	11.8	8.3	4.2	16.9	46.0
高	35.1	33.9	23.4	5.2	1.0	34.9	32.3	1.9	25.9	2.2	15.9	6.7	2.4	21.2	44.4
体	36.7	33.5	16.1	6.8	5.2	35.9	27.0	3.3	22.3	8.1	12.1	8.7	3.8	17.3	44.4
脑	31.7	36.4	22.1	5.9	1.7	33.2	37.1	3.0	23.2	2.1	13.0	8.9	2.9	19.6	45.1
服	35.9	35.9	18.3	7.2	2.0	38.1	27.7	1.9	24.5	4.5	12.7	4.0	1.3	13.3	60.7
学	44.6	30.1	18.7	2.4	0.6	35.8	23.6	4.2	27.9	1.8	20.2	3.7	2.5	22.1	41.1

表 7—4 是各个组对搞好人际关系选择的分布状态交互表。不同年龄、不同学历和不同职业的人，对"应有的"和实际上自己和他人的选择，下面还有机会说明。这里是要说明和事项在自—他之间的平衡作用。

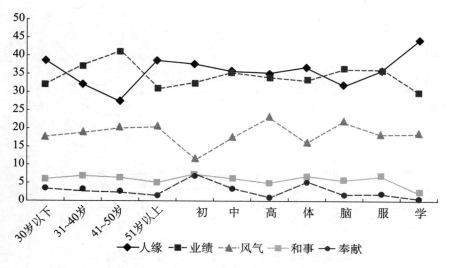

图 7—4 "应有的"搞好人际关系选择组别交互（％）

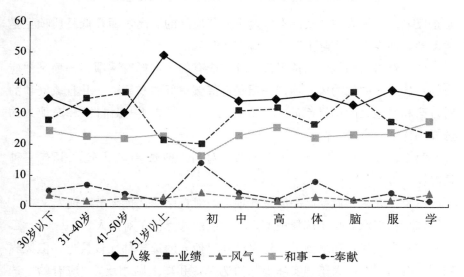

图 7—5 "实际自己的"搞好人际关系选择组别交互（％）

第一，以"应有的"选择为参照系，对自—他选择做比较。有三种情况：

（1）对自选择比较接近于"应有的"选择有两项，且为选择频率较高的高品质项：人缘和业绩，其间的反差甚小。

（2）对他人选择远离"应有的"选择有三项，既有高品质项、人缘和业绩，又有"应有的"选择频率较低的低品质项：奉承，并且高品质项上

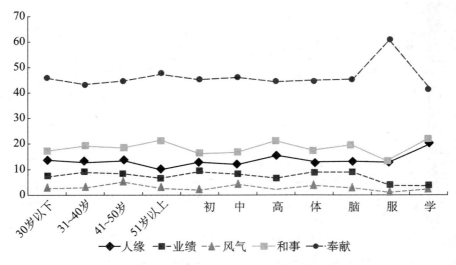

图7—6 "实际他人的"搞好人际关系选择组别交互（%）

是正反差，即他人在"实际上"远不如"应有的"高，而在低品质项上是逆反差，他人在"实际上"比"应有的"低。

（3）对自己和他人的选择都离开"应有的"选择有两项，一项是"应有的"选择居中位的风气项，一项是选择频率低的和事项，并且风气项的对自己和对他人的选择都低于"应有的"，而和事项上对自己和对他人的选择都比"应有的"高。

第二，以自己的选择为参照系，对自—他选择做比较，也有三种情况：

（1）在人缘、业绩高品质选择项上，对自己的选择高于对他人。

（2）在奉承低品质选择项上，对自己的选择低于对他人。

（3）在风气及和事项上，对自己和对他人的选择都比较接近，但风气项"应有的"选择大于"实际上"的选择，和事上则相反，"应有的"选择小于"实际上"的选择，表明和事项在实际上更为答卷人所重视。

如果把上述比较做成图，将会更明显地看出对和事项的选择特点（见图7—7），为了简化图式，图7—7以表7—3和表7—4学历组选择为依据制作。而由图7—7看，风气项及和事项的自—他差比较小，但和事项的自—他选择远比风气项高，表明和事项在搞好人际关系中是实际起作用的因素。

总之，课题问卷给出的搞好人际关系选择项有三种用意：一是用人缘项和业绩项表示人际相处时"从我做起"的律己精神；二是用和事项和奉

中国民族性（二）

承项表示人际相处时"如何待人"的处世哲学；三是用风气项表示人际相处时空气般的"风"在你我他之间的调节作用。表7—3向我们提供了：（1）将近1/3的答卷人对律己精神的尊崇，并以自己在实际上的律己而"赞赏"自己，其中在业绩上对自己的赞赏程度高于人缘。（2）几乎99％的答卷人对阿谀奉承表示嫌弃，并以他人在实际上的奉承而"鄙视"他人；将近1/4的答卷人愿意自己在实际上和事，有近1/5的答卷人认为他人在实际上和事，自己和他人相差不远。（3）将近1/5的答卷人认为应该注重风气在人与人之间的调节作用，但几乎99％的答卷人在实际上自己和他人都无视风气的作用，自—他之间几乎无差别。

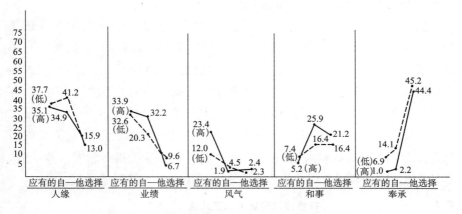

图7—7　高低学历搞好人际关系选择比较（％）

表7—4则向我们进一步表明哪种人更尊崇律己和更赞赏自己，哪种人更嫌弃奉承和更鄙视他人；哪种人更在实际上和事，并且更少有自己和他人之间的差别；哪种人更认为应该注重风气作用而实际上无视风气。大体上，51岁以上组、初等学历组和体力组对人缘项的选择及其自—他差高于中青年、高学历和脑力工作者三种人；在业绩上则相反，后者高于前者；在奉承项上，中青年、高学历和脑力工作者三种人的选择更低些，更鄙视他人；而在和事项上，又表明中青年、高学历和脑力工作者三种人在实际上更多和事；在风气项上，中青年、高学历和脑力工作者三种人更认为应该重视风气作用，而在实际上则更不重视风气。

这种选择结果，不能不使我们对风气项选择做进一步分析。那种认为应该重视风气作用的选择，表明人们对良好风气的美好愿望，而在实际上无视风气的选择，又表明人们对实现美好愿望的愿望。

三、渴望良好风气

在一个被风气包围着的现实生活中，良好的风气是大家都渴望得到并愿意为之付出努力的。这部分，我们将从另一个侧面揭示人们对良好风气的渴望、对自身力量的自信及发挥之评估、对提高民族素质之态度。

（一）求知高于挣钱的选择（见表 7—5、图 7—8）

课题问卷曾经设计了一个有关目前挣钱成风的情况下道路选择的问句，以考察人们对挣钱和求知的态度。

问句是：在目前挣钱成风的情况下，您希望您的子女或您的亲友选择什么样的道路？提供的选择项有四个：少念书、早挣钱（只要能看书写字就行了，早挣钱），念中专（只要念中专能搞技术就行），上大学（上大学当高级人才），不念书、挣钱（只要能挣钱，就连小学也不念）。

从表 7—5 的总体（T）结果看，上大学项居首位，占 69.4%，超过 2/3；其次是念中专，占 17.9%。就是说，在挣钱风情况下愿意子女或亲友选择念书之路的答卷人近 90%。而少念书、早挣钱和不念书、挣钱的，不足 7%，这又表明人们并不喜欢少念书或不念书、挣钱的风气。

表 7—5　　　　　　　挣钱成风情况下的道路选择（%）

选择内容	T	01	02	03	04	高
少念书、早挣钱	4.5	4.2	5.2	3.0	5.9	0.7
念中专、搞技术	17.9	17.3	20.2	19.7	16.3	10.4
上大学、高升	69.4	67.8	68.2	71.9	69.8	85.2
不念书、挣钱	1.7	2.3	0.7	1.3	1.5	0.2
不知道	6.5	8.4	5.7	4.1	6.5	3.5
Σ	100.0	100.0	100.0	100.0	100.0	100.0
选择内容	中	初	体	脑	服	学
少念书、早挣钱	5.3	12.0	8.0	0.9	7.1	2.0
念中专、搞技术	22.3	22.3	22.9	12.9	17.9	15.9
上大学、高升	62.5	59.3	60.5	78.7	66.5	73.1
不念书、挣钱	2.2	1.7	2.4	0.9	2.6	2.0
不知道	7.7	4.7	6.2	6.6	5.9	7.0
Σ	100.0	100.0	100.0	100.0	100.0	100.0

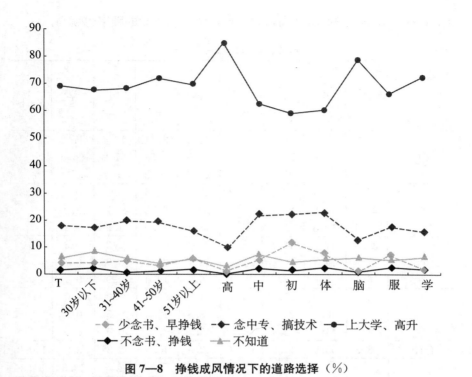

图 7—8　挣钱成风情况下的道路选择（％）

从不同组别的选择看，在念中专、搞技术和上大学、高升两项选择上，存在着学历差和职业差：

念中专、搞技术选择，高学历组＜初学历组；

上大学、高升选择，高学历组＞初学历组。

这种选择表明，初学历组和体力组更重视子女念中专、搞技术，高学历组和脑力组则更重视上大学、成为高等人才。然而，即使是初等学历组和体力组，对上大学、高升项的选择也比其他三项要高得多，表明他们相当愿意子女接受高等教育。

还可以从中等学历组和服务组不同选择的角度考察学历、职业与子女求学选择之间的关系。从表 7—5 看，中等学历和服务组对念中专项的选择都高于高学历组和脑力组，但在对上大学项的选择上，则低于高学历组和脑力组。在这里，服务组中 81.9％是中等学历者，10.3％是高学历者，6.8％是初等学历者（见表 7—6）。由于我国目前经济以及科学技术和文化教育的发展水平尚不高，因此，高学历者集中在脑力组，占 75.7％，有 25.6％的中等学历者是在脑力组；反之，脑力组中 63.8％是高学历者，35.0％是中等学历者，从而对子女求学道路选择最有影响的是学历，学历高，选择上大学的频率也就高，学历低，选择念中专的频率也就高。

表 7—6　　　　　　　　　年龄、学历、职业交互表

序列 行（%） 列（%） 合计（%）	高	中	初	行合计	体	脑	服	学	行合计
01	34.0	61.6	4.4	48.6	44.8	27.4	10.6	17.2	48.2
	48.8	33.6	20.7		31.0	32.8	57.9	96.6	
	16.5	30.0	2.1		21.6	13.2	5.1	8.3	
02	29.7	57.4	12.9	23.2	47.5	43.5	8.2	0.7	23.3
	20.3	23.8	29.3		26.2	25.2	21.7	2.0	
	6.9	13.3	3.0		11.1	10.1	1.9	0.2	
03	36.0	47.9	16.1	16.3	35.4	59.1	5.2	0.3	16.9
	17.9	14.4	26.4		14.1	24.7	9.9	0.7	
	6.1	8.1	2.7		6.0	10.0	0.9	0.1	
04	38.9	39.9	21.1	11.4	31.6	59.7	8.0	0.0	11.7
	13.0	8.1	23.6		8.8	17.3	10.5	0.0	
	4.4	4.5	2.4		3.7	7.0	0.9	0.0	
合计	33.9	55.9	10.2	100.0	42.3	40.3	8.8	8.6	100.0
高					2.3	75.7	2.7	19.3	34.3
					2.0	63.8	10.3	69.7	
					0.8	25.9	0.9	6.6	
中					56.4	25.6	13.1	4.9	55.7
					76.6	35.0	81.9	29.1	
					31.4	14.2	7.3	2.3	
初					86.9	5.1	6.8	1.1	10.1
					21.4	1.3	7.7	1.2	
					8.8	0.5	0.7	0.1	
合计					41.0	40.7	8.9	9.5	100.0

中国民族性（二）

（二）自信多于不自信的选择

如果说上述求知多于挣钱的选择结果表明人们对目前挣钱风气的一种心理抗拒，那么，这部分的自信多于不自信的选择结果则表明社会生活主体有了某种程度的自我认同和自我要求，表明良好风气形成及弘扬的一种主体因素有所呈现（见表 7—7、图 7—9 到图 7—11）。

当然，一个良好风气的形成及弘扬取决于诸多因素，其中包括社会生活中的道德水平，舆论监督及其导向，社会成员的遵法精神及执法守法状

况，科学决策及社会管理的能力及水平，大多数社会成员的角色意识和角色热情、生活追求和生活情趣，以及社会能在多大程度上满足人们一定的物质、文化、精神生活需要，在多大程度上保证各种社会角色充分发挥自身能量的物质、文化、精神条件等等；是这样一些因素相互牵制、相互促进的综合作用结果。在这种综合作用中，每种因素都各有职责、各有所能，又都没有孤立行其职尽其能的可能。

表 7—7　　　　　　　　　　才能自信程度选择（％）

		5	3	1	0	—1	—3	—5	均值	标准差
自己	T	22.2	50.9	24.5	0.2	2.0	0.3	0.1	2.80	1.50
		5	3	1	0	—1	—3	—5	均值	标准差
他人	T	22.1	46.2	29.1	0.2	1.7	1.0	0.1	2.73	1.63
自己	01	19.6	44.2	23.0	0.1	2.2	1.8	0.6	2.43	1.88
	02	20.9	46.5	23.9	0.2	1.3	1.0	0.5	2.61	1.65
	03	17.7	45.5	25.7	0.3	1.0	0.7	0.3	2.46	1.69
	04	19.3	45.0	20.3	0.2	2.3	1.5	0.0	2.48	1.78
他人	01	12.6	25.8	18.0	0.4	3.5	1.3	0.2	1.50	1.90
	02	15.5	28.5	20.5	0.3	3.6	0.7	0.2	1.77	1.91
	03	12.7	33.4	19.0	0.2	1.8	2.0		1.75	1.87
	04	13.9	34.8	17.8	0.1	0.4	0.5	0.0	1.88	1.80
自己	高	22.1	53.9	20.9	0.3	2.6	0.2	0.0	2.90	1.49
	中	21.7	50.1	26.5	0.2	1.1	0.3	0.1	2.83	1.50
	初	26.8	46.3	24.2		1.8	0.7		2.93	1.62
他人	高	22.3	48.1	27.9	0.3	1.1	0.4	0.0	2.81	1.53
	中	20.9	46.5	30.0	0.3	1.3	1.0	0.0	2.70	1.59
	初	23.4	40.2	30.8	0.2	3.5	1.9	0.0	2.59	1.81
自己	体	22.9	48.8	26.5	0.3	0.8	0.5	0.2	2.84	1.56
	脑	21.6	51.9	23.1	0.2	2.8	0.3	0.0	2.83	1.53
	服	20.5	52.3	25.0	0.2	2.1	0.0	0.0	2.82	1.47
	学	21.1	55.8	21.8	0.2	1.2	0.0	0.0	2.94	1.37
他人	体	22.1	43.4	31.0	0.3	1.6	1.6		2.65	1.70
	脑	22.4	48.3	26.8	0.3	1.6	0.6	0.0	2.80	1.57
	服	24.2	39.6	33.0	0.4	1.8	1.1	0.0	2.68	1.70
	学	16.3	55.1	28.3	0.3	0.0	0.0	0.0	2.75	1.32

课题的研究兴趣不在于这种综合作用或者构成这种综合作用的因素及其相互关系，而在于这种综合作用的社会心理侧面，比如，人们对社会生活环境的认知和评价、对自己力量的自信和评价、心理承受力等。

在对自己力量的自信和评价的问题上，课题曾经就才能问题设计了才能自信程度和才能发挥程度两个问句，并采用打分办法考察答卷人对自己和他人的评价。下面将对这两个问句分别进行分析。

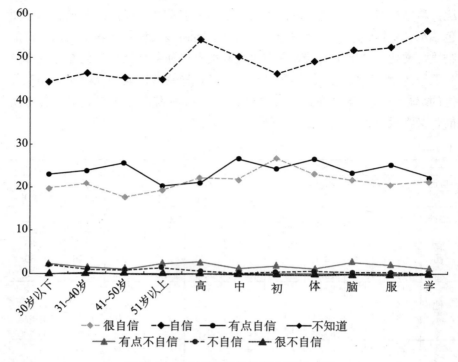

图 7—9　自己的才能自信程度选择（％）

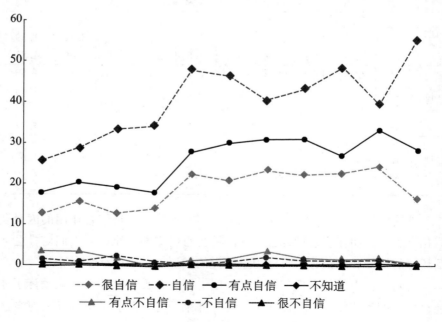

图 7—10　对他人的才能自信程度选择（％）

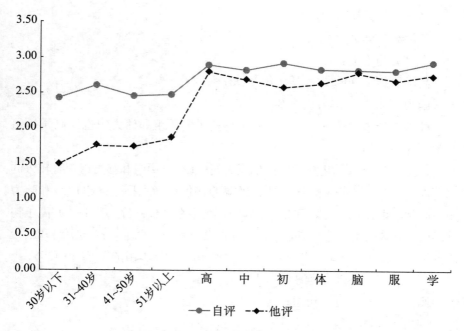

图7—11 才能自信程度选择"自—他差"

关于才能自信程度的问卷设计是这样的：您认为您和您周围的人对自己才华和能力的自信程度如何？用5，3，1，0，—1，—3，—5打分法表示很自信、自信、有点自信、不知道、有点不自信、不自信、很不自信。

从表7—7总体（T）看，给自己打5分和3分的人占73.1（％），他人占68.3（％）。绝大多数答卷人认为自己和他人是自信的，并且对自己和对他人的肯定评价选择频率几乎是相同的；但从得分（均值）看，自己的得分是2.83，他人是2.73，其间的差别还是有的。

从表7—7看，初等学历组和高学历组、体力组和脑力组比起01组和04组对才能自信程度的评分，有两个突出特点。

（1）在自己和他人5分选择上：

高学历组＜初等学历组；

脑力组＜体力组。

在自己和他人3分选择上：

高学历组＞初等学历组；

脑力组＞体力组。

在自己和他人1分选择上：

高学历组＞初等学历组；

脑力组＞体力组。

在打分均值上：

高学历组 2.90＜初等学历组 2.93；

脑力组 2.83＜体力组 2.84。

评价选择中的这种情况，使人觉得初等学历组和体力组也比高学历组和脑力组更自信。

但是，初等学历组和体力组的评价选择比高学历组和脑力组带有较大的跳跃性，即在 5 分和 1 分这两种较极端的评价选择上高于高学历组和脑力组；高学历组和脑力组则显得比较均匀，集中在 3 分评价选择上，并高于初等学历组和体力组。这一点，从标准差的角度看也很明显，高学历组和脑力组的标准差是 1.49 和 1.53，都小于初等学历组和体力组的 1.62 和 1.56。

（2）在－1 分和均值的自—他差上：

高学历组＜初等学历组；

脑力组＜体力组。

这表明高学历组和脑力组在才能自信方面反而不自信于自己。

（三）感到"没法子"

课题问卷曾就理想人格和实际人格之间有距离的问题，请答卷人回答造成这种距离的原因。有五个选择项：生活水平（生活水平低，缺少提高人格素质的必要物质条件）、教育水平（即使有了钱，由于缺少教育，也意识不到人格培养的重要性）、心境（"文化大革命"留下的心理创伤重，心境不好，缺少上进热情）、没法子（做好事不得好报，老实人吃亏，个人想好也好不起来）、传统（几千年传统文化影响人的素质）。见表7—8、图7—12。

表 7—8　　　　　　实际人格素质差异的主要原因（％）

		年龄组				学历组			职业组			
	T	01	02	03	04	高	中	初	体	脑	服	学
生活水平	13.4	13.9	14.0	11.6	12.6	15.2	12.8	12.5	13.6	13.2	13.7	13.2
教育水平	17.5	18.2	19.1	19.5	18.3	22.8	15.1	13.7	14.3	20.8	12.9	22.3
心境	10.1	11.0	10.9	12.9	14.6	10.3	13.0	9.1	12.4	12.2	7.8	9.6
没法子	42.0	39.8	43.2	41.2	44.7	32.4	46.4	51.2	47.2	36.8	54.2	39.3
传统	9.9	15.1	8.0	13.4	7.8	15.6	7.2	6.1	6.1	13.5	6.7	15.6
其他	7.1	2.0	4.8	1.4	2.0	3.7	5.5	7.4	6.4	3.5	4.7	0.0

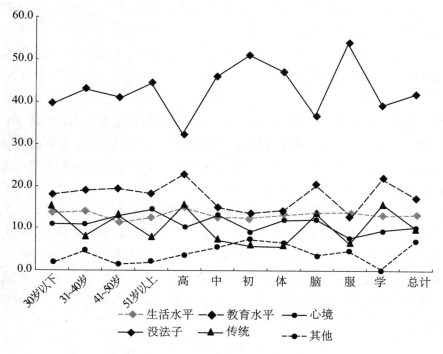

图7—12　实际人格素质差异的主要原因（％）

从表7—8总体（T）看，有1/3以上的人选择没法子项（42.0％），其次是教育水平项（17.5％），之后依次是生活水平项（13.4％）、心境项（10.1％），最后是传统项（9.9％）。

这里，除了生活水平和心境两项之外，我们把没法子作为外部原因使用，即代表主体对客体的情境规定；把教育水平及传统作为内部的原因使用，即代表主体自身受教育的程度。当把这三项原因分别纳入外因和内因时，在我们面前出现的归因状态便一目了然了：人们把原因更多地归为外部原因。

从组别选择看，有三种心理现象令人感兴趣。

（1）04组、初等学历组、体力组的选择更多的是外因型归因，主要原因是更多地归于环境因素，个人对环境无能为力，与此同时，较少归因于教育水平及传统影响。

03组、高学历组、脑力组则更多的是内因型归因，主要原因更多地归于教育及传统，较多看到我们自己受教育的程度以及传统在无意之中所起的作用。

01 组和学生组作为同龄人，对传统的作用也给予了足够的重视，但 01 组对教育项的重视却略低一等。

从表 7—6 看，在 01 组 31 岁以下这个年龄段中，高学历者占 34.0%，大部分是中等学历者，占 61.6%；脑力者占 27.4%，大部分是体力者，占 44.8%，学生占 17.2%。可见，学历和职业特点对归因选择有较大影响，其间有相关关系。服务组对教育项和传统项的偏低选择和对没法子项的偏高选择，也表现出外因型归因的倾向性。服务组中的高学历者占 10.3%，大部分是中等学历者，占 81.9%。这又一次表明高学历和脑力者更多地有内因型归因的倾向性。

（2）在上述归因中有比较明显的自我防御倾向。在认知过程中，人们有对威胁或不利于认知主体自尊心、荣誉、形象等外部事件接近—回避的心理及行为倾向。回避表现为压抑或否认或空想或逃脱等消极心理状态，这种人在自我防御研究和态度研究中被称为"压抑者"（repressor）。与此相反的人被称为"敏感者"（sensitizer），表现为投射、合理化、正视等积极状态。

在课题问卷结果中出现的自我防御心理现象，较多地表现在初等学历组和体力组对教育水平项和传统项的较低选择上。在我国，由于生产和科技发展水平较低，长期以来，高学历与初等学历、脑力与体力之间的差别很大，并且高学历的大多数是从事脑力工作，这种明显差别造成的"万般皆下品，唯有读书高"的心像多少年来时隐时现，成了众人心目中个人乃至家族荣光的象征。即使在一段时间"金钱万能"的风气下，那些转战市场南北的青年，最后毅然投奔校门学场者也屡见不鲜。笔者曾经耳闻目睹过一位专心于服装制作个体企业（众人口中的"个体户"）的青年，年挣万元，却在闲聊中对一位大学老师说，宁愿用钱买下这位老师的地位和尊严。他觉察到学历的意义，意识到教育上的不足，想到对自己的保护。可以设想，当他置身于有关人格素质差与教育水平低之间关系的讨论场合时，他会用回避教育水平归因来保护自己。这就是归因上的自我防御，或者说是自我防御型归因。这种归因和前面的外因型归因是相互关联的。把素质比较差归因于自己以外的外界状况，同时就是对自身原因的回避。

在对传统项的选择上，也有类似的自我防御倾向。传统是沉积很深、代代承续的行为、思考等生活方式，带有规律性和惰性，不知不觉，习以为常。与城市相比，传统在农村表现得更根深蒂固，农村及家族是传统的大本营；在我国城乡差别、脑体差别、学历差别相当大的情况下，在农村、在体力者和低文化者那里，传统的东西也就自然多些。问题不在于传统的东西多和少，而是人们在观念上、习惯上认定农村人、体力者和低文化者是"下里巴人"，土气。农村人、体力者和低文化者也自甘"不洋"。近年"改革"以后，农家青年进城做工甚至进大学，差不多都是以"迅雷不及掩耳"般的速度改装粉面，告别"土气"。其实，传统是一个民族文化选择的结果，有它立足和存续的历史理由和历史价值，其中包含了民族精神和精华。随着历史的发展，当人们意识到不需要、不喜欢某种行为或思考方式时，就会不再选择之。现代科技的发展、现代知识的再生，会使人们的价值选择及文化选择随之发生变化；同样，伴随着现代化的进程，人们对传统的价值会有更正当的评价和选择，会把传统的优质成分提炼得更科学，更合于需要，更益于社会生活协调和社会管理，更利于现代化发展。从这个意义上看，问题不在于传统的东西在哪些人身上多和寡，而是传统的优质成分和劣质成分何者多些、何者寡些以及对传统影响的意识水平和认知水平如何。在这方面，初等学历者和体力者、高学历者和脑力者都既有宝贵的优良传统，又有不良的传统习惯。而优良传统在很长时间里没能得到较好的发挥，这一方面和生产发展、现代科技发展水平不高、文化教育水平不高以及社会生活动荡不协调有关，另一方面也和生活在这种环境中的人对传统的识别不准确、评价不合理有关，有些人错把优质当劣质，劣质却在混乱中泛滥，成了历史之恶。从这个方面看，课题问卷结果中对传统项的选择包含了对这种传统恶作用的自我觉醒，而传统项的偏低选择，则表明对传统作用尚未达到一定的自我觉醒度，因而在选择上出现一种回避的、自我防御的心理倾向。

（3）我们感兴趣的另一种心理现象是在没法子项的选择中流露出对社会生活无可奈何这种情境规定的神色和心态。其选择频率不论在哪种人中都突出地高，就连"初生牛犊不怕虎"的青年、01组和学生组，选择频率竟然也达39％之多。按照心理互动和心理感染原则，这该是一种较大面积的互动和感染。在这种心理现象中，04组、初等学历组、体力组的表现尤甚。

在本章的前两个部分，我们曾看到答卷人对良好社会风气的美好愿望和主公道的公正态度，但在愿望和行为、态度和行为之间还有一个对社会生活的情境规定这样的中介环节。情境规定是人们根据自己或他人以往的经验、自己行为后果的期望对生活环境所做的主观规定。这种规定实际上是人们对环境的一种认知，或者说是对环境赋予某种意义，因而它是构成行为的认知成分。

对环境做何种规定、赋予何种意义，是和主体生活经验分不开的，经验是在对生活的感受、体会、判断的基础上形成的。对生活的感受、体会、判断不同，也就有不同的情境规定，赋予不同的意义；这种感受等主观体验越多、越深切，情境规定也就越固定成型。记得笔者和自己的研究生 1988 年暑假去外地一个旅游胜地调查时见到的一件事就是这样的。在和那里的服务人员一起进行操作性工作时，一位憨厚质朴、饱经风霜的长者，由于游客极多、工作甚忙而对游客耍态度。游客走后，他对笔者说过几句话，使笔者至今难以忘却。他说："老师，你可不知道，现在的人变坏了；我也变坏了；不坏不行啊。"听了以后，真有一种一下子说不清楚的感觉。近几年来，听说知识分子也有一种觉醒，就是醒悟到不能老实，因为"老实了吃亏"。于是，老实人变得不老实。

"老实人吃亏"的既成事实不能不承认，但"老实人吃亏"并不是真理。现在，问题之严重在于人们相信这个不是真理的事实，在于这种"相信"成为铁一般的心理事实。

因此，创造一个有利于老实人发挥和弘扬好品质的环境，并形成一种好风气显得格外重要。环境及风气对人能起"染"的作用，人的品质是在一定环境和风气下熏陶而成、驯化而就、学习而得。"人之初，性本善"或者"人之初，性本恶"不成道理，不是人类历史；同样，"善无善报"或者"罪无应得"也不成逻辑，不是历史事实。但是，假如风气不正、赏罚不明，则将"正不压邪"。社会心理学重视风气研究是因为风气具有心理效应。

另一方面，人对环境又有驾驭力量，有改造之力。情境规定除了环境给人们提供的条件和人们对之形成的经验之外，还取决于人们对这种力量的自信和基于这种自信产生的行为后果期望。期望值过高，会因为脱离现实而出现过大的心理落差，从而灰心丧气向后退；期望值过低，会因为远离生活而得不到应有的激励，从而得过且过，随大流。适度的期望会因为激励而努力以求。从这方面看，对没法子项的高选择和对其他问句中工作项、才干项等的低选择是一致的；同样，没法子项的低选择和其他问句中工作项、才干项等的高选择也是一致的。

至此，我们或许可以对"没法子"做出一种大概描述，即"没法子"既是一种生活态度，又是一种认知格式、一种归因，它是作为归因和认知、期望和态度的综合过程表现出来的生活哲学；它作为一种归因，属于责任归因，在给出外在原因和内在原因、有利于自尊的内因和有损于自尊的内因、赏罚分明的外因和赏罚不明的外因这种两立原因时，"没法子"归因更多的是外因型、自我防御型和随众型的；作为一种认知格式，属于不协调认知模式，主要是个人与环境、自己与他人之间的人际关系失调以及个人内部期望与失望的不协调、自信感和无力感的冲突；作为一种态度，是对挫折的回避或压抑，是在目标—手段关系上因手段不足而舍弃目标，是一种消极同时又是一种轻蔑；是有能者的无能和无能者的有能之混合性格。

　　作为课题的研究者，面对这样一些调查结果，心里并不轻松；作为课题研究的责任者，但愿这样一些结果能够成为一种生活呼唤，进而转化为响应未来召唤的力量。

第七章　做人

第八章　苦乐悲欢在人间

如果说前面几章着重于动机、认知、态度及自我意识等心理过程的考察，本章则着重于感情及其表达特点。

一、何事苦与乐

课题问卷在喜怒哀乐感情原因上设计了基本上成对的两个问句。一是您通常容易在什么事情上产生苦恼和忧虑？又在什么事情上感到幸福和愉快？前者给予的选择项有：收入（收入低，生活困难和过于疲劳），家庭（家庭不和或婚姻受挫折，子女不成才等），风气（社会风气不正，无归宿感），理解（不被人理解）、工作（工作不顺心，做非所学）；后者的选择项有：收入（收入增加，生活改善），家庭（家庭和睦或婚姻美满，子女成器），地位（有应有的社会地位或社会地位提高），尊敬（受人尊敬），工作（工作有成绩）。

（一）苦于理解
从总体看，选择频率最高的是不被理解的理解项（25.9%），其次是社会风气不正的风气项（22.8%），之后是家庭项（15.7%）、工作项（15.2%），最后是收入项（6.8%）（见图8—1）。

从组别比较上看苦于理解的选择：

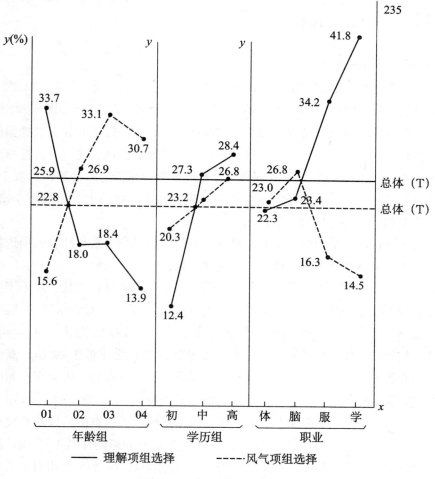

图8—1 苦于理解组别比较

01 组＞04 组；

高学历组＞初学历组；

脑力组＞体力组。

这表明在理解项的选择上，年龄大的和小的、学历高的和低的、职业脑力的和体力的相互之间存在着显著差异；年纪小的 30 岁以下组、高学历组和学生组更苦于不被理解。

服务组对理解项的选择频率也不低，占 34.2（％），表明以服务为业的服务人员层，在他们平凡、繁杂而又重要的工作中十分苦恼于人们对他们的不理解。

但 01 组、学生组和服务组在风气项的选择上却显得格外低，表明对社会风气尚不如其他组注重。

（二）乐于家庭

从总体看，对家庭项的选择居于首位（38.7％），其次是工作项（20.3％），之后依次是收入项（16.3％）、尊敬项（12.3％）、地位项（5.3％）（见图8—2）。

答卷人对家庭项的这种较高频率选择，使人立即想到对收入项的偏低选择以及在何事苦选择中对家庭项和收入项的偏低选择。在何事苦选择中家庭项占15.7％，收入项占6.8％。表明答卷人在苦与乐的事由选择上，在家庭感情上，看重的是家庭生活的和谐、和睦，精神上的乐趣和丰富，而不是收入多寡、生活水平高低。

从年龄组、学历组和职业组对何事苦与乐的家庭项选择和收入项选择看，至少有两个现象引起课题研究组的兴趣：

第一，在家庭项选择上，乐于家庭远高于苦于家庭，并且，对乐于家庭的选择频率偏高，苦于家庭的选择也偏高，但是，从对"乐"和"苦"的选择关系看，乐于家庭和苦于家庭的选择几乎成反比关系，即 03 组、初等学历组、体力组的乐于家庭和苦于家庭的选择之比低于 02 组、高学历组和脑力组，后三个组乐于家庭的选择更高于苦于家庭，表明家庭和谐程度、安宁感等与年龄、学历、职业有一定关系。

第二，在收入项选择上，乐于收入的选择同乐于家庭的选择几乎成正比，03 组、初等学历组和体力组的乐于收入的选择频率同样高于 02 组、高学历组和脑力组，但从对"乐"和"苦"的选择关系看，后三个组对乐于收入和苦于收入的选择之比，略低于前三个组。这就是说，青年比中年、高学历比低学历、脑力者比体力者更多一些苦于收入，更少一些乐于收入。

总之，通过对图 8—2 中乐于家庭和苦于家庭、对乐于收入和苦于收入的选择比较，我们感到，答卷人中中年人、低学历者和体力者比青年人、高学历者和脑力者更看重乐于家庭和苦于家庭，其中苦于家庭的比例也比后三个组要高一些；而后三个组虽然"乐"和"苦"的选择频率低于前三个组，但乐于家庭的比例要高于前三个组。相反，前三个组在乐于收入和苦于收入的选择上虽然有些高于后三个组，其中苦于收入的比例却低于青年人、高学历者和脑力者。后三个组有些更苦于收入，但比较而言，则有些更乐于家庭，更看重乐于家庭和谐及和睦。

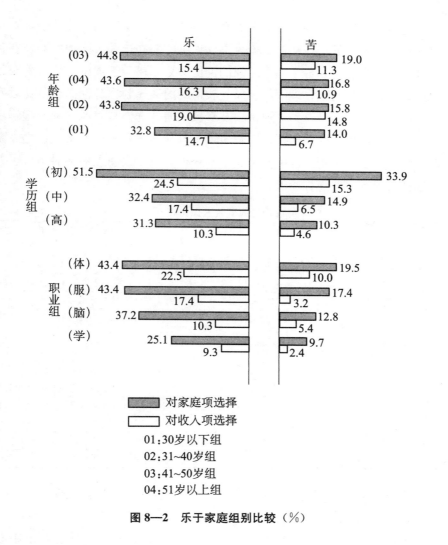

图8—2 乐于家庭组别比较（％）

（三）追求与冷漠

在对何事乐的选择结果中，工作项选择占 20.3％，仅次于家庭项，尊敬项占 12.3％，而地位项只占 5.3％（见表 8—1、图 8—3 和图 8—4）。

如果把这三项选择和何事苦选择中的工作项、理解项和风气项做比较，则会进一步看出答卷人对工作项的重视和对地位项的冷漠。为此，将何事乐和何事苦的选择频率做成列联表进行比较和分析。

（1）对表 8—1（上）、（下）总体（T）前两项选择进行比较：

乐于地位、尊敬＜苦于风气、理解。

这表示对乐于提高地位的低选择和对苦于风气不正的偏高选择，对乐于获得尊敬的偏低选择和对苦于得不到理解的偏高选择。前面我们曾在苦于理解部分看到它和苦于风气之间的密切关系，在苦于理解背后有着对社会风气的苦衷，因此，理解项和风气项得到的选择频率都偏高也就比较容易明白。这里我们又看到对地位项及尊敬项偏低选择与对风气项及理解项偏高选择之间的对应性选择，即较多苦于风气不正和较少乐于地位提高是对应的，较多苦于不被理解和较少乐于获得尊敬，表明人们在对地位、尊敬选择及追求上的一种冷漠。

表 8—1　　　　　　　　　　何事乐与何事苦选择比较（%）

（上）		T	01	02	03	04	初	中	高	体	脑	服	学
何事乐选择项	地位	4.9	6.1	3.4	4.7	7.5	4.4	4.3	7.5	4.5	6.5	3.3	5.4
	尊敬	12.3	14.9	7.9	9.4	9.9	5.5	12.5	13.5	11.1	11.3	17.3	16.4
	工作	20.3	20.0	18.2	20.7	21.3	5.3	18.3	29.5	12.1	28.5	12.4	30.4
	家庭	38.7	32.8	43.8	44.8	43.6	51.5	32.4	31.3	43.4	37.2	43.4	25.1
	收入	16.3	14.7	19.0	15.4	16.3	24.5	17.4	10.3	22.5	10.3	17.4	9.3
	其他	7.5	11.5	7.7	5.0	6.4	8.8	15.1	7.9	6.4	7.2	6.2	13.4
（下）		T	01	02	03	04	初	中	高	体	脑	服	学
何事苦选择项	风气	22.8	15.6	26.9	33.1	30.7	20.9	23.2	26.8	23.0	26.8	16.8	14.5
	理解	25.9	33.7	18.0	18.4	13.9	12.4	27.3	28.4	22.3	23.4	34.2	41.8
	工作	15.2	15.8	15.8	11.4	15.3	4.0	16.4	17.1	14.0	17.7	18.7	7.9
	家庭	15.7	14.0	15.8	19.0	17.0	33.9	14.9	10.3	19.5	12.8	17.4	9.7
	收入	6.8	6.7	14.8	11.3	10.9	15.3	6.5	4.6	10.0	5.4	3.2	2.4
	其他	13.6	14.2	8.7	6.8	12.4	13.5	11.7	12.8	15.5	13.9	9.7	13.7

（2）对表 8—1（上）、（下）总体（T）工作项选择进行比较：

乐于工作＞苦于工作。

这表示对乐于工作的选择频率稍高于苦于工作；在工作上，乐中有苦、苦中有乐，但它的趋势是乐多于苦，乐中有着对工作的一种追求，有着对实现自我需要的一种期望。

（3）从组别比较看：

高学历组、脑力组乐于地位、尊敬＞初等学历组、体力组；

高学历组、脑力组苦于风气、理解＞初等学历组、体力组；

服务组、学生组乐于尊敬、苦于理解＞脑力组。

这种选择表明，在地位、尊敬、风气、理解这种涉及社会生活和人际关系的项目上，乐与苦的选择是对应的，就是说，较多的选择苦于风气和

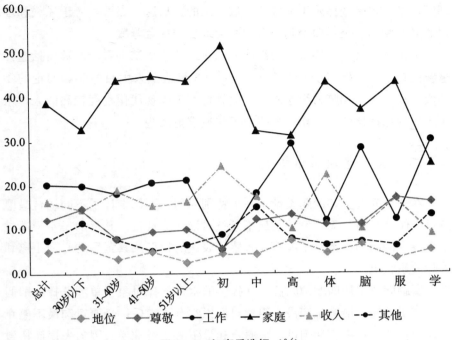

图 8—3 何事乐选择（%）

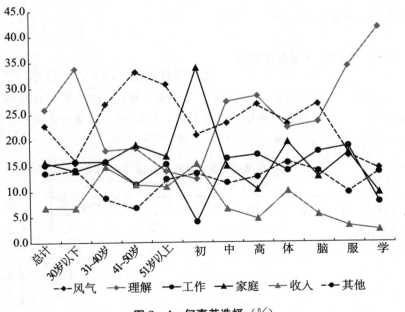

图 8—4 何事苦选择（%）

理解，是同较多选择乐于地位和尊敬一致的。从这一点看，苦于风气和理解的另一侧面，是希望得到应有的社会地位和社会尊敬。

不论从年龄组，还是学历组或者职业组的选择结果看，能够概括选择全貌的是乐于工作多于苦于工作，其中 03 组这个人生目标日趋稳定的年龄段，高学历组和脑力组这两个文化教育和工作现代化程度较高的人，乐于工作的选择比苦于工作更多些，工作追求更强些。

二、苦乐悲欢对谁诉说

在这个问题上，课题设计了一个特别问句，不仅设计了不同场合最愿意对谁倾吐衷情，而且设计了最不愿意对谁吐露真言。其目的是希望通过来自各个侧面的答案，了解答卷人感情表达的特点及其背后的心理距离和人际关系状况。

课题问卷采用四题两问法，从提供的六种选择对象中单项选择，即假如您有了苦恼，最愿意和最不愿意对谁说？有了欢乐，最愿意和最不愿意对谁说？有了棘手事和困难，最愿意和最不愿意对谁说？因为失误而招致风险或痛苦，最愿意和最不愿意对谁说？问卷提供的六种选择对象是：双亲、领导、朋友、兄弟姐妹、老师、夫（妻）。

（一）愿对双亲报喜不言忧

从表 8—2、图 8—5 至 8—13 看，在有苦恼、困难、风险时，最不愿意对双亲说，尤其在苦恼、风险场合，选择者超过 1/3，表明在苦恼情况下最不愿意让父母为自己分忧。而在有欢乐的时候，却愿意告诉自己的父母，其选择者近 1/4，愿与父母同享欢乐。

表 8—2　　　　　　　　有话最愿意和最不愿意对谁说（％）

（最愿意画√，最不愿意画×）

感情表达对象	苦恼		欢乐		困难		风险	
	√	×	√	×	√	×	√	×
双亲	10.6	34.2	23.2	4.9	13.3	29.3	12.4	37.3
领导	2.3	31.2	1.1	49.7	14.5	22.9	12.0	17.2
朋友	41.2	5.9	30.0	4.9	29.6	10.3	28.7	6.4
兄弟姐妹	4.0	4.3	5.9	4.1	5.7	9.5	5.2	4.5
老师	0.9	3.9	0.5	5.2	1.5	3.9	1.9	2.9
夫（妻）	28.1	6.9	35.7	1.9	22.8	7.8	23.9	16.3
其他	12.9	13.6	3.6	29.3	12.6	16.5	15.8	15.5

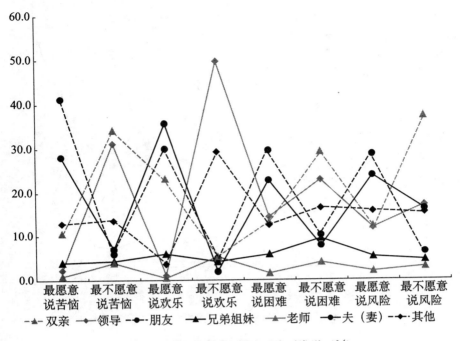

图 8—5　有话最愿意和最不愿意对谁说（%）

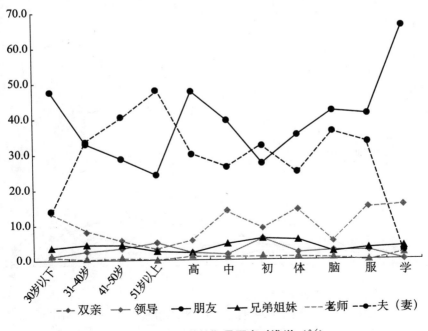

图 8—6　"有苦恼"最愿意对谁说（%）

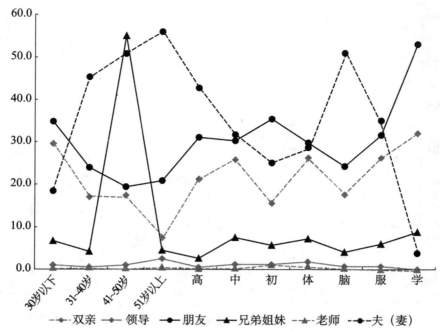

图 8—7 "有欢乐"最愿意对谁说（%）

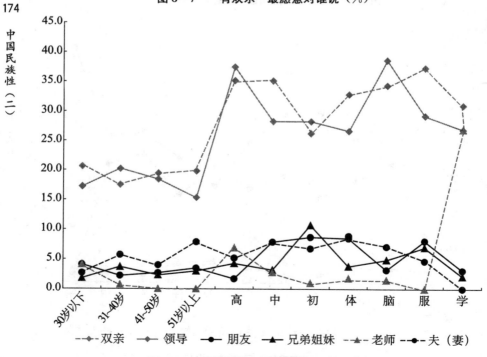

图 8—8 "有苦恼"最不愿意对谁说（%）

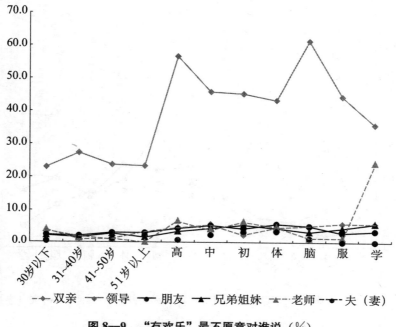

图 8—9　"有欢乐"最不愿意对谁说（%）

第
八
章

苦
乐
悲
欢
在
人
间

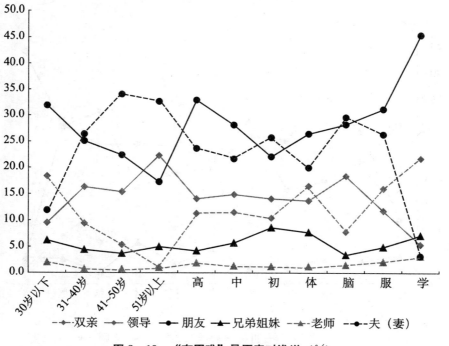

图 8—10　"有困难"最愿意对谁说（%）

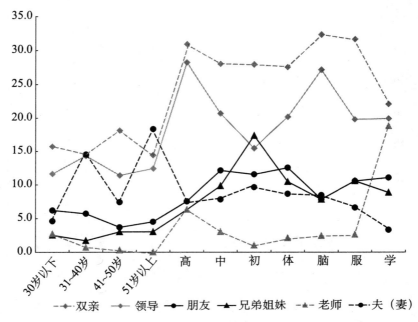

图 8—11　"有风险"最愿意对谁说（％）

中
国
民
族
性
（
二
）

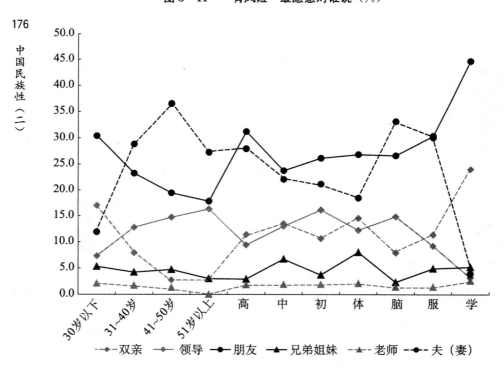

图 8—12　"有困难"最不愿意对谁说（％）

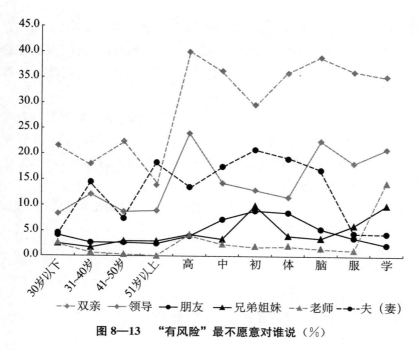

图 8—13 "有风险"最不愿意对谁说（%）

从表 8—3、图 8—5 至图 8—13 看，最不愿意（×）对双亲诉说苦恼、困难、风险的三项选择最高的是：

03 组，59.9（300%）；

高学历组，106.0（300%）；

脑力组，105.6（300%）。

从表 8—3 看，最愿意（√）把自己的欢乐告诉双亲的是：

01 组，29.5%；

中学历组，14.1%；

学生组，31.9%。

从各种组别的这种选择情况看，又是 41～50 岁 03 组、高学历组和脑力组的选择大体相同，在最不愿意对双亲诉说苦痛艰难方面都是本组别中选择频率最高，都不愿意双亲为自己分担忧痛；04 组、初等学历组和体力组在本组别中选择频率在总体上都偏低，选择状况比较相似；01 组和学生组更为接近些，尤其在有欢乐最愿对双亲说的选择上，都是选择频率最高的，表明青年学生最愿意将欢乐送给双亲，取悦于父母。

（二）愿对朋友吐真情

在有苦恼、有困难、有风险场合最愿意对谁说的选择中，选择频率普遍偏高的是朋友项，尤其在有苦恼场合对朋友项的选择近 1/2。而在有欢乐最愿意对谁说的选择中，选择频率偏高的也是朋友项，近 1/3。在这四种场合，对朋友最不愿说的选择频率都普遍低。表明对朋友既愿意诉苦难，又愿意言欢乐。

和对朋友项选择明显不同的是对领导项的选择。在上面四种场合，最不愿意对领导说的选择频率普遍偏高，尤其在有欢乐的场合，其选择近 1/2，而愿意说的选择都比较低，在有欢乐时愿意说的仅为 1.1%。这种选择表明对领导既不愿意言苦衷，也不愿意表欢乐。

从表 8—3、图 8—5 至图 8—13 最愿意（√）向朋友倾吐苦恼、困难、风险的三项选择看，最高的是：

01 组，109.9（300%）；

高学历组，111.9（300%）；

学生组，156.2（300%）。

在最愿意（√）向朋友说欢乐方面，最高的是：

01 组，34.8%；

高学历组，31.0%；

学生组，52.9%。

这就是说，在选择总体上，年轻人比年长者、高学历者比低学历者，把愿意说（√）的对象更多选择给朋友，表明更重视朋友在分担苦痛和分享欢乐方面的作用。脑力组对朋友项的选择频率比服务组稍低，和高学历组比较略低一些。但在向朋友表达自己欢乐的选择上，脑力组低于体力组。可见，脑力者虽十分珍惜朋友间的友情和互助，在欢乐场合却更多地倾心于家庭。

和对朋友的选择相比较，在四种场合都不愿（×）向领导说的是：

02 组，73.9（400%）；

高学历组，146.2（400%）；

脑力组，149.4（400%）。

尤其在有欢乐时，高学历组和脑力组的（×）选择高达 1/2 以上。这种选择表明，年轻人比年长者、高学历者比低学历者、脑力者比体力者更不愿意向领导诉苦衷、言欢乐。

总之，四种场合有话愿意或不愿意对双亲、朋友、领导诉说的选择分布，双亲项和领导项的苦恼栏和困难栏有相同的"×"（不说）高频率，欢乐

表8-3　　有话最愿意（√）和最不愿意（×）对谁说选择组别比较（%）

	苦恼				欢乐				苦恼			欢乐			苦恼				欢乐			
	01	02	03	04	01	02	03	04	高	中	初	高	中	初	体	脑	服	学	体	脑	服	学
双亲√	13.7	8.1	5.7	3.0	29.5	17.0	17.4	7.4	5.6	14.1	9.1	21.2	25.8	15.6	14.3	5.3	15.0	15.5	26.2	17.6	26.2	31.9
领导√	1.1	2.5	3.3	5.0	1.0	0.5	1.0	2.5	2.1	1.6	6.1	0.5	1.2	1.2	2.1	2.6	2.6	0.0	1.8	0.7	0.7	0.0
朋友√	47.6	33.0	28.8	24.3	34.8	23.9	19.4	20.8	47.7	39.5	27.4	31.0	30.2	29.3	35.3	42.1	41.2	66.2	29.7	24.2	31.5	52.9
兄弟姐妹√	3.5	4.4	4.3	2.5	6.7	4.2	5.0	4.5	2.1	4.6	6.1	2.6	7.5	7.2	5.7	2.3	3.3	3.8	7.2	4.1	6.0	8.8
老师√	1.3	0.5	0.7	0.0	0.4	0.5	0.3	0.5	1.2	0.8	1.2	0.2	0.3	1.8	1.1	0.7	0.0	1.9	0.7	0.3	0.0	0.0
夫（妻）√	14.1	33.5	40.5	48.0	18.4	45.3	50.8	55.9	30.0	26.4	32.3	42.7	31.6	35.3	25.0	36.3	33.3	2.5	28.6	50.9	34.9	3.8
双亲或长辈×	20.6	17.5	19.4	19.8	3.2	1.0	1.3	3.0	35.1	35.1	26.2	4.7	5.7	2.2	32.8	34.3	37.2	30.9	4.7	4.7	5.7	5.7
领导×	17.2	20.2	18.4	15.3	23.0	27.3	23.7	23.3	37.4	28.2	28.2	56.6	45.8	45.2	26.6	38.5	29.1	26.8	43.2	61.3	44.3	35.6
朋友×	4.1	2.2	2.7	3.5	2.3	2.0	3.0	3.0	1.7	7.9	8.7	4.4	5.3	4.3	8.5	3.2	8.1	3.1	5.7	5.0	2.9	3.4
兄弟姐妹×	1.8	3.7	2.3	3.0	2.1	1.5	2.7	1.5	4.3	3.2	10.7	3.4	4.4	5.4	3.8	4.9	7.0	2.1	4.4	3.2	4.3	5.7
老师×	4.1	0.7	0.0	0.0	4.1	1.2	1.0	0.0	6.9	2.8	1.0	6.8	4.2	6.5	1.8	1.5	0.0	26.8	4.9	1.2	1.4	24.1
夫（妻）×	2.7	5.7	4.0	7.9	0.3	1.7	1.0	2.0	5.2	7.9	6.8	0.7	2.3	3.2	8.9	7.1	4.7	0.0	3.4	1.2	0.0	0.0

续前表

中国民族性（二）

关系	困难				风险			困难				风险			困难				风险		
双亲√	18.4	9.4	5.4	1.0	17.0	7.9	2.7	3.0	11.3	11.5	10.4	13.5	10.6	16.5	7.8	16.0	21.8	14.5	7.9	11.3	23.9
领导√	9.5	16.3	15.4	22.3	7.3	12.8	14.7	16.3	14.1	14.9	14.1	13.0	16.1	13.7	18.4	11.8	5.4	12.2	14.8	9.2	3.2
朋友√	31.9	25.1	22.4	17.3	30.4	23.2	19.4	17.8	33.0	28.2	22.1	23.7	26.1	26.5	28.3	31.3	45.5	26.8	26.6	30.3	44.5
兄弟姐妹√	6.2	4.4	3.7	5.0	5.3	4.2	4.7	3.0	4.2	5.7	8.6	6.7	3.7	7.7	3.4	4.9	7.1	8.0	2.3	4.9	5.2
老师√	2.0	0.7	0.7	1.0	2.1	1.7	1.3	0.0	1.9	1.3	1.2	1.9	1.9	1.2	1.5	2.1	3.2	2.1	1.4	1.4	2.6
夫（妻）√	11.9	26.4	34.1	32.7	11.9	28.8	36.5	27.2	23.7	21.7	25.8	22.0	21.1	20.0	29.7	26.4	3.2	18.4	33.1	30.0	3.9
双亲或长辈×	15.7	14.5	18.1	14.4	21.6	18.0	22.4	13.9	30.9	28.0	27.9	36.3	29.7	27.5	32.3	31.6	22.0	35.9	39.0	36.1	35.2
领导×	11.6	14.3	11.4	12.4	8.3	12.1	8.7	8.9	28.2	20.6	15.4	14.3	12.9	20.1	27.1	19.7	19.8	11.5	22.5	18.1	20.9
朋友×	6.2	5.7	3.7	4.5	4.2	2.7	2.7	2.5	7.5	12.1	11.5	7.2	8.9	12.5	7.8	10.5	11.0	8.5	5.3	3.6	2.2
兄弟姐妹×	2.5	1.7	3.0	3.0	2.5	1.7	3.0	3.0	6.3	9.8	17.3	3.4	9.9	10.4	7.8	10.5	8.8	4.0	3.5	6.0	9.9
老师×	2.7	0.7	0.3	0.0	2.7	0.7	0.3	0.0	6.3	3.0	1.0	2.4	2.0	2.1	2.4	2.6	18.7	2.1	1.6	1.2	4.4
夫（妻）×	4.6	14.5	7.4	18.3	4.6	14.5	7.4	18.3	7.5	7.8	9.6	17.5	20.8	8.6	8.4	6.6	3.3	19.0	16.8	14.5	4.4

栏却有不同的"√"（说）和"×"（不说）高频率，即对双亲不说苦恼和困难，但说欢乐；对领导既不道苦恼和困难，又不言欢乐。在朋友项和双亲项的欢乐栏有相同的"√"高频率，但在苦恼栏、困难栏和风险栏，朋友项有远高于双亲项的选择频率，而"×"的选择频率甚低，既对朋友言欢乐，又对朋友诉苦痛。朋友项在这三项中是社会生活中相互理解、相互帮助的重要力量。

（三）愿与夫（妻）同甘共苦

表8—2中还有一种分布是有意思的，这就是在四种场合对夫（妻）项最愿意说（√）的较高选择，表明对夫（妻）不仅言欢乐，而且诉苦痛。从对欢乐栏√的选择看，对夫（妻）项的选择是最高的，即在欢乐时，和双亲、朋友比较，最愿意说的是夫（妻）。这一点，颇似乐于家庭的选择。

在表8—3中，除了欢乐场合，其他三种场合，最愿意说（√）的选择最高的是：

04组，107.9（300%）；

高学历组，81.6（300%）；

脑力组，99.1（300%）。

04组对夫（妻）项的选择远高于对朋友项的选择，高学历组、脑力组两个组则低于对朋友项的选择。

在对欢乐场合的选择上，同样是04组选择遥遥领先：

04组，55.9%；

高学历组，42.7%；

脑力组，50.9%。

但是，高学历组和脑力组对欢乐场合下夫（妻）项（√）的选择却远高于朋友项。

这种选择表明，04组、高学历组和脑力组在对夫（妻）项的选择上有共同点，即都愿意对自己的家人倾吐苦乐悲欢；又有不同点，即在对夫（妻）和朋友的选择上，04组更看重家人，高学历组和脑力组在苦恼、困难、风险场合更多选择朋友项，在欢乐场合更多选择夫（妻）项。

另外，在风险场合对夫妻项的选择，04组＜03组，而高学历组＞初等学历组，脑力组＞体力组。这种状况，多少能够表明在对待风险上，04组、初等学历组和体力组更少有冒险精神。

至此，我们不能忘记的是在这四种场合下对兄弟姐妹和老师两项的选择。对这两项的选择频率比较低，并且比较均匀，就是说，在四种场合，不论愿意向兄弟姐妹或老师说还是不愿意说的选择都比较低。可见，在有苦恼、欢乐、困难和风险的时候，兄弟姐妹、老师所能起到的感情沟通和互助的作用是微小的。

总之，对夫（妻）项选择的特殊之点是欢乐栏"√"的高频率选择，不仅在有苦恼、困难和风险时向夫（妻）倾吐，而且更把欢乐带给家人。这种选择是夫（妻）项有别于朋友项及双亲项的选择。从这里可以进一步明白前面曾出现的重视家庭和睦、乐于家庭的问卷结果。

三、感情"百花园"

笔者很想借用人们喜闻乐见的"百花园"这个形式，从另外的角度描述和解释"苦乐悲欢在人间"。

（一）人间有爱戴、理解，又有隔阂

上述四种场合对双亲、朋友、领导、夫妻四项的不同选择，表现出不同的感情关系（见图8—14）。

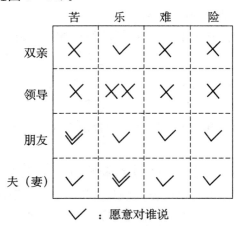

图8—14 感情丛

对双亲项在苦恼、困难、风险三栏"×"的偏高选择和欢乐栏"√"的偏高选择，突出表明对双亲的爱戴之情，不在苦难悲痛中刺激父母心，却愿欢乐到来时送上欢乐情，这一点在01组和学生组尤为突出，在其他组，高学历组比低学历组、脑力组比体力组更突出些。

对朋友项在苦恼、欢乐、困难、风险四栏√（说）的偏高选择，尤其苦恼栏√（说）的高频率选择，突出表明朋友之间排忧解难的理解和互助关系。这在01组和学生组尤为突出，在其他组，高学历组比低学历组、脑力组比体力组更突出些。

与对朋友项四栏"√"的偏高选择相反，对领导项四栏"×"的偏高选择，尤其欢乐栏"×"的高频率选择，突出表明与领导之间的感情隔阂，其中02组、高学历组、脑力组更为突出些。

对夫（妻）项四栏"√"的偏高选择，尤其欢乐栏"√"的高频率选择，突出表明夫妻间的同甘共苦关系。在感情选择园地里，年长组比年轻组、高学历组比低学历组、脑力组比体力组要强烈得多。

我们沿着表8—2、表8—3如此看下去，真像是到了一个充满人间艰辛和欢乐的"百花园"，人间喜怒哀乐都几乎毫无保留地袒露在这里。它使人感觉到的不是一堆数字，而是一群群人的心和情，一群群人的悲欢苦乐各有诉说。

笔者从丰富多彩的"百花园"摘取与课题研究有关的几组"感情丛"，并予以浓缩，转换为"√"和"×"符号，再编成图。于是，呈现在我们面前的是由"√"和"×"构成的感情沟通图。

图8—14中的"√"表示选择频率高于该栏"×"选择；反之亦然，"×"表示选择频率高于该栏"√"选择；"√"和"××"代表同栏选择中的最高频率。于是，我们从这个感情丛图中可以看到，同是"×"选择栏，不愿意对父母说和不愿意对领导说，其意义不同，因为最能表达爱心的是欢乐栏；同是"√"选择栏，愿意对朋友说和对夫（妻）说，其意义也有不同，对朋友重于诉说苦痛，对夫（妻）重于表露欢乐。

（二）人有交友之恋，也有天伦之乐

在图8—15中，最佳选择项是朋友项和夫（妻）项。对这两项选择结果做比较，将会使我们进一步看到答卷人的感情表达特点。对这两项选择结果的比较是以前面表8—3中"√"的选择频率为基础，并把高频率

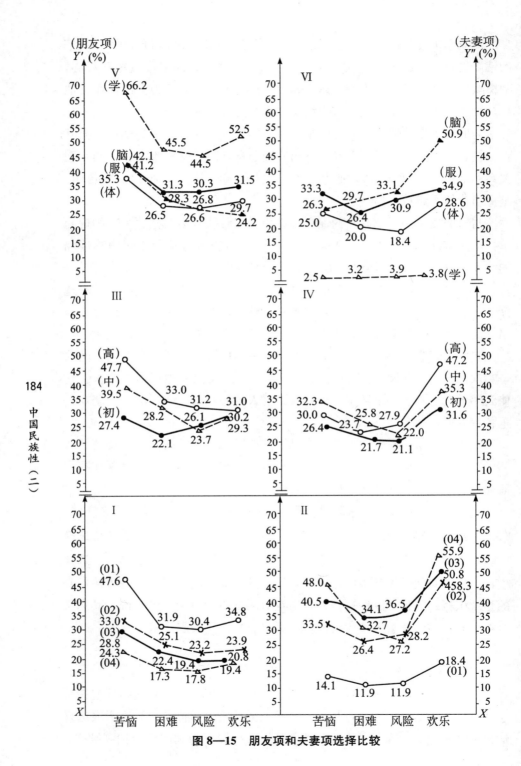

图 8—15　朋友项和夫妻项选择比较

的苦恼、欢乐两栏置于明显位置，使用二维图予以展开，将年龄组、学历组和职业组合成一个并联图。

图 8—15 中横轴 X 代表苦恼、困难、风险、欢乐四种场合；纵轴 Y 代表四种场合下对朋友项的选择频率，Y'' 代表对夫（妻）项的选择频率。三个组构成的并联图共有六个象限，看上去很有趣味。

纵看朋友项选择，在 Ⅰ、Ⅲ、Ⅴ 象限选择频率领先者是 01 组、高学历组和学生组，其中 01 组和学生组遥遥领先，十分活泼；另外，从 01 组和 04 组比较、高学历组和初学历组比较以及脑力组和体力组比较看，都是前者选择频率高于后者，表明前者更倾心于朋友，更迷恋于友谊。

纵看夫（妻）项选择，在 Ⅱ、Ⅳ、Ⅵ 象限选择频率居上者，总体上是 04 组、高学历组、脑力组，而在朋友项中遥遥居上的 01 组和学生组，如同沉沉的金豆，明亮却无声无息地落在最下边，似乎在表明，他们现在还没有到达人生那一阶段。年长组、高学历组、脑力组，在他们经历过自己的一段人生历程后，深感天伦之乐不可或缺。

横看年龄组 Ⅰ、Ⅱ 象限的选择频率，01 组离其他 02、03、04 三个组更远些，更少有共同性；其他三个组虽有选择上的不同，却大同小异，共有的感情状态更多些。

横看学历组 Ⅲ、Ⅳ 象限的选择频率，几乎成对称状态：对朋友的诉苦衷和对夫（妻）的表喜悦一起上升，人生苦和乐自有言表处；但在家人中，更有苦中乐和乐中苦。

横看职业组 Ⅴ、Ⅵ 象限，除了学生组的上下起伏，其余三个组的选择略有不同：脑力组的欢乐栏选择最突出，和交友言欢诉苦相比，可能更愿意享受天伦之乐。

图 8—15 全幅画面使我们愉快而又深切地感到，在众多答卷人笔下渗透出，苦乐之中感情有归宿。年轻人和学生的朋友恋、交友迷，所有过来人都曾有之；年长者各行各业的天伦之乐，乐在其中。

（三）苦乐悲欢，有向心还有离心

这部分想使用同心圆方式，对四种场合下双亲项、领导项、朋友项和夫（妻）项的各种选择，做一种概貌性的描述和解释。

根据表 8—3 中的选择频率，我们可得到答卷人总体在倾吐苦乐悲欢情感时对双亲、领导、朋友、夫妻各项选择上频率大小的次序，有四级。

根据这种顺序确定各点在同心圆图中的位置。在四级同心圆中，落在第一圆内为"最愿意说"项，排在第一位，依次是第二、第三、第四圆内的第二、第三、第四位选择。图8—16中的四个轴则表示"有欢乐"、"有苦恼"、"有风险"、"有困难"四项内容，这样，各点离圆心的距离级别表明了与答卷人的关系级别或心理距离的层次，也就是一种向心—离心关系。图8—17、图8—18与图8—19基本上与图8—16相同，只不过是这些图为了显示不同组别的比较，将四类问题分放在四个象项，而以各象项中的几条经线来表示各组差别。

图8—16表明：

落在第一、第二圆内的均为"○"（朋友项）和"●"（夫妻项）；

落在第三圆内多为"□"（双亲项）

落在第四圆内多为"■"（领导项）。

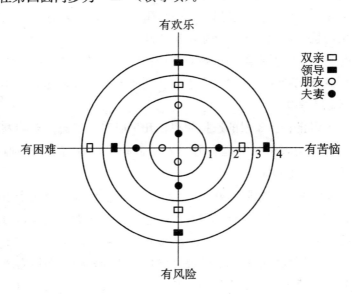

图8—16 心理距离上的向心—离心关系

所以，可以认为心理距离上最亲近的是夫妻，其次是朋友，再次是双亲，领导则是最遥远的；而对于未婚者，最亲近的是朋友，其次是双亲，领导也是最遥远的。人们与夫妻、朋友之间是同心、向心的关系，与领导之间则是一种离心、背心的关系。对夫（妻）人们可以倾诉心中的苦与乐；对双亲，有明显的"报喜不报忧"的倾向，这可能与孝的意识有关；对朋友，人们也可以畅所欲言，但不如夫妻密切；对领导，人们的心理距离较大，只有在"困难"项上，领导才进了第三圆，这可能与很多困难的解决有求于领导有关。

图8—17表明，02、03组心理距离顺序排列一样，而01组与04组有特殊之处，其与众不同可能并非由于年龄的影响，这在前面已做了说明。又由表8—3可知，从频数看，年龄越轻者，与领导交谈的心愿越弱，而与朋友交谈的心愿越强。

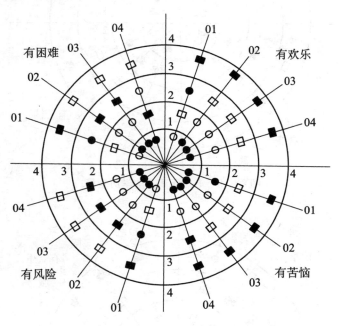

图8—17 心理距离上的年龄差异

图8—18表明，高、中学历组心理距离顺序一样，初等学历组与他们略有区别，表现在：有了苦恼、困难时，高、中学历与朋友交谈的可能性最大，与夫妻交谈的可能性次之，而初等学历者与夫妻交谈的可能性最大，与朋友交谈的可能性次之。

图8—19表明，体力、脑力劳动者的区别在于：脑力劳动者与夫（妻）谈论风险、困难、欢乐的可能性最大，而体力劳动者与朋友谈论风险、困难、欢乐的可能性最大。体力劳动者的第一圆内的四项选择均为"○"——朋友，这也许是因为体力劳动者的夫妻关系的平等程度不及脑力者。脑力者有了风险、困难更不愿意告诉父母。

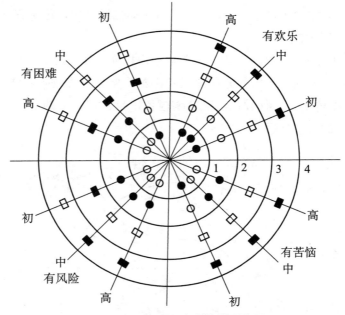

图8—18　心理距离上的学历差异

中国民族性（二）

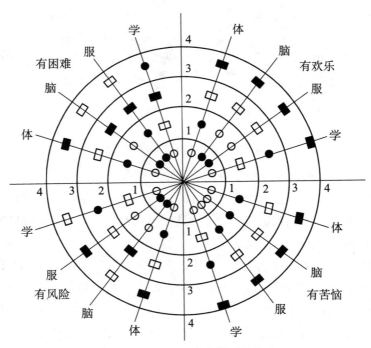

图8—19　心理距离上的职业差异

第九章　性格结构特点

对于本课题来说，问卷调查的最终工作不是寻找构成中国人民族性格的主要要素及其相互关系，对这种构成要素的寻求尚需做更多更具体更多次数的调查研究和反复验证。现在课题研究想做的事情是，通过问卷在目前所能设计的问句和选择项，了解对各种问句的各种选择方式及其特点，进而从总体上考察中国人民族性格的结构特点。

笔者在这里概括出来的性格结构特点主要有以下几个论点和论证依据：

中国人民族性格结构具有双重性及匀称性；

基于民族性格结构的民族精神是魂和知的圆满结合，刚和柔的圆满结合。

以上论点全部建立在对问卷结果的共有性分析和心理反差分析以及中国传统文化的儒道之间分析的基础上。

一、性格结构双重性特点

世界上任何事物都有正有负、有真有伪、有善有恶、有美有丑，也有前有后、有来有往等等两种相反的特性，它们一起构成事物的正反两个方面，相辅相成。只是在以人为主体的社会生活中，这样一些特性究竟有何意义，为何能够相反又相成，如何相反并相成等，都离不开人们基于一定实践的价值观念和价值选择以及行为取向。事物属性的二重性给人们的心理世界带来了双重结构的可能性，使人们能够这样或那样地、正确或不正确地反映事物正的一面或负的一面、真的一面或伪的一面、善的一面或恶的一面等等，并由此准确地识别、判断和认识事物所具有的不同侧面。

人格是一种结构体，同样有着二重属性。假如一种人格特质在社会生活中被人们评价并选择为正的人格特质，那么，与之相对立的另一种人格特质也就处于人们评价和选择的另一极，即负人格特质；正人格特质见之于行动，负人格特质也就不会构成行为。然而，社会是复杂的，人也是复杂的，人们为了适应或改变复杂的生活，有时可能会两种人格特质同时兼而有之，各有用场，这就是通常所说的人格冲突现象。

民族性格也是一种结构体，同样有着二重属性，有不同属性的人格特质的并存及冲突。英格尔斯在《民族性格》中曾经谈到，民族性格研究同样会接触到人格研究中的中心问题即冲突和认同问题。人为了保持内部平衡和安定感，常常对冲动进行极度控制和在外部表现出文雅，有恰如其分的姿态、动作和礼仪做法。马斯洛在《完整人性》一书中也谈论到人性的双重结构。他认为，在人的需要和满足需要上，在人的要求和它的限度、应该得到的和能够得到的方面，高层次和低层次、神性和动物性是统一的，为了高层的需要可以放弃低层次需要。

无论从哪个方面讲，都说到性格结构双重性问题。课题研究中接触到的性格结构双重性问题是民族性格所具有的结构双重性，是指构成民族性格的各种人格特质之间的相互排斥、相互反对又相互融合、相互补充的关系。

如果说任何民族的性格结构都有双重性，那么，中国人民族性格双重性则有独特特点，有对人格冲突特有的处理方式和认同方式。正是这种特点、这种特有的方式，把中国人和西方的意大利人、英国人、德国人、法国人、美国人，甚至东方的日本人等等区别开来。

中国人民族性格的双重性，在课题研究中主要表现在理想人格与实际人格之间的明显差异、对立、排斥和均衡、调和、弥补上，而理想的和实际的双重性又通过自—他关系表现出来。关于这一点，笔者认为课题问卷中屡次出现的自—他心理反差或许就是民族性格结构双重性的一种证据。

（一）心理反差的共有性

前面曾经提出过，民族性格具有共有性，它必须是一个民族中比较成熟的成人共有的性格；没有这种共有性，民族成员之间就无法沟通，无法受教和教人，无法认识和表达、保持和发扬民族传统，民族无法存续和发展。性格共有性是民族成员之间共同语言和共同行动的心理基础。

民族性格的共有性包含构成民族性格的主要要素（主要成分）的共有性和基于构成要素的性格结构特点或方式的共有性，在统计学上就是英格尔斯等使用的频数概念、最频值。这两个方面的共有性，在课题问卷结果中表现为对问卷的比较一致的回答和回答方式上的心理反差特点。

这里用以论述民族性格结构特点的是心理反差现象的共有性。

论证心理反差共有性的方法是使用关联矩阵及其意义解释。并且，采用对部分问句和选择项（不是全部问句和选择项）的统计及解释做论证。采用的是关于人生价值、改变社会地位两个问句及选择项。下面对关联矩阵予以说明，然后做出综合判断。

1. 相关矩阵的建立

所谓相关就是两个或多个变量之间相互关系的一种测度。进行相关分析的变量间不存在严格的数量关系，只是在某个问题上的不同程度的联系；通常认为相关的变量间彼此存在着某种伴随变化的关系。但是由于所考察变量间的测量层次可以有不同原因，对相关的理解也就可以有所不同。

课题在对自—他反差等进行分析时，采用了等级相关的分析手法。在自—他反差分析中，很自然会提出这样一些问题：职业、年龄、学历三个变量内的各成分对自己和对他人在某些问题看法上的一致性有何差别？差别程度又怎样？等等。我们在对自—他反差进行分析时，根据这个课题特点和有关描述统计资料，利用斯皮尔曼等级差数相关系数法，得到变量内各成分间等级相关系数 r_s，其计算公式为：

$$r_s = 1 - \frac{6\sum D^2}{N(N^2-1)}$$

式中，D 表示对应等级之差，N 表示等级对数目。

为了进行等级相关计算，首先制作一种等级表。一方面，利用等级表可得到各变量组以及每变量组内各成分看法上的共有性。这种共有性正是民族性格研究所要求的。值得一提的是，我们在进行这种一致性分析时没有采用常见的一百分比例交互表，而是将其抽象为简单的等级，这就避免了前种分析方法容易遗漏某些微小数字等弊端。另一方面，利用这种等级表，进行等级相关的计算，并依此进行自—他反差的分析。

等级表中等级构成的依据是变量内各成分对每一问题各条款的选择频数，因此这里的各等级排列表明了变量内各成分对某一问题看法的一致性程度。这里，我们不妨把每一变量看做自量 $\overline{X}$，$\overline{Y}$，$\overline{Z}$；$\overline{X}=(\overline{x}_1,\overline{x}_2,\overline{x}_3,\overline{x}_4)$，$\overline{Y}=(\overline{y}_1,\overline{y}_2,\overline{y}_3,\overline{y}_4)$，$\overline{Z}=(\overline{z}_1,\overline{z}_2,\overline{z}_3,\overline{z}_4)$。其横可看做变量内构成对某问题中各条款选择频数的某种组合，对此不做更多的分析，只是将其看做 $|x|$ 即可。同时把理想态的选择看做基态（辐角 $\theta=0$）。根据相关系数的几何定义（这里假定各自量间呈直线关系），其辐角就可由 $\theta=\text{arc cos}r_s$ 求得，经过这种变换，我们根据变量内各组在不同状态下的一致性分析，就很容易看出自—他反差的特性。

根据表6—5、表6—6、表7—1、表7—2所做的相关矩阵共有8个，并做如下分析（见表9—1至表9—8）。

2. 相关分析

表9—1 人生价值选择等级序位

	应有的 X	实际上的		D^2		
		自己 Y	他人 Z	$(x-y)^2$	$(x-z)^2$	$(y-z)^2$
人品、名声	1	1	4	0	9	9
知识、力量	2	3	6	1	16	9
健康、家庭	3	2	5	1	4	9
地位、权力	5	5	2	0	9	9
金钱、财产	6	4	1	4	25	9
不知道	4	6	3	4	1	9
Σ				10	64	54

注：根据表6—5制。

根据表9—1求等级相关系数如下。

应有的与实际中的自己在人生价值选择上的相关程度 r_1 为：

$$r_1 = 1 - \frac{6\sum D^2}{N(N^2-1)} = 1 - \frac{6\times 10}{6\times(36-1)} = 0.71 \text{（较强相关）}$$

应有的与实际中的他人之间在人生价值选择上的相关程度 r_2 为：

$$r_2 = 1 - \frac{6\times 64}{6\times(36-1)} = -0.83 \text{（强负相关）}$$

实际中的自己与他人之间在人生价值选择上的相关程度 r_3 为：

$$r_3 = 1 - \frac{6\times 54}{6\times(36-1)} = -0.54 \text{（中度负相关）}$$

由等级相关系数做出人生价值选择的相关矩阵：

$$
\begin{array}{ccc}
X & Y & Z
\end{array}
$$
$$
\begin{bmatrix}
1 & 0.71 & -0.83 \\
0.71 & 1 & -0.54 \\
-0.83 & -0.54 & 1
\end{bmatrix}
\begin{array}{c}
X \\
Y \\
Z
\end{array}
$$

从等级相关系数看，应有的与实际中自己的选择一致性较强，其等级相关系数 $r_s = 0.71$。

由等级相关系数来看，应有的与实际中的他人之间的等级相关系数 $r_s = -0.83$，实际中自己与他人之间 $r_s = -0.54$ 分别呈高负相关和中度负相关，说明对他人的看法理想的与实际中自己的看法呈反向一致，对此关系如果我们用自量图表示的话就非常明了。

下面进行组别比较，以考察答卷结果的一致性。

表 9—2 是四个年龄组对人生价值选择的等级排列表。

表 9—2 　　　　　　　　　**年龄组人生价值选择等级**

	应有的				实际中自己				实际中他人			
	01	02	03	04	01	02	03	04	01	02	03	04
	X_1	X_2	X_3	X_4	Y_1	Y_2	Y_3	Y_4	Z_1	Z_2	Z_3	Z_4
人品（名声）	2	1	1	1	1	1	1	1	4	5.5	4	5
知识（力量）	1	2	2	2	2	3	3	3	6	5.5	5	6
健康（家庭）	3	3	3	3	3	2	2	2	5	4	6	4
地位（权力）	5	4	4	4	4	6	5.5	4	2	2	2	2
金钱（财产）	6	5	6	6	5	4	4	5	1	1	1	1
不知道	4	6	5	5	6	5	5.5	6	3	3	3	3

注：根据表 6—6 制。

在用上述同样方法求出等级相关系数后，做出年龄组人生价值选择相关矩阵：

$$
\begin{array}{cccc}
X_1 & X_2 & X_3 & X_4
\end{array}
\qquad\qquad
\begin{array}{cccc}
Y_1 & Y_2 & Y_3 & Y_4
\end{array}
$$

$$
\begin{bmatrix}
1 & 0.77 & 0.89 & 0.89 \\
0.77 & 1 & 0.94 & 0.94 \\
0.89 & 0.94 & 1 & 1 \\
0.89 & 0.94 & 1 & 1
\end{bmatrix}
\begin{matrix} X_1 \\ X_2 \\ X_3 \\ X_4 \end{matrix}
\qquad
\begin{bmatrix}
1 & 0.77 & 0.84 & 0.94 \\
0.77 & 1 & 0.99 & 0.83 \\
0.84 & 0.99 & 1 & 0.90 \\
0.94 & 0.83 & 0.90 & 1
\end{bmatrix}
\begin{matrix} Y_1 \\ Y_2 \\ Y_3 \\ Y_4 \end{matrix}
$$

$$
\begin{array}{cccc}
Z_1 & Z_2 & Z_3 & Z_4
\end{array}
$$

$$
\begin{bmatrix}
1 & 0.90 & 0.94 & 0.94 \\
0.90 & 1 & 0.81 & 0.99 \\
0.94 & 0.81 & 1 & 0.83 \\
0.94 & 0.99 & 0.83 & 1
\end{bmatrix}
\begin{matrix} Z_1 \\ Z_2 \\ Z_3 \\ Z_4 \end{matrix}
$$

$$
\begin{array}{cccc}
X_1 & X_2 & X_3 & X_4
\end{array}
\qquad\qquad
\begin{array}{cccc}
X_1 & X_2 & X_3 & X_4
\end{array}
$$

$$
\begin{bmatrix}
0.77 & 1 & 0.94 & 0.94 \\
0.66 & 0.77 & 0.71 & 0.71 \\
0.64 & 0.84 & 0.76 & 0.76 \\
0.66 & 0.94 & 0.89 & 0.89
\end{bmatrix}
\begin{matrix} y_1 \\ y_2 \\ y_3 \\ y_4 \end{matrix}
\qquad
\begin{bmatrix}
-0.94 & -0.66 & -0.77 & -0.77 \\
-0.96 & -0.79 & -0.90 & -0.90 \\
-0.83 & -0.60 & -0.71 & -0.71 \\
-1 & -0.77 & -0.89 & -0.89
\end{bmatrix}
\begin{matrix} Z_1 \\ Z_2 \\ Z_3 \\ Z_4 \end{matrix}
$$

$$
\begin{array}{cccc}
Y_1 & Y_2 & Y_3 & Y_4
\end{array}
$$

$$
\begin{bmatrix}
-0.66 & -0.60 & -0.56 & -0.60 \\
-0.79 & -0.70 & -0.66 & -0.70 \\
-0.60 & -0.66 & -0.61 & -0.66 \\
-0.77 & -0.66 & -0.61 & -0.66
\end{bmatrix}
\begin{matrix} Z_1 \\ Z_2 \\ Z_3 \\ Z_4 \end{matrix}
$$

从相关矩阵看：

（1）对实际中他人的看法最为一致，其中 02 组与 04 组几乎完全一致（$r_s = 0.99$），02 组与 03 组在 Z 阵中是相关最差的，但仍为 0.81，也属强相关。

（2）对应有的与实际中自己的看法也比较一致，但比对实际中他人的看法一致性稍差些，其中 X 阵 03 组与 04 组的看法完全一致（$r_s = 1$）；Y 阵中 02 与 03 组看法几乎完全一致（$r_s = 0.99$）；在 X、Y 阵中看法最为不一致的都是 01 与 02 组，r_s 均为 0.71。

（3）各年龄组对应有、实际中自己、实际中他人的人生价值选择的等级相关系数可构造成（Y，X）阵、（Z，Y）阵、（Z，X）阵。

从三阵主对角线元素看，在（Y，X）阵中，其值都基本一致，仅是

04 组认为应有的与实际中的自己最为接近（r_s 最大，为 0.89），应有的与他人和自己与他人在人生价值选择上所构造的矩阵 $(Z，X)$ 和 $(Z，Y)$ 均为负阵，说明各年龄组对应有的与实际中他人、实际中自己与实际中他人在人生价值选择上呈反向关系，在这里 $(Z，X)$ 阵中各元素基本上都小于 $(Z，Y)$ 中的元素，这也比较好理解，说明人们认为应有的是理想的人生价值选择，自己的选择与理想的选择有一定的差距［从 $(Y，X)$ 阵中可看出］，然而实际中他人与自己相比还不如自己，他人与理想的就更差了，其负的一致性程度最高。

值得注意的是，在 $(Y，X)$、$(Z，X)$、$(Z，Y)$ 三阵中，主对角线上 r_s 绝对值最小的都是 03 组所做有关选择的等级相关系数，由此就可看出 03 组与其他年龄组相比自—他反差最小，自己与应有的人生价值选择差距最大，下面针对每一矩阵就此结论做具体分析。从 $(Y，X)$ 阵中可见，03 组对应有的与实际中自己在人生价值选择上的等级相关系数 $r_s =$ 0.76，比其他年龄组相应的 r_s 都小，这说明 03 组认为自己对应有的与实际中自己的人生价值选择上比其他年龄组来说差别是最大的；04 组的相应 $r_s = 0.89$，在四个年龄组中最大，说明 04 组认为自己在人生价值选择上与应有的人生价值最为接近。从 $(Z，X)$ 以及 $(Z，Y)$ 阵中可见，主对角线上 03 组所对应的 r_s 分别为 -0.71、-0.61，均比其他年龄组所对应的 r_s 小，说明 03 组认为实际中的他人所做的选择与应有的及实际中自己所做的选择与其他年龄组相比都是负相关最小，这也反向说明 03 组在自—他反差与应有—他人的反差在四个年龄组中最小。通过分别对三相关矩阵主对角线上元素的分析，不难看出 03 组在选择上所表现的自—他反差最小，相对来说所做的对自己、对他人的判断最为客观。对于这些特征，若我们对相关矩阵中各位置元素含义比较熟悉，或通过下文所讲到的向量图分析法，就很容易看出各变量选择的有关特性。

观察 $(Y，X)$、$(Z，X)$、$(Z，Y)$ 三阵中第一列元素值可发现，除 $(Z_3，Y_3)$ 外其余均小于各阵中同行元素。对 $(Y，X)$ 阵来说，这一现象说明 01 组对应有人生价值的选择与所有年龄组对实际中自己所具有的人生价值选择的差别最大，不一致程度最高；在 $(Z，X)$ 阵与 $(Z，Y)$ 阵中，这一现象也说明了同类问题，就是说 01 组对应有的及对实际中自己在人生价值上的选择，与各年龄组对实际中他人的选择的差别最大，不一致程度也最高，尤其在 $(Z，X)$ 阵中这一现象最为突出，在人生价值选择的等级上几乎呈完全反向的选择关系。依此方法还可对 03 组在（Y，X）、（Z，X）、（Z，Y）反向的选择关系和对相关矩阵中有关行、列元素进行对比分析，而且很容易看出有关年龄组间在对不同类型的人生价值选择上的差异性。

下面使用表 9—3 和相关矩阵对学历组人生价值选择进行相关分析。

学历组人生价值选择相关矩阵：

$$
\begin{array}{ccc}
X_1 & X_2 & X_3 \\
\end{array}
$$

$$
\begin{bmatrix}
1 & 1 & 0.94 \\
1 & 1 & 0.94 \\
0.94 & 0.94 & 1
\end{bmatrix}
\begin{array}{c}
X_1 \\
X_2 \\
X_3
\end{array}
\qquad
\begin{array}{ccc}
Y_1 & Y_2 & Y_3 \\
\end{array}
\begin{bmatrix}
1 & 0.93 & 0.54 \\
0.93 & 1 & 0.76 \\
0.54 & 0.76 & 1
\end{bmatrix}
\begin{array}{c}
Y_1 \\
Y_2 \\
Y_3
\end{array}
$$

$$
\begin{array}{ccc}
Z_1 & Z_2 & Z_3 \\
\end{array}
$$

$$
\begin{bmatrix}
1 & 0.94 & 0.81 \\
0.94 & 1 & 0.93 \\
0.81 & 0.93 & 1
\end{bmatrix}
\begin{array}{c}
Z_1 \\
Z_2 \\
Z_3
\end{array}
$$

表 9—3　　　　　　　　　　学历组人生价值选择等级

	理想的			现实中自己			现实中他人		
	初	中	高	初	中	高	初	中	高
	X_1	X_2	X_3	Y_1	Y_2	Y_3	Z_1	Z_2	Z_3
人品、名声	1	1	1	1	1	1	4	4	4.5
知识、力量	2	2	2	4	3	2	6	6	6
健康、家庭	3	3	3	2	2	3	5	5	4.5
地位、权力	4	4	5	5	5.5	4	3	2	1
金钱、财产	6	6	6	3	4	6	1	1	2
不知道	5	5	4	6	5.5	5	2	3	3

注：根据表 6—6 制。

$$
\begin{array}{ccc}
X_1 & X_2 & X_3 \\
\end{array}
$$

$$
\begin{bmatrix}
0.54 & 0.54 & 0.49 \\
0.76 & 0.76 & 0.76 \\
1 & 1 & 0.94
\end{bmatrix}
\begin{array}{c}
Y_1 \\
Y_2 \\
Y_3
\end{array}
\qquad
\begin{array}{ccc}
X_1 & X_2 & X_3 \\
\end{array}
\begin{bmatrix}
-0.83 & -0.83 & -0.77 \\
-0.77 & -0.77 & -0.83 \\
-0.70 & -0.70 & -0.81
\end{bmatrix}
\begin{array}{c}
Z_1 \\
Z_2 \\
Z_3
\end{array}
$$

$$
\begin{array}{ccc}
Y_1 & Y_2 & Y_3 \\
\end{array}
$$

$$
\begin{bmatrix}
-0.31 & -0.56 & -0.83 \\
-0.26 & -0.56 & -0.77 \\
-0.39 & -0.66 & -0.70
\end{bmatrix}
\begin{array}{c}
Z_1 \\
Z_2 \\
Z_3
\end{array}
$$

中国民族性（二）

在对理想的人生价值选择中，初、中、高三学历组看法基本上完全一致，尤其是初、中等两组的看法完全一致。在对现实中他人的选择中，三组的看法比较一致，但是初等学历与高学历间看法就有些差别了，在对现实中自己的看法中，一致性程度也有些差别了。其中初、中等学历组仍比较一致（$r_s = 0.93$），中、高等学历组间一致性看法有明显差别（$r_s = 0.76$），而初、高等学历组间看法的差别最大（$r_s = 0.54$）。

在（Y, X）阵中，由主对角线元素值看，初、中、高等学历组认为理想的人生价值选择与现实中自己的选择的一致性程度顺序为初＜中＜高。

值得注意的一个现象是，在（Y, X）阵中所表现出的高学历组对现实中自己在人生价值选择问题上与初、中等学历组对应有的人生价值选择完全一致，r_s 都为1。这一现象不能不令人深思。

在（Z, X）与（Z, Y）阵中，其元素值均小于零。这说明三学历组都认为现实中的他人在人生价值问题上的选择与应有的和现实中自己的选择很不一致，都呈负相关关系，在（Z, X）阵中，从主对角线上 r_s 值的大小可看出，三学历组对应有的与现实中他人在人生价值选择上的反向一致性程度依次为初＞高＞中；在（Z, Y）阵中看主对角线 r_s 值，可知三学历组对现实中自己与现实中他人在人生价值问题选择上的反向一致性程度依次为高＞中＞初。对于学历组在人生价值问题上的有关分析，我们在下面采用向量图分析法还将提到。

下面使用表9—4和相关矩阵对职业组人生价值选择进行相关分析。

表9—4　　　　　　　　　　　　职业组人生价值选择等级

	应有的				实际中自己				实际中他人			
	体	脑	服	学	体	脑	服	学	体	脑	服	学
	X_1	X_2	X_3	X_4	Y_1	Y_2	Y_3	Y_4	Z_1	Z_2	Z_3	Z_4
人品、名声	1	1	1	2	1	1	1	1	4	4	6	5
知识、力量	2	2	2	1	3	2	3	2	6	6	5.5	4
健康、家庭	3	3	3	3	2	3	2	3	5	5	4.5	6
地位、权力	5	5	6	5.5	6	4	4.5	5	3	1	2	2
金钱、财产	6	6	4	5.5	4	5	4.5	6	1	2	1	1
不知道	4	4	5	4	5	6	6	4	2	3	3	3

注：根据表6—6制。

在 X、Y、Z 三阵中，各职业组对应有的人生价值选择最为一致，其中体、脑两组选择完全一致（$r_s = 1$）；而对实际中自己、他人在这个问题选择上的一致性居中。

由于上面已就年龄、学历组在人生价值问题的选择上做了有关的分析，职业组选择的有关分析由于与前文相同，这里就不再叙述。

为了进一步考察答卷结果的一致性，希望再做一个问题结果的相关分析。

职业组人生价值选择相关矩阵：

$$
\begin{array}{cccc}
X_1 & X_2 & X_3 & X_4 \\
\end{array}
$$
$$
\begin{bmatrix}
1 & 1 & 0.83 & 0.93 \\
1 & 1 & 0.83 & 0.93 \\
0.83 & 0.83 & 1 & 0.84 \\
0.93 & 0.93 & 0.84 & 1
\end{bmatrix}
\begin{array}{l}
X_1 \\
X_2 \\
X_3 \\
X_4
\end{array}
\qquad
\begin{array}{cccc}
Y_1 & Y_2 & Y_3 & Y_4 \\
\end{array}
$$
$$
\begin{bmatrix}
1 & 0.77 & 0.90 & 0.77 \\
0.77 & 1 & 0.93 & 0.83 \\
0.90 & 0.93 & 1 & 0.76 \\
0.77 & 0.83 & 0.76 & 1
\end{bmatrix}
\begin{array}{l}
Y_1 \\
Y_2 \\
Y_3 \\
Y_4
\end{array}
$$

$$
\begin{array}{cccc}
Z_1 & Z_2 & Z_3 & Z_4 \\
\end{array}
$$
$$
\begin{bmatrix}
1 & 0.83 & 0.76 & 0.77 \\
0.83 & 1 & 0.76 & 0.76 \\
0.76 & 0.76 & 1 & 0.90 \\
0.77 & 0.76 & 0.90 & 1
\end{bmatrix}
\begin{array}{l}
Z_1 \\
Z_2 \\
Z_3 \\
Z_4
\end{array}
$$

表 9—5 及其相关矩阵是对改变社会地位选择的等级排列表和它的相关矩阵。

表 9—5　　　　　　　　改变社会地位选择等级表

	应有的 X	实际		D^2		
		自己 Y	他人 Z	$(X-Y)^2$	$(X-Z)^2$	$(Y-Z)^2$
才干	1	1	2	0	1	1
人际	2	2	4	0	4	4
机遇	4	4	6	0	4	4
权势	3	5	1	4	4	16
金钱	5.5	6	5	0.25	0.25	1
不知道	5.5	3	3	6.25	6.25	0
Σ				10.5	19.5	26

注：根据表 7—1 制。

$$
\begin{array}{cccc}
X_1 & X_2 & X_3 & X_4
\end{array}
\qquad
\begin{array}{cccc}
X_1 & X_2 & X_3 & X_4
\end{array}
$$

$$
\begin{bmatrix}
0.76 & 0.76 & 0.94 & 0.73 \\
0.83 & 0.83 & 0.83 & 0.76 \\
0.76 & 0.76 & 0.84 & 0.66 \\
1 & 1 & 0.83 & 0.93
\end{bmatrix}
\begin{matrix} Y_1 \\ Y_2 \\ Y_3 \\ Y_4 \end{matrix}
\qquad
\begin{bmatrix}
-0.77 & -0.77 & -0.60 & -0.81 \\
-0.77 & -0.77 & -0.77 & -0.90 \\
-0.96 & -0.96 & -0.79 & -0.83 \\
-0.83 & -0.83 & -0.66 & -0.73
\end{bmatrix}
\begin{matrix} Z_1 \\ Z_2 \\ Z_3 \\ Z_4 \end{matrix}
$$

$$
\begin{array}{cccc}
Y_1 & Y_2 & Y_3 & Y_4
\end{array}
$$

$$
\begin{bmatrix}
-0.54 & -0.77 & -0.64 & -0.77 \\
-0.71 & -0.60 & -0.56 & -0.77 \\
-0.79 & -0.79 & -0.74 & -0.96 \\
-0.77 & -0.66 & -0.73 & -0.83
\end{bmatrix}
\begin{matrix} Z_1 \\ Z_2 \\ Z_3 \\ Z_4 \end{matrix}
$$

改变社会地位选择相关系数，应有的与实际中自己在改变社会地位选择上的相关程度为：

$$
r = 1 - \frac{6 \times 10.5}{6 \times (36-1)} = 0.7
$$

应有的与实际中他人在选择上的相关程度为：

$$
r_2 = 1 - \frac{6 \times 19.5}{6 \times (36-1)} = 0.44
$$

实际中自己与他人在选择上的相关程度为：

$$
r_3 = 1 - \frac{6 \times 26}{6 \times (36-1)} = 0.26
$$

改变社会地位选择相关矩阵：

$$
\begin{array}{ccc}
X & Y & Z
\end{array}
$$

$$
\begin{bmatrix}
1 & 0.7 & 0.44 \\
0.7 & 1 & 0.26 \\
0.44 & 0.26 & 1
\end{bmatrix}
\begin{matrix} X \\ Y \\ Z \end{matrix}
$$

下面依次是对年龄组、学历组和职业组的比较性相关分析。使用表9—6 和它的相关系数及相关矩阵，对年龄组做分析。

表 9—6   **年龄组改变社会地位选择等级表**

	应有的 X				实际中自己				实际中他人			
	X_1	X_2	X_3	X_4	Y_1	Y_2	Y_3	Y_4	Z_1	Z_2	Z_3	Z_4
	01	02	03	04	01	02	03	04	01	02	03	04
才干	1	1	1	1	1	1	1	1	2.5	2	2	3
人际	2	3	2	2	2	2	2	3	4	4	4	4
机遇	3.5	4	5	6	4	4	5	4	6	5	5	6

续前表

	应有的 X				实际中自己				实际中他人			
	X_1	X_2	X_3	X_4	Y_1	Y_2	Y_3	Y_4	Z_1	Z_2	Z_3	Z_4
	01	02	03	04	01	02	03	04	01	02	03	04
权势	3.5	2	4	3	5	3	3	5	1	1	1	1
金钱	5	5	6	4	6	6	6	6	5	6	6	5
不知道	6	6	3	5	3	5	2	2	2.5	3	3	2
Σ												

注：根据表7—2制。

年龄组改变社会地位选择相关矩阵：

$$
\begin{array}{cccc}
X_1 & X_2 & X_3 & X_4 \\
\end{array}
\begin{bmatrix}
1 & 0.90 & 0.60 & 0.76 \\
0.90 & 1 & 0.54 & 0.77 \\
0.60 & 0.54 & 1 & 0.71 \\
0.76 & 0.77 & 0.71 & 1
\end{bmatrix}
\begin{array}{c}
X_1 \\ X_2 \\ X_3 \\ X_4
\end{array}
\qquad
\begin{array}{cccc}
Y_1 & Y_2 & Y_3 & Y_4 \\
\end{array}
\begin{bmatrix}
1 & 0.77 & 0.71 & 0.94 \\
0.77 & 1 & 0.60 & 0.60 \\
0.71 & 0.60 & 1 & 0.81 \\
0.94 & 0.60 & 0.81 & 1
\end{bmatrix}
\begin{array}{c}
Y_1 \\ Y_2 \\ Y_3 \\ Y_4
\end{array}
$$

$$
\begin{array}{cccc}
Z_1 & Z_2 & Z_3 & Z_4 \\
\end{array}
\begin{bmatrix}
1 & 0.93 & 0.93 & 0.99 \\
0.93 & 1 & 1 & 0.89 \\
0.93 & 1 & 1 & 0.89 \\
0.99 & 0.89 & 0.89 & 1
\end{bmatrix}
\begin{array}{c}
Z_1 \\ Z_2 \\ Z_3 \\ Z_4
\end{array}
$$

$$
\begin{array}{cccc}
X_1 & X_2 & X_3 & X_4 \\
\end{array}
\begin{bmatrix}
0.64 & 0.43 & 0.94 & 0.54 \\
0.93 & 0.89 & 0.83 & 0.77 \\
0.33 & 0.46 & 0.83 & 0.49 \\
0.41 & 0.26 & 0.89 & 0.31
\end{bmatrix}
\begin{array}{c}
Y_1 \\ Y_2 \\ Y_3 \\ Y_4
\end{array}
\qquad
\begin{array}{cccc}
X_1 & X_2 & X_3 & X_4 \\
\end{array}
\begin{bmatrix}
0.14 & 0.41 & 0.50 & 0.50 \\
0.33 & 0.60 & 0.60 & 0.49 \\
0.33 & 0.60 & 0.60 & 0.49 \\
-0.04 & 0.26 & 0.43 & 0.37
\end{bmatrix}
\begin{array}{c}
Z_1 \\ Z_2 \\ Z_3 \\ Z_4
\end{array}
$$

$$
\begin{array}{cccc}
Y_1 & Y_2 & Y_3 & Y_4 \\
\end{array}
\begin{bmatrix}
0.21 & 0.39 & 0.76 & 0.30 \\
0.37 & 0.60 & 0.83 & 0.43 \\
0.37 & 0.60 & 0.83 & 0.43 \\
0.14 & 0.26 & 0.71 & 0.26
\end{bmatrix}
\begin{array}{c}
Z_1 \\ Z_2 \\ Z_3 \\ Z_4
\end{array}
$$

由年龄组改变社会地位选择相关矩阵可以看出，各年龄组对实际中他人改变社会地位的看法最为一致。这从 Z 阵可看出，各年龄组看法选择上呈高度相关，尤其是 02 组与 03 组选择完全一致。从 Y 阵中可看出，在对实际中自己的选择上，01 组与 04 组的选择最为接近 $r_s = 0.94$，03 与 04 组相关系数为 0.81，说明两组看法也比较接近，其余各组间在选择上都呈中度相关。在 X 阵中，仅有 01 与 02 组在选择上呈高相关，其余各组间的选择都属中度相关。

从主对角线元素看，(Y, X) 阵中所表现出的各年龄组对应有的与实际中自己在选择上的一致性强度依次为 02 组＞03 组＞01 组＞04 组；(Z, X) 阵所表现出的应有的与实际中他人在选择上的一致性程度依次为 02 组＝03 组＞04 组＞01 组；(Z, Y) 阵中所表现出的各年龄组对实际中的自己与他人在选择上的一致性强度依次为 03 组＞02 组＞04 组＞01 组，尤其是在 (Z, Y) 阵中，$(Z_3, Y_3) = 0.83$，明显大于对角线上其他各组的相关系数值，说明 03 组认为实际中的自己与他人在改变社会地位上的选择最为一致，而其他各年龄组的这种自—他选择的一致性程度差些，其中 01 组与 04 组的 r_s 仅为 0.21 和 0.26，说明这两个年龄组在实际中自—他选择上几乎没有一致性。

若进一步对 (Y, X)、(Z, X)、(Z, Y) 三阵中第三列元素值进行考察、比较，就会发现 03 组在各项选择中所表现出的自—他反差最小，对应有的、实际中自己、实际中他人的选择也比较接近，与其他年龄组相比一致性程度最高。

从总体上说，由于 (Z, Y)、(Z, X) 中各元素值基本上都是正数，与对其他几个问题的选择相比，说明在改变社会地位这个问题上的自—他反差较小。

下面对表 9—7 学历组改变社会地位选择等级及其相关矩阵进行比较分析。

表 9—7　　　　　　　学历组改变社会地位选择等级表

	应有的			实际中自己			实际中他人		
	初	中	高	初	中	高	初	中	高
	X_1	X_2	X_3	Y_1	Y_2	Y_3	Z_1	Z_2	Z_3
才干	1	1	1	1	1	1	3	3	2
人际	2	2	4	2	2	5	5	4	4
机遇	6	4	3	4	3	3	6	6	5
权势	4	3	2	6	5	4	1	1	1
金钱	3	5	6	5	6	6	4	5	6
不知道	5	6	5	3	4	2	2	2	3

注：根据表 7—2 制。

从 X、Y、Z 三阵看，各学历组对实际中他人的看法比较一致，尤其是初、中两学历组的看法最一致；在对实际中自己的看法中，高学历与初、中两组的选择呈中等相关，而初、中两学历组的看法比较一致；在对应有的人生价值选择中，高学历组与初等学历组的不一致性最强，r_s 仅为 0.26，而在这里中、高两组选择比较接近，r_s 为 0.80。

学历组等级相关矩阵：

$$
\begin{array}{ccc}
X_1 & X_2 & X_3
\end{array}
\left[
\begin{array}{ccc}
1 & 0.71 & 0.26 \\
0.71 & 1 & 0.80 \\
0.26 & 0.80 & 1
\end{array}
\right]
\begin{array}{c}
X_1 \\ X_2 \\ X_3
\end{array}
\qquad
\begin{array}{ccc}
Y_1 & Y_2 & Y_3
\end{array}
\left[
\begin{array}{ccc}
1 & 0.89 & 0.54 \\
0.89 & 1 & 0.60 \\
0.54 & 0.60 & 1
\end{array}
\right]
\begin{array}{c}
Y_1 \\ Y_2 \\ Y_3
\end{array}
$$

$$
\begin{array}{ccc}
Z_1 & Z_2 & Z_3
\end{array}
\left[
\begin{array}{ccc}
1 & 0.94 & 0.77 \\
0.94 & 1 & 0.89 \\
0.77 & 0.89 & 1
\end{array}
\right]
\begin{array}{c}
Z_1 \\ Z_2 \\ Z_3
\end{array}
$$

$$
\begin{array}{ccc}
X_1 & X_2 & X_3
\end{array}
\left[
\begin{array}{ccc}
0.54 & 0.49 & 0.26 \\
0.43 & 0.71 & 0.60 \\
0.03 & 0.20 & 0.60
\end{array}
\right]
\begin{array}{c}
Y_1 \\ Y_2 \\ Y_3
\end{array}
\qquad
\begin{array}{ccc}
X_1 & X_2 & X_3
\end{array}
\left[
\begin{array}{ccc}
0.09 & -0.09 & 0.20 \\
0.14 & 0.09 & 0.31 \\
0.20 & 0.43 & 0.71
\end{array}
\right]
\begin{array}{c}
Z_1 \\ Z_2 \\ Z_3
\end{array}
$$

$$
\begin{array}{ccc}
Y_1 & Y_2 & Y_3
\end{array}
\left[
\begin{array}{ccc}
-0.26 & -0.31 & 0.26 \\
-0.09 & -0.09 & 0.31 \\
0.09 & 0.26 & 0.54
\end{array}
\right]
\begin{array}{c}
Z_1 \\ Z_2 \\ Z_3
\end{array}
$$

从主对角线元素看，在 $(Y，X)$ 阵中，其一致性程度依次为中＞高＞初；在 $(Z，X)$ 阵中为高＞$X_1＝X_2$，且初、中等学历组的相关系数近于 0（仅为 0.09）；在 $(Z，Y)$ 阵中为高＞中＞初，且中等学历组相关系数接近等于 0（仅为 -0.09）；初等学历组为低度负相关（-0.26）。由此可见，在实际中自—他与实际中他人与应有的关系中，高学历组一致性程度高，这样表现出的反差就小，初、中等学历组间的选择都呈低度相关，因此可以说他们间无相关关系，因而在选择上也是很不一致的。

最后，使用表9—8及其相关矩阵，分析职业组改变社会地位选择的相关关系。

表 9—8 职业组改变社会地位选择等级表

| | 应有的 | | | | 实际中自己 | | | | 实际中他人 | | | |
| | 体 | 脑 | 服 | 学 | 体 | 脑 | 服 | 学 | 体 | 脑 | 服 | 学 |
	X_1	X_2	X_3	X_4	Y_1	Y_2	Y_3	Y_4	Z_1	Z_2	Z_3	Z_4
才干	1	1	1	1	1	1	1	1	3	2	3	2
人际	2	3.5	2	2	2	4	2	4	4	4	4	4
机遇	5	3.5	4	3	5	3	3	3	6	5	6	5
权势	3	2	3	5	6	3	4	5	1	1	1	1
金钱	4	6	5	6	5	6	5	6	5	6	5	6
不知道	6	5	6	3	4	2	6	2	2	3	2	3

注：根据表 7—2 制。

职业组改变社会地位选择相关矩阵：

$$
\begin{array}{cccc}
X_1 & X_2 & X_3 & X_4 \\
\end{array}
$$

$$
\begin{bmatrix}
1 & 0.70 & 0.94 & 0.49 \\
0.70 & 1 & 0.84 & 0.56 \\
0.94 & 0.84 & 1 & 0.60 \\
0.49 & 0.56 & 0.60 & 1
\end{bmatrix}
\begin{matrix}
X_1 \\ X_2 \\ X_3 \\ X_4
\end{matrix}
$$

$$
\begin{array}{cccc}
Y_1 & Y_2 & Y_3 & Y_4 \\
\end{array}
$$

$$
\begin{bmatrix}
1 & 0.37 & 0.77 & 0.71 \\
0.37 & 1 & 0.26 & 0.77 \\
0.77 & 0.26 & 1 & 0.37 \\
0.71 & 0.77 & 0.37 & 1
\end{bmatrix}
\begin{matrix}
Y_1 \\ Y_2 \\ Y_3 \\ Y_4
\end{matrix}
$$

$$
\begin{array}{cccc}
Z_1 & Z_2 & Z_3 & Z_4 \\
\end{array}
$$

$$
\begin{bmatrix}
1 & 0.89 & 1 & 0.89 \\
0.89 & 1 & 0.89 & 1 \\
1 & 0.89 & 1 & 0.89 \\
0.89 & 1 & 0.89 & 1
\end{bmatrix}
\begin{matrix}
Z_1 \\ Z_2 \\ Z_3 \\ Z_4
\end{matrix}
$$

$$
\begin{array}{cccc}
X_1 & X_2 & X_3 & X_4 \\
\end{array}
$$

$$
\begin{bmatrix}
0.49 & 0.41 & 0.89 & 0.89 \\
0.31 & 0.64 & 0.37 & 0.71 \\
0.83 & 0.76 & 0.94 & 0.66 \\
0.09 & 0.47 & 0.26 & 0.83
\end{bmatrix}
\begin{matrix}
Y_1 \\ Y_2 \\ Y_3 \\ Y_4
\end{matrix}
$$

$$
\begin{array}{cccc}
X_1 & X_2 & X_3 & X_4 \\
\end{array}
$$

$$
\begin{bmatrix}
0.14 & 0.39 & 0.09 & 0.14 \\
0.37 & 0.64 & 0.43 & 0.37 \\
0.14 & 0.39 & 0.09 & 0.14 \\
0.37 & 0.64 & 0.43 & 0.37
\end{bmatrix}
\begin{matrix}
Z_1 \\ Z_2 \\ Z_3 \\ Z_4
\end{matrix}
$$

$$
\begin{array}{cccc}
Y_1 & Y_2 & Y_3 & Y_4 \\
\end{array}
$$

$$
\begin{bmatrix}
-0.31 & -0.71 & -0.20 & 0.14 \\
-0.60 & 0.83 & 0.20 & 0.37 \\
-0.31 & 0.71 & -0.20 & 0.43 \\
-0.06 & 0.83 & 0.20 & 0.37
\end{bmatrix}
\begin{matrix}
Z_1 \\ Z_2 \\ Z_3 \\ Z_4
\end{matrix}
$$

从 Z 阵中元素看，各年龄组对实际中他人的看法最为一致，其中体力组与服务组选择完全一致（$r_s=1$），脑力组与学生组选择也完全一致（$r_s=1$）。

在对应有的人生价值选择中，体—服两组选择最接近（$r_s = 0.94$），服—脑两组间选择的一致性程度次之（$r_s = 0.84$），学生组与其他三组在选择上呈中度相关；在对实际中自己的选择中，尽管总体上看，各组间选择上的相关程度不高，但体—服组间与学—脑组间 r_s 是该阵中最大的，都为 0.77。因此，可以说在对应有的、实际中自己、实际中他人三组在改变社会地位问题选择上都表现出体—服的选择比较一致，脑—学两组的选择比较一致，而其他两职业组间在此问题选择上的相关程度很低，表现出选择一致性较差。

从对角线元素看，各职业组在（Y，X）阵中应有的与实际中自己的一致性强度为服＞学＞脑＞体，在（Z，X）阵中对应有的与实际中他人看法的一致性强度为脑＞学＞体＞服，在（Z，Y）阵中实际中自己与他人的一致性强度为脑＞学＞服＞体。由（Y，X）阵与（Z，X）阵对角元素看，服务组反差最大，他们认为实际中的自己在改变社会地位选择上与应有的最为一致（相关系数为 0.94），而实际中他人在此问题上与应有的最不一致（相关系数为 0.09，几乎无相关关系），相比较而言，脑力组认为实际中自己与他人在此问题上与应有的选择都是中度相关（0.64），所表现出的自—他反差最小，对此从（Z，Y）阵中脑力组的评价也可看出，他们认为实际中自己与他人在此问题上看法比较一致（相关系数为 0.83），而体力组在选择上就比较极端，他们认为对此问题自己的与应有的比较不一致，然而实际中他人与应有的就更不一致，实际中他人与自己相比就呈反向的不一致。

3. 向量图分析

在前面的相关分析中，通过对相关矩阵中有关元素的比较，我们不难得出各变量成分对各问题选择的一致性和自—他反差特性的有关结论。为了更直观、明了地反映这种一致性与自—他反差的程度，在这里我们引入向量图的方法进行一致性与自—他反差的图示分析（见图 9—1 至图 9—3，表 9—9、表 9—10）。

在前面曾提到，为计算斯皮尔曼等级相关系数，必须将变量各成分对有关问题的选择频数表转换为选择等级表。在选择等级表中，各变量成分所做的选择我们都视之为向量 $\overline{R}$，由于本书不涉及向量长度的含义分析，所要分析的是向量的方向，因此在所做的向量图中均将其简化，视各向量长度均为单位向量。从相关系数的几何定义看，两变量成分间等级相关系数就是这两成分所对应向量间夹角的余弦。

$$r_s = \cos\theta$$

经转换得

$$\theta = \text{arc } \cos r_s \qquad \theta_c \ [0, \ \pi]$$

在前面我们已说过，在本章中采用等级相关系数进行一致性与自—他特性的分析，是借用相关系数的几何特性来表述变量各成分对问题看法的一致与差异程度，而并不是利用相关系数所反映的某种跟随特性。在这里我们仍旧是这个用意，利用向量图来直观地表述各变量成分对问题选择的差异性程度如何。两变量成分间 r_s、θ、向量图例及在整个区间内对应含义，见表 9—9。

表 9—9　　　　　　　　　　　向量图例及含义

t	1	0.8—1	0.5—0.8	0.3—0.5	0—0.3	0	−0.3—0	−0.5—−0.3	−0.8—−0.5	−0.8—−1	−1
θ	0	36—0	60—36	72—60	90—72	90	107—90	120—107	143—120	143—180	180
意义	充全一致	一致性较强	一致性强	一致性一般	一致性弱	基本上不一致	相反性弱	相反性一般	相反性强	相反性较强	完全相反
向量图例	$\overrightarrow{X}\ \overrightarrow{Y}$										

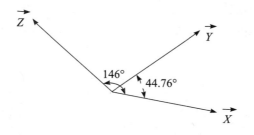

205

根据前面所构造的等级相关矩阵的有关数据，只要将某类选择确定为基态（参照向量），就可将与此关联的各变量成分选择的相关系数转换为一个向量族，观察这族向量的方向就可直观看出各变量选择的差异程度。

仍以前节有关人生价值与社会地位的选择分析为例，我们利用向量图做有关的分析。根据人生价值选择矩阵可做向量图 9—1。

图 9—1　人生价值选择向量图

从向量图就能很直观地看出人们对应有的人生价值选择与自己的选择在方向上是比较一致的，而人们认为他人在人生价值上的选择与理想的人生价值选择基本上反向一致。

下面再以学历组人生价值选择为例，做有关的向量图分析。根据上面中等学历组对人生价值选择相关矩阵中 (Y, X) 阵、(Z, X) 阵以及 (Z, Y) 阵中对角线上相关系数值，做反三角变换得各向量间辐角（见表9—10）。以各学历组对应有人生价值的选择为基态（参照向量），将各学历组对自己、他人在人生价值上选择参照对应有人生价值的选择分别做向量图（见图9—2）。

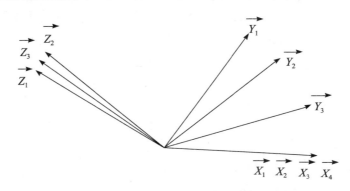

图9—2　学历组对自一他人生价值选择向量图

从图9—2中我们不难看出，参照对应有人生价值的选择，各学历组对他人的看法一致性程度很高，认为他人与应有的人生价值选择基本上相反，其反向程度为初等学历组＞高学历组＞中等学历组。各学历组对自己在人生价值选择上都呈正向一致，但一致程度也有些差别，高学历组认为自己与应有的人生价值选择最为接近，中等学历组次之，初等学历组最差。参照 $\overline{X}$ 向量，$\overline{Y}$、$\overline{Z}$ 向量间夹角大小的程度也反映了各年龄组参照应有人生价值选择，对自己—对他人在此问题上看法的差别程度。各年龄组对应 $\overline{Y}$、$\overline{Z}$ 向量间夹角越大，说明这种反差就越大，因而一致性程度也就越差；夹角越小，反差就越小，一致性程度就越高。从图9—2中可直观地看出高学历组对应 $\overline{Y}$、$\overline{Z}$ 向量间夹角最大，中等学历组居中，初等学历组最小。

表9—10　　　　　　　　　学历组人生价值选择向量间的夹角

向量	X_1, Y_1	X_2, Y_2	X_3, Y_3	X_1, Z_1	X_2, Z_2	X_3, Z_3	Y_1, Z_1	Y_2, Z_2	Y_3, Z_3
r_s	0.54	0.76	0.94	−0.83	−0.77	−0.81	−0.31	−0.56	−0.70
θ	57°18′	40°32′	19°56′	146°5′	140°21′	144°5′	108°3′	124°3′	134°25′

为了进一步说明自—他反差特性，以各学历组对自己的人生价值选择为参照向量，做各学历组对他人在人生价值上的选择向量（见图9—3）。从图9—3中我们也能看出各学历组对他人的选择比较一致，都呈负向，

认为他人与自己在人生价值问题上看法分歧较大。从 $\overline{Z}$ 向量与 $\overline{Z}$ 向量间夹角的大小很容易看出各学历组在自—他选择上的差异程度，高学历组所对应的 $\overline{Z}_3$ 向量辐角最大，说明其在自—他选择上反差最大，中等学历组对应的 $\overline{Z}_2$ 向量次之，初等学历组自—他反差相比来说是最小的。

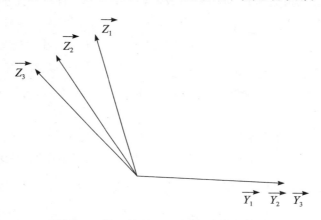

图9—3　学历组对他人人生价值选择向量图

　　总之，利用向量图进行一致性及自—他反差分析比较简单、直观，易于直接从向量图上看出有关特性，对于其他各变量对问题选择的有关分析也可借用此方法进行，在此不再一一赘述。

（二）心理反差的规则性

　　既然心理反差已成为性格结构中共有的心理现象，也就应该有贯穿于共有现象的规则性。心理反差无规则可循，就不可能起构造作用，从而不可能成为性格结构特点。

　　论证心理反差规则性的方法是使用自—他反差的差异比较交互表及其意义解释，并且采用学历组中的高学历组和初等学历组之间的比较，因为从前面多种分析中发现，对问句和选择项的回答主要受学历因素影响。这种情况可能与我国目前教育水平和社会分工特点有关，高学历者大部分从事脑力劳动，初等学历者大部分从事体力劳动；使用 14 项人格特质评价、社会需要、搞好人际关系的问句中，选择频率最高、中等和最低三种数据，因为在这样三种选择上最能表现心理反差的特点。

　　1. 建立心理反差差异比较交互表的方法

　　表 9—11 是各类问题上自—他反差的学历差异比较表，建立此表的方

法是:

(1) 计算各项上学历差异是否显著(用 χ^2 检验法)。

(2) 计算存在显著差异的选择项上高、初等学历组的 $\left(\dfrac{f_o - f_e}{f_e}\right)$ 的值;

这里 f_o 为实际频数, f_e 为期望频数,就是计算 χ^2 时所使用的 f_o 和 f_e。如初等学历有 177 人,高学历有 605 人,共有 782 人,其中高学历占 77%,初等学历占 23%。在人生价值选择中对自己金钱项选择上初等学历有 15.0% 的人选,其 $f_o = 15.0\% \times 177 \approx 27$ (人);高学历有 3.0% 的人选,其 $f_o = 3.0\% \times 605 \approx 18$ (人);共有 $27 + 18 = 45$ 人,高学历的 $f_e = 77\% \times 45 \approx 35$ (人),初等学历的 $f_e = 23\% \times 45 \approx 10$ (人)。可见 f_e 值就是假设不存在学历差异时的值。$(f_o - f_e)$ 表示实际值与期望值的差距,相当于绝对误差,反映了实际值与期望值之间差距的绝对大小,$\left(\dfrac{f_o - f_e}{f_e}\right)$ 则表示实际值与期望值的差距的相对大小,相当于相对误差,其符号反映了差距的性质,其绝对值反映了相对差的大小。若 $\left(\dfrac{f_o - f_e}{f_e}\right) > 0$,

说明答卷人倾向于此种选择的程度高于平均水平;若 $\left(\dfrac{f_o - f_e}{f_e}\right) < 0$,说明答卷人倾向于此种选择的程度低于平均水平。

(3) 计算各项的自—他差(自—他差是一种概率差,其意义已做过论证)。

(4) 计算各项上的自—他差是否存在显著的学历差异(χ^2 检验)。

(5) 若存在显著差异,计算 $\left(\dfrac{f_o - f_e}{f_e}\right)$ 值并做讨论。

2. 自—他反差规则性的基本表现

根据表 9—11,可以得出下列结论。

(1) 在自我评价上,高分品质有三项存在学历差异,两项不存在学历差异。在有显著差异的项上,$\left(\dfrac{f_o - f_e}{f_e}\right)$ 的值对高学历都为正,对初等学历都为负,这表明高学历在高分品质项上的自我评价高于平均水平,初等学历在高分品质项上的自我评价低于平均水平。在中性品质上只有一项存在学历差异,其余四项都没有显著学历差,这表明,在中性品质上,人们自我评价基本一致。低分品质上有三项存在学历差异,两项不存在学历差异,有显著差异的项上,$\left(\dfrac{f_o - f_e}{f_e}\right)$ 的值对高学历都为负,对初等学历都为正，这表明高学历在低分品质项上的自我评价低于平均水平，初等学历则相反。所以仅从自我评价来看，高学历的品质层次要高于初等学历。

（2）在对人评价上，高分品质与中性品质项上都不存在学历差异。在低分品质项上有两项存在学历差异，三项不存在学历差异，$\left(\dfrac{f_o-f_e}{f_e}\right)$ 的值不像自我评价项上那样存在一致趋势。在权势项上，高学历对它的评价高于平均水平，初等学历则低于平均水平，这可能与高学历的生活交往圈与权力圈相交有较大关系。在金钱项上，高学历对它的评价则低于平均水平。所以，从对人的评价来看，高学历与初等学历总的差异较小，对社会风气有较一致的看法。

（3）在自—他差上，高分品质项各项均为正，均存在学历差异。大多数情况下 $\left(\dfrac{f_o-f_e}{f_e}\right)$ 的值对高学历为正值，对初等学历为负值，这表明高、初等学历的人的自我评价都要优于对他人的评价，即把自己看得比他人更好。但高学历者的这种差距更大，要大于平均水平，初等学历者的差距则小于平均水平。中性品质项上，各项有正有负，但其绝对值都较小，一般都不超过 10%，这表明高、初等学历的人在中性品质上的评价的自—他差都较小。五项品质中有三项自—他差存在学历差异，但 $\left(\dfrac{f_o-f_e}{f_e}\right)$ 的值的正负与学历高低之间没有多少一致性。总的说来，在中性品质上，没有多少自—他差异，也没有多少学历差别。在低分品质项上，自—他差大多为负值（只有一项为 +0.7，为近于 0 的正值），表明无论学历高低，人们在低分品质上的自我评价低于对他人的评价，即把别人看得更坏些，这与高分品质上把自己看得更好些是一致的。另外高学历者的负反差值更为突出，即高学历者将别人看得更坏些的程度更为严重。

3. 总的结论

（1）无论学历高低，人们在高分品质上认为自己更好（自—他差为正），在低分品质上认为别人更坏（自—他差为负），在中性品质上认为自己与别人差不多（自—他差在 0 附近波动）。

（2）在高分品质上，高学历者"抬高"自己的程度更大，初等学历者则较小；在低分品质上，高学历者"贬低"别人的程度更大，初等学历者则较小。这表明，在价值取向上，高学历者更看重高层次需要，但由上面对人评价的学历一致性可知，在行为取向上，他们又屈从于社会风气，这也是一种反差，是价值取向与行为取向的差距。

表 9—11　　　　　　　　　各类问题上自—他反差的学历差异

		自己		
		高分品质	中性品质	低分品质
人格特质	高学历选择频率 初等学历选择频率 学历差异是否显著及（f_o-f_e）/f_e值	仁爱 40.0 27.4 显著 高＝＋0.09 低＝－0.28	中庸 14.6 10.7 不显著	欺瞒 0.5 1.2 不显著
社会需要	高学历选择频率 初等学历选择频率 学历差异是否显著及（f_o-f_e）/f_e值	自我实现 65.8 39.3 显著 高＝＋0.11 低＝－0.35	和谐 6.1 8.9 不显著	收入 7.2 29.8 显著 高＝－0.41 低＝＋1.4
搞好人际关系的途径	高学历选择频率 初等学历选择频率 学历差异是否显著及（f_o-f_e）/f_e值	人缘 34.9 11.2 不显著	和事 25.9 16.4 显著 高＝0.090 低＝－0.33	奉承 2.2 14.1 显著 高＝－0.55 低＝＋1.77

		自—他差		
		高分品质	中性品质	低分品质
人格特质	高学历选择频率 初等学历选择频率 学历差异是否显著及（f_o-f_e）/f_e值	仁爱 30.7 13.3 显著 高＝＋0.15 低＝－0.50	中庸 －10.5 －7.6 不显著	欺瞒 －7.3 －11.0 不显著
社会需要	高学历选择频率 初等学历选择频率 学历差异是否显著及（f_o-f_e）/f_e值	自我实现 31.1 10.2 显著 高＝0.18 低＝－0.61	和谐 0.6 2.8 显著 高＝－0.43 低＝＋1.5	收入 －22.0 ＋0.7 显著 高＝－2.3 低＝－0.97
搞好人际关系的途径	高学历选择频率 初等学历选择频率 学历差异是否显著及（f_o-f_e）/f_e值	人缘 15.9 13.0 不显著	和事 21.2 16.4 不显著	奉承 44.4 45.2 不显著

		他人		
		高分品质	中性品质	低分品质
人格特质	高学历选择频率 初等学历选择频率 学历差异是否 显著及（f_o-f_e）/f_e 值	仁爱 9.3 14.1 不显著	中庸 25.1 18.3 不显著	欺瞒 7.8 12.2 不显著
社会需要	高学历选择频率 初等学历选择频率 学历差异是否 显著及（f_o-f_e）/f_e 值	自我实现 34.7 29.1 不显著	和谐 5.5 6.1 不显著	收入 29.2 29.1 不显著
搞好关系的人际途径	高学历选择频率 初等学历选择频率 学历差异是否 显著及（f_o-f_e）/f_e 值	人缘 19.2 28.2 显著 高＝－0.06 低＝＋0.32	和事 4.7 0.0 显著 高＝＋0.27 低＝－1.0	奉承 －42.2 －31.1 显著 高＝－2.07 低＝－1.77

注：（1）各类问题上的高、中、低品质大都有多项，这里只分别取一项作为代表，其总的规律是一致的。

（2）显著性水准 $p<0.05$。

（三）心理反差的深层性

从上述反差现象的学历差异比较分析中可以看出，心理反差规则性存在于评价差及其选择差之中，就是说，存在于对选择项的高分评价或低分评价以及对自己和对他人的高频率选择或低频率选择中，在一种近乎对角线式的交叉反差中，而不是平面式的直线反差中，是在意识层面的底下发生的心理现象。

这个自一他心理反差是以经验为前提形成的，人们通过生活经验形成了对自己和对他人的不同看法。而"经验"这种东西来自人们的实际生活而又离开了眼下的生活，它以某种感受、联想、想象、成见等形式记忆在内心世界；不论是关于成功的经验，还是关于败北的教训（负经验），都是对不具眼前性和实在性的以往事件的体验并保存在意识领域的某个部位。

经验事件、体验、想象等在认知过程中是高于感知觉又低于理性的中间阶段，它在意识结构中处于意识和无意识之间，属于心理学和社会心理学中的心像或印象领域。在性格学中，心像研究是性格类型或性格结构研究的一种方法。关于性格的研究，除了以诸种行为属性和具体行为表现为线索进行调查研究之外，还有以心像为端绪，通过内省、"心志"（Psychograph，G. W. 奥尔波特，1937）、TAT 投影法（Thematic Apperception Test，主题统觉测验，马莱等，1935）、问卷法等进行研究。在荣格心理学中，心像是意识和无意识之间的心理世界，表现为梦想、空幻、绘画、音乐、神话、古代宗教等。他把神话、古代宗教、在未开化的文化中见到的那种性格特征，称为原型或原型心像，是在文化根底里起作用的东西。

心像有自我像、他人像、群像、社会像、民族像等。课题中的心理反差表现为自我像和他人像之间的反差，这种心像领域中的心理反差，既带有意识的明确性和自信性，又带有无意识的不清晰性、茫然性。从自我像的侧面看，关于自我的心像是明确的、自信的；而从他人像的侧面看，关于他人的心像又是不清晰的、茫然的。但是，心像领域中这两个不同的甚至对立着的自我像和他人像却是共存的，并且通过自—他差得到平衡。比如，高学历在高品质选择项上对自己的较高选择，表明对高品质选择项的正面追求，在低品质选择项对自己的较低选择，表明对低品质选择项的正面回避，但在低品质选择项上自—他的较大反差，又表明那个回避了的东西在对他人的较高选择中得到补偿；初等学历则是在高品质选择项的自—他较大反差中，补偿自己之不足。可见，心理领域的较大反差是在以他人这面"镜"中反映出来的，是在他人像中反映出来的。自己像和他人像的差异或差量是心理补偿额。

课题研究中的心理反差现象表明，中国人的心理反应与人际关系有密切关系，中国文化的人文精神对心理生活有深刻影响，只是这种影响是人文精神的负向作用结果。

二、性格结构匀称性特点

民族性格结构双重性并不意味着民族性格结构体矛盾丛生、分崩离析。历史上有学者把中国人描写成"矛盾的块"，似一族愚人＋狂人。这除了对中国人的轻蔑，就是对中国人的不明白、不理解。

中国同世界上其他民族一样有自己的历史和文化，有维系并促进历史和文化发展的心力和知力。而心力来自于中国人民族性格结构及贯穿于这个结构体的精神。中国人民族性格结构具有心力，表明这个结构体有比较合理的组合，能将各种人格特质合理地组织成一体，美的和丑的、善的和恶的等品质能够得到中和而无凄凉味。中国人的性格秘密不在于有多少仁德或恶德等特质，而在于两极之间的中庸所具有的微妙作用。

（一）中性品质选择无反差

为了说明中庸项和类似于中庸的其他中性选择项在答卷人心目中的地位和作用，这里做两种比较分析：一是对表9—11中中性选择项的比较分析，二是利用模糊聚类对中庸项的分析。

第一，从表9—11看，在三个问句中属于中等评分和选择频率的选择项有人格特质上的"中庸"、社会需要上的人际"和谐"、搞好人际关系上的"和事"三项，在表9—11中规定为中性品质选择项。这五项在不同学历者中得到了比较一致的选答：在自我评价上，除了"和事"项存在学历差之外，其余四项均无显著学历差异。在对人评价上，五项全无学历差异。在自—他差上，五个选择项有正有负，但其绝对值都较小，一般不超过10％。这表明不论学历高或低，对中性品质选择项的自—他差都比较小；五个选择项中有三项的自—他差存在着学历差异，但 $\left(\dfrac{f_o - f_e}{f_e}\right)$ 的值都很小。

对中性品质项的这种比较一致的选答，不仅在高学历组和初等学历组中，而且在高、初等学历组和中等学历组之间以及在五个年龄组之间、五个职业组之间都得到了验证，表明这种比较温和的中性选择项对于各种答卷人来说都是无所谓的，即把中性选择项选择给自己还是给他人，都无碍于自己或他人。因此，在中性品质项上，既没有较大的自—他差，也没有较大的学历差别。

为了进一步说明中性品质项的这种选择无差别性，课题研究中又将14项人格特质进行了模糊聚类。

第二，14项人格特质评价指标模糊聚类的建立。在本部分，我们关心的是人们在14项人格特质的打分评价时，哪些项特质具有类似的评分模式，即哪些人格特质指标在评分上可以合并成相似的一类。换句话说，我们关心的是14项人格特质指标的聚类问题。

人格特质指标的诸概念都属于模糊的概念，这里所谓的模糊性主要指的是客观事物差异的中间过渡的"不分明性"。例如，某人给仁爱项的评分为5分，另一个人给分为3分，这时，我们不能明确指出这里的5分与3分的差异之间的任何中间过渡，我们只能大致地说，5分意味着"最好"，3分意味着"较好"等等。而且，伴随着这种模糊性的指标的定量通常属于定序或定类层次的，这时，诸如系统聚类、主成分分析、因子分析等一样，处理聚类问题的方法的应用受到了变量的定量层次的限制。幸运的是，模糊聚类分析正好能满足这类"模糊"概念的数据聚类问题。

接下来，我们分步骤描述如何将模糊聚类分析这一方法应用于人格评价的指标聚类问题。

1. 原始数据的整理及规格化

首先，针对人格特质评价的问句，从1 838份问卷中的有效问卷中等距地抽选500份，整理出我们的原始数据矩阵 $DB=(db_{ij})$ 14×500，这时，行表示人格特质指标（共14项），列表示答卷人（共500人），db_{ij} 表示第 j 人对第 i 项的评分值（为 -5，-3，-1，0，1，3，5中的一个）。

其次，据模糊数学的要求，我们将 DB 阵的七项评分，转化为 $[0，1]$ 区间上的模糊值，采用公式如下：

$$fd_{ij} = (db_{ij}+5)/10$$

不难发现，有关人格特质的最高评分（$db_{ij}=5$），对应于 $fd_{ij}=1$；最低评分为 -5，对应于 $fd_{ij}=0$。

最后，为与后面采用的模糊相似系数概念对应，我们对数据进行了规格化。采用公式如下：

$$f_{ij} = (fd_{ij}-0.5)\times 2$$

式中的常数0.5代表人格评价打分为0分，表示中性值。经上式的变换，从概念上讲，f_{ij} 指的是第 i 个人格项在由500个人组成的一个500维空间中评价向量于第 j 维坐标轴（人）上的投影，而且这种坐标投影是做过归一处理的。应该指出，这种处理是我们后面采用的相似系数度量所必需的。

2. 计算模糊相似性矩阵

任何聚类方法都少不了反映指标或样本的亲疏程度的度量指标，我们采用的度量指标是普通的相似性系数。定义如下：

$$r_{ij}^* = \frac{\sum\limits_{k=1}^{500} f_{ik} \cdot f_{jk}}{\sqrt{(\sum\limits_{k=1}^{500} f^2_{ik}) \cdot (\sum\limits_{k=1}^{500} f^2_{jk})}} (i,j) = 1,2,3\cdots,14$$

从几何上可以证明 r^*_{ij} 反映的是指标 i 与指标 j 在样本空间上的夹角 Q 的余弦值，即 $r_{ij}^* = \cos(\theta)$。当两个指标靠近时，$\theta \to 0$，此时 $r_{ij}^* \approx 1$；因此，我们可以用 r_{ij}^* 来反映指标间的亲疏程度，即当 r_{ij}^* 越接近于 1 时，指标 i 和 j 相似程度越高。

不难看出，r_{ij}^* 的取值范围在 -1 到 1 之间，为满足模糊数学上的需要，我们必须将它的取值区间压缩至 $[0，1]$ 内。按下列公式进行变换，我们得到了模糊相似性矩阵 R：

$$r_{ij} = (1 + r_{ij}^*)/2$$

3. 获得模糊分类关系矩阵

严格地讲，上述的模糊相似性矩阵必须经若干次模糊的褶积运算，才能过渡到用来聚类的模糊分类关系矩阵。这里，我们采用的褶积运算公式如下：

$$R' = R \cdot R$$

这里，$R'_{ij} = \max[\min(R_{ik} \cdot R_{kj})]$，$i$，$j$，$k = 1$，2，3$\cdots$14。经 4 次选代的褶积运算后，得到收敛的结果——模糊分类关系矩阵如下：

1.000	0.962	0.865	0.960	0.952	0.522	0.522
0.962	1.000	0.865	0.960	0.952	0.522	0.522
0.865	0.865	1.000	0.865	0.865	0.522	0.522
0.960	0.960	0.865	1.000	0.952	0.522	0.522
0.952	0.952	0.865	0.952	1.000	0.522	0.522
0.522	0.522	0.522	0.522	0.522	1.000	0.595
0.522	0.522	0.522	0.522	0.522	0.595	1.000
0.522	0.522	0.522	0.522	0.522	0.595	0.885
0.918	0.918	0.865	0.918	0.918	0.522	0.522
0.900	0.900	0.865	0.900	0.900	0.522	0.522
0.522	0.522	0.522	0.522	0.522	0.595	0.702
0.522	0.522	0.522	0.522	0.522	0.595	0.941
0.522	0.522	0.522	0.522	0.522	0.595	0.941
0.522	0.522	0.522	0.522	0.522	0.595	0.941
0.522	0.918	0.900	0.522	0.522	0.522	0.522
0.522	0.918	0.900	0.522	0.522	0.522	0.522

0.522	0.865	0.865	0.522	0.522	0.522	0.522
0.522	0.918	0.900	0.522	0.522	0.522	0.522
0.522	0.918	0.900	0.522	0.522	0.522	0.522
0.595	0.522	0.522	0.595	0.595	0.595	0.595
0.885	0.522	0.522	0.702	0.941	0.941	0.941
1.000	0.522	0.522	0.702	0.885	0.885	0.885
0.522	1.000	0.900	0.522	0.522	0.522	0.522
0.522	0.900	1.000	0.522	0.522	0.522	0.522
0.702	0.522	0.522	1.000	0.702	0.702	0.702
0.885	0.522	0.522	0.702	1.000	0.961	0.952
0.885	0.522	0.522	0.702	0.961	1.000	0.952
0.885	0.522	0.522	0.702	0.952	0.952	1.000

4. 模糊聚类

前面已经指出，r_{ij}^* 反映了指标间的相似性程度，而且我们还做了有关变换，使 r_{ij}^* 变成 $[0，1]$ 区间取值的模糊量 r_{ij}。这里，我们要补充指出，经过这种变换后的 r_{ij} 实际上是有关相似性的隶属度。回想前面的描述，当两个指标完全重合时，$r_{ij}=1$，即隶属度为 1；当两个指标出现方向正好相反这种极端不重合时，$r_{ij}^*=-1$，$r_{ij}=0$，即隶属度为 0。这样，用 r_{ij} 接近于 1 的程度，我们可以衡量两指标隶属于完全重合程度。与通常的聚类分析不同，模糊聚类正是在前述的模糊矩阵基础上根据一定的隶属度来确定分类关系的。

我们记隶属度为 λ。从模糊分类矩阵来看，$r_{12}=0.96$，$r_{14}=0.96$，$r_{12,13}=0.96$，其余的 r_{ij} 都小于或等于 0.95。

（1）当取隶属度 $0.96<\lambda\leqslant1$ 这一水平时，任何两指标都没有高于该水平的相似程度，此时，不能将任何指标合并成一类，即指标仍保持原来的 14 项。

（2）当取 $0.95<\lambda\leqslant96$ 水平时，第 1、第 2、第 4 项指标间的元素 r_{12}、r_{14}、$r_{24}=0.96$，也就是说在 $\lambda=0.96$ 这一隶属度水平上，第 1、第 2、第 4 项指标之间的相似程度高于该水平，即第 1、第 2、第 4 项指标可聚成一类。同理，在 0.96 隶属度水平上，第 12 和 13 项指标也可聚成一类。也就是说，此时的分类关系为 $\{1，2，4\}$，3，5，6，7，8，9，10，11，$\{12，13\}$，14。

（3）同样，在 $\lambda=0.95$ 水平上的分类关系为 $\{1，2，4，5\}$，3，6，

7，8，9，10，11，{12，13，14}。

（4）以此类推，可以发现，当隶属度水平 λ 越来越低时，分类由细至粗，最终成为一类，为形象表述这一变化，我们将动态性的聚类谱系做成图 9—4。

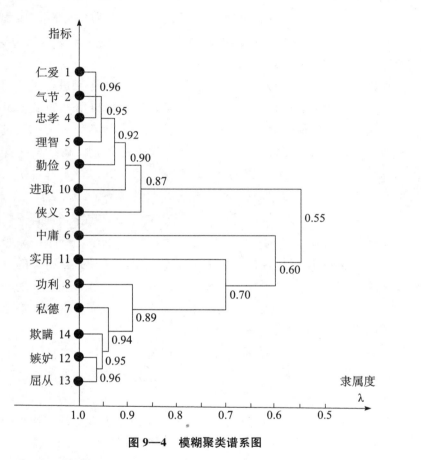

图 9—4　模糊聚类谱系图

5. 模糊聚类谱系图

为了表述和分析上的方便，我们又将上述矩阵图式化。根据图 9—4，聚类结果的解释方式可有如下两种。

（1）指标间的亲疏程度的描述。从聚类谱系图中可以看出，当相似性隶属度 λ＝0.55 时，14 项人格特质分成了两类：{仁爱，气节，忠孝，理智，勤俭，进取，侠义} 和 {屈从，嫉妒，欺瞒，私德，功利，实用，中庸}。换句话说，这两类之间的任何一对指标间的相似性隶属度都等于 0.55。另一方面，回想前面的有关公式我们发现，与 λ＝0.5 对应的 r_{ij}^*＝

0，即 $\theta=90°$，因此，我们可以将上述两类指标类似地描述成几何上的垂直相交，即第一类指标与第二类指标之间的夹角大约为 90 度。换言之，我们的 14 项指标，分别聚集在两条正交的直线周围。而且，从两类指标的含义上讲，第一类属于正指标，第二类大致属于负指标。

（2）分析的简化工具。以前进行了关于人格特质的分析，都是基于 14 项分类的，比较麻烦。现在可以考虑将分析简化在较少项的分类上。这是聚类分析的主要目的。

前面已指出，模糊聚类分析是按一定的隶属度水平来进行聚类的。应该指出隶属度水平 λ 的确定的确是一件需要技巧的事情，如果 λ 定得太高，就缺乏聚类的简化效果，如果定得太低，分类太粗，就失掉了过多的信息量，而且，每类指标中的每一指标的代表性较差。在这里，我们取 $\lambda=0.94$，这时，指标的分类如下：{仁爱，气节，忠孝，理智}，勤俭，进取，侠义，中庸，实用，功利，{私德，欺瞒，嫉妒，屈从}。由于 $\lambda=0.94$ 相当接近于 1，这时，我们可用 {仁爱，气节，忠孝，理智} 中的任何一个指标（比如说仁爱）来代表这一类。对 {私德，欺瞒，嫉妒，屈从}，我们选用欺瞒来代表全类。这样，我们关于 14 项人格特质的分析便可以在简化到 8 项——仁爱，勤俭，进取，侠义，中庸，实用，功利，欺瞒——的基础上进行，即前面关于人格特质的频率分布、交互、综合评判及有关图表，都可用这 8 项来表述。

不论采用哪一种方式去描述 14 项人格特质的分类，都有一个十分符合我们这部分分析目的的事实出现在面前，这就是中庸项在图中的位置及其作用。

第一，中庸几乎处于正负两大类的中间位置，准确地说，处于中间偏负的位置，在隶属度上距离 0.55 这个临界隶属度最近；如果从简化后的 8 项看，中庸同样处于近乎中间的位置。中庸的这种中间位置表明，它在人们的人格特质价值选择中是可择可不择、择可不择亦可的中性态度，因此，在对它的选择上很少有自—他之间的差异。

第二，中庸的选择近乎中间的位置，具有较大的中介性和沟通性，有较大的灵活性。形式上，只要相似性隶属度 $\lambda<0.55$，中庸便不能与其他 13 项人格特质中的任何一项有隶属关系，但在实际上，只要这个 $\lambda>0.55$，中庸就可以通过"千丝万缕"的联系，首先通过 0.60，0.70，…，0.96 不同隶属度数，逐步通向负极人格特质，通过 0.87，0.90，…，0.96 不同隶属度数逐步通向正极人格特质，建立不同程度的隶属关系。中庸所独有的这种优异位置和作用，是其他13项人格特质没有的，因为它们中的任何一项要和不同极上的人格特质发生隶属关系，都必须经过0.55这个"分界线"。因此，看上去中庸是处于正、负类之间，隶属程度最小，却是通达正、负类的最佳位置。

令人注目的是，在14项人格特质的评分中，中庸项的得分是0.019（均值），其绝对值是第14位，在对14项人格特质的自——他选择上，不仅选择频率差小，而且选择频率都比较低，表明选择的注意点并不在中庸项，或者说，对中庸项的选择带有较多的无意识色彩，中庸的中介作用是在人们无意之中灵活实现的；而一旦注意力集中，选择频率上升，便会出现自己和他人之间的反差。

（二）中庸的均衡作用

既然中庸在问卷结果中得到的是中性评价"无所谓"，那么，它何以能够起到通达各方的作用？其机理何在？希望这个问题能通过对历史的一种精神追溯得到些微解答。笔者的一个主要观点是，中庸在人们无意之中起均衡作用，是和文化积淀的深层心理作用分不开的。因此，也就必须对中庸的文化渊源做一种历史精神追溯。

现在大家都同意这样一个观点：中国文化的根本精神是人文主义；以人为本，而不是以神为本或者以物为本。作为中国文化两大源流的儒家思想和道家思想，在时间上差不多是同时期的。儒家的经典著作是《大学》、《中庸》、《论语》、《孟子》、《周易》、《书经》、《诗经》、《礼记》、《春秋》，通常称为"四书五经"。和《大学》、《中庸》、《周易》差不多并列的是庄子的《天下篇》。儒家的祖师是孔子，稍后是孟子；道家的鼻祖是老子，稍后是庄子。儒道两家并非绝对对立，是从一正一反两个侧面论人性；中庸在本质上介于儒道之间。

《论语》的思想体系以仁为核心，因此，《论语》中塑造的理想人格是以仁为核心的修身、齐家、治国平天下。修身则三省吾身，忠和恕；齐家则施以孝道；治国平天下则弘毅，扬仁义，君君臣臣上下一德。整个《论语》，从《学而第一》、《为政第二》、《八佾第三》、《里仁第四》、《公冶长第五》……直至《尧曰第二十》，赞扬尧舜之道即孔子之道。仁作为德性心，外现为义和礼。义为世事中是是非非之判断，礼为人际里好好恶恶之判断。而礼与和是一致的，"礼之用，和为贵"（《学而第一》），在儒家思想中，"和"是施仁扬义执礼的手段和工夫，讲究情理，讲究宽大。《论语》中"子曰：居上不宽，为礼不敬，临丧不哀，吾何以观之哉"（《八佾第三》），即是讲宽、敬、哀的统一，视民如子，视人如神，死者善己；讲王道度里，人道情操，才能上下一德。《论语》中又说："道之以政，齐之以刑，民免而无耻；道之以德，齐之以礼，有耻且格。"（《为政第二》）可见，中和，情理兼顾，中庸之道，是贯通儒家思想人文精神的"筋"。庄泽宣认为，人文主义的发端就在于好讲情理，恪守中庸之道。蔡元培在评论中华民族与中庸之道时认为，儒家所标举以为模范的人物，始于4 000年前的尧、舜、禹，而继以3 500年前的汤，3 000年前的文武，莫不以中庸之道为祖训。他说：《论语》记尧传位于舜，命以"允执厥中"。舜的执中怎样？《礼记·中庸篇》说道："舜好察迩言，执其两端，用其中于民。"《尚书》说，舜以典乐的官司教育，命他教子弟要"直而温，宽而栗，刚而无虐，简而无傲"，直宽与刚简，虽是善德，但是过直就不温，过宽就不栗，过刚就虐，过简就傲，用温栗无虐无傲做界说，就是中庸的意思。舜晚年传位于禹，也命他"允执厥中"。禹的执中怎样？孔子说："禹菲饮食而致孝乎鬼神，恶衣服而致美乎黻冕，卑宫室而尽力乎沟洫。"（《论语·泰伯第八》）若是因个人衣食住的尚俭而对于祭品礼服与田间工事都从简率，便是不及；又若是因祭品礼服与田间工事的完备，而对于个人的衣食住也尚奢侈，便是太过。禹没有不及与过，便是中庸。汤的事迹可考的很少，但孟子说"汤执中"，是与尧、舜、禹一样。文武虽没有中庸的标榜，但孔子曾说："张而弗弛，文武弗能也；弛而弗张，文武弗为也。一张一弛，文武之道也"（《礼记·杂记下》），意思是文武不旨为张而弗弛的太过，也不旨为弛而弗张的不及，一张一弛就是中庸。孔子还曾说，"道之不行也，我知之矣，知者过之，愚者不及也；道之不明也，我知之矣，贤者过之，不肖者不及也"（《礼记·中庸篇》），又说："过犹不及"，何等看重中庸！他还说："质胜文则野，文胜质则史，文质彬彬，然后君子"（《论语·雍也》），是求文质的中庸。又说："君子之于天下也，无适也，无莫也，义之与比。"又说："我无可无不可。"是求可否的中庸。又说："君子惠而不费，劳而不怨，欲而不贪，泰而不骄，威而不猛。"（《论语·尧曰》）他的弟子说："子温而厉，威而不猛，恭而安。"（《论语·述而》）这都是中庸的态度。孔子的孙子子思作《中庸》一篇，是传述祖训的。

中庸的人文文化发端作用还表现在它与道家思想的联系上。老子长孔子20岁，为当时思想界的最长者，著有《道德经》。由于自古礼治礼教的压抑过甚，当时庶民起而反抗礼教。老子应庶民反抗潮流，反对礼，主无为，顺自然。老子说，"道无为而无不为"。其意是要无为，然后才能无不为，即以"无为"为法则，达到"无不为"之目的，故谓"我无为而民自化"，是说的"无为"而"无不为"之效应。和儒家对人性的仁德教化不同，道家主张"无为而治"，不讲人性讲天性，讲道，顺其自然。"道生之，德畜之"（《道德经》第五十一章），德为先天的，所以要"明"德，"自知者明"，"知常者明"。老子讲道，也讲到阴阳，讲到和。他说"万物负阴而抱阳，冲气以为和"（《道德经》第四十二章），"多言数穷，不如守中"（《道德经》第五章）。

由此看来，中庸之道与道家思想之间的关系也就比较明显了。在《大学》、《中庸》、《周易》中的中庸思想很重视"明德"。《大学》第一句话有"在明明德"，把"明德"作为先天善性美德视之，是自然善美，不同于儒家礼教造化后的人为善美。《中庸》则以"天命之谓性"为始，以"予怀明德"为终。它讲"致中和，天地位焉，万物育焉"，是把"中"与"和"作为根本和形式视之。喜怒哀乐未发谓之"中"，是指人自身的自然状态；发而皆中节谓之"和"，人自身的自然性触发而中节，恰如其分，则万事万物和谐，各得其位，各得其所。至于《周易》中的中庸思想也是十分深刻的，"文明以健，中正而应"，"其德刚健而文明，应乎天而时行"，把中正、刚健统为一体，视为天然美德，视为天地人三才合一的"道"；反之，"重刚而不中，上不在天，下不在地，中不在人"。

可见，中庸之道既充满了情理兼而顾之的人文精神，又超出了儒家人为教化而得的仁心仁德，把人文精神上升为天地人三者统一的宇宙之本；仁心仁德是教化而得，因此，还会有不仁不德，有仁德沦丧。这样一来，《中庸》讲"诚"，"唯天下至诚"，而不强调仁，也就顺理成章。"至诚不息"，才能对人间争执、分歧、冲突等有完好的解决。因此，中庸之道在其本质上是和合人性两面、和合人生两面、和合人际两面以完好处理，从而使仁心仁德仁爱得到完好发挥，使人生艺术得到善美统一。

但实际上，在中国封建社会里人性二面、人生二面、人际二面，正面和负面、美面和丑面、善面和恶面各执一端，对立着、排斥着、争执着，到了一定时候，"物极必反"。《论语》的《八佾第三》和《里仁第四》，其意在礼乐生活化，仁德风俗化。而历史却是风气各异，仁德有变：东周一反周初礼制，荒淫之弊成风成灾，于是，东周以来任侠风气盛行，急公好义；两汉以后，西汉（武帝）以儒术为利禄之途，养成趋势重利之风；东汉（光武）中兴，重气节；东汉末至魏晋南北朝，气节荡然以尽，此后出现好清谈，而行动流于放诞；隋唐五代，士气益鄙，投牒自谋，不以为耻；到了宋代，忠臣义士，视死如归，精忠报国；元代则有国而不立其本，犯礼义之分，坏廉耻之防；明代士大夫逢迎宦官，后东林诸贤砥砺气节，却无济于事；清初虽有明代遗臣之以气节相等，却在制禄麻醉下，士气逐变，知廉耻者甚鲜，直至晚清卑怯之风大盛。[①]

这个史实表明，儒家倡导"里仁为美，里仁为善"（《论语·里仁第四》），实际上却常常不仁、不美、不善。因此，善善恶恶、是是非非这种消极以待固然不行，而劝善、赏善罚恶这种积极以待亦非能全尽人意。在消极态和积极态之间起桥梁作用的是中庸之道。

中庸本身是对两极的中正、中和，有阴阳两极才有中正。"中庸之道"的精华不在于恒常正中状态，而是两极向"中"，向"两极之间"的趋势，"物极必反"，反回到两极能够共处的"中"位而得"和"。严格地说，"中庸之道"表示物极必反的"道"，"和"成"中"位而无过无不及，无偏无邪。就其"中"与"和"有点像数学上的零，却又比零要深刻得多。也有点像信息科学中的有序，却又比有序要高深莫测。有序这种分布状态是对无序（混沌）的均衡、协调、中和，是使相互排斥相互对立的分布状态（混沌）处于对立的"两极之间"。如果没有这种有序化过程，恐怕宇宙要立即爆炸。在管理科学中已有人提出人际关系中线性黏性与昂寒格定律的关系问题，认为线性黏性符合平衡附近的昂寒格定律。昂寒格定律的基本思想是，当结构体有梯度时，就有迁移（质量迁移、动量迁移、能量迁移等），也就有损耗，并且使用内耗函数 $F_2(\theta, M) = \theta M^2$ 公式说明：在 θM^2 是摩擦功率情况下，θM 摩擦力与速度 M 成一次幂正比关系。当处于 $M=0$ 和 $M=1$ 这种静态平衡和动态平衡时，昂寒格定律成立，并且 M 在 $1.8\sim2.0$ 的中、小程度风险的范围内，昂寒格定律适用。[②] 就是说，在常态（中、小风险这种比

① 参见王德华：《中国文化史略》，234～238页，台北，正中书局，1943。
② 参见鲍吉人：《现代管理行为的结构》，30～31页，合肥，中国科学技术大学出版社，1989。

较平稳状态）下，行为结构体内梯度小，"两极之间"其内耗也就小。这是物理学对管理行为的"中庸之道"合理性的验证。需要说明的是，社会生活远比物理现象要复杂得多，"中和"两极而求其平衡的具体方式，绝非自然而然的过程，而是需要加上意志力及其导向的力量较量过程。

以上种种实例证实了物"两极之间"或"两极均衡"的趋势及其合理性。中庸之道作为揭示两极超平衡之"道"的道理，是抽象化了的大道理、是哲理。它早在《周易》（相传成书于伏羲时代）就能提出，表明中国文化的成熟、中国文化中的智慧。这个大道理在人生中有待于人格的成熟和完善才能明白，才能"明明德"，才能"中庸"自如。中庸之道在中国文化及民族精神中的作用，我们还会在下面"圆而神"的思维方式和"刚柔"结合的性格特性等问题上看出来。

这里的写作责任在于，通过历史精神追溯，论述"中庸"何以能够起到心理均衡作用。上面的简单追溯使我们看到贯通中国文化人文精神的"中庸"源远流长，使中国文化一开始就具有包容性和内聚力，并且文化积淀很深。这种文化积淀表现在一代代人身上、民族性格上，也就既复杂又深沉，既宽厚又圆熟，复杂得深，深得复杂，宽得圆熟，圆得宽厚。这种性格到了不以为然、左右自如的成熟程度、深刻程度、宽厚程度、复杂程度，如同一个精神境界很高、造诣很深的人不觉其高、其深，能够"己立立人，己达达人"。中庸之道是中国自古的文化财富、中国人自古的品格，连同文化积淀一起，在中国民族性底层起作用，成为民族的一种微妙的心理力，成为被后人遗漏的自发心理力。拉康曾经说，无意识的东西是历史上所以出现空白遗漏或迷惑莫解之处的制造者，是应受稽查的首犯。然而，真相是可以恢复的。真相往往被写在另一些地方，它们是"在种种遗物中，在档案资料中，在语义的演变中，在传统习俗中……"① 的确，文化的深层心理作用何尝不是如此呢！

第九章 性格结构特点

---

① ［法］C. 克莱芒等：《马克思主义对心理分析学说的批评》，99 页，北京，商务印书馆，1987。

第十章　民族精神

一、民族精神

在课题研究中接触到几本描写民族魂的书，其中有《美国魂》〔亨利·凡·戴克（Henry Van Dyke），1909〕，有《日本魂和〈论语〉解释》（或译《〈论语〉解释中的日本魂》，伊藤太郎，1925）等等。同样，中华民族也有自己的民族精神。

（一）魂和知圆满结合的民族精神[①]

民族精神是指能够维系、引导和推进一个民族文化发展而不溃败的那种精神力量。

那么，作为中华民族魂和知圆满结合的民族精神是什么呢？这还需从《周易》说起。《周易》中有三句话可以代表这种精神，一是"自强不息"，二是"厚德载物"，三是"圆而神"。三者合起来即是知、情、意的圆满结合。

"自强不息"出于《周易》"乾第一"。《象》曰："天行健，君子以自

---

① 辜鸿铭在《中国人的精神》一书中曾说："中国人的精神是魂和知性的圆满结合。"辜氏曾被人严厉地指责为复古派，但笔者仍喜欢用他的这个提法。该书是以英文成书，书名为 *The Spirit of The Chinese People*，1915。

强不息。"（卷一）象者，卦之上下两象及两象之六爻；天，乾卦之象；行者，运动。言天行，则见其一日一周，而明日又一周，若重复之象，非至健不能也。君子法之，不以人欲害其天德之刚，则自强而不息矣①，尧舜一日万机，文王日昃不暇食，仲尼终夜不寝②，都是说的天的性质刚健，永远运行不止，"君子"效法乾天之象，自强而不息。在《周易》中，天为乾，地为坤，天为阳，地为阴，天性刚，地性柔。阴阳相和中正而不偏，万物正固而持久，因此，天性刚与地性柔，都和中正不分离。"大哉乾乎，刚健中正，纯粹精也"，刚则不屈，健则不息，中则无过无不及，正则无反无侧，四者为乾之德，纯者，不杂于阴柔，粹者，不杂于邪恶，盖为刚健中正之至极，而精者又为纯粹之至极，乾无所不包。

"厚德载物"出自《周易》"坤第二"。《象》曰："地势坤，君子以厚德载物。"地，坤之象。在《周易》中，天动地静，天性刚健，地性柔顺，"坤，顺也"，因此，言地不言重而言其势之顺，则见其高下相因之无穷，至顺极厚而无所不载。但地之厚无物不载是顺从天而与之结合，这样才能发挥无边无际的作用，"坤厚载物，德合无疆"（坤第二）。在这里，同样有着天与地、乾与坤、刚健与柔顺的合和而不偏侧。

"圆而神"出自《周易》"系辞传上"，"蓍之德圆而神，卦之德方以知。六爻之义，易以贡"。蓍和卦对称构成《周易》两大结构。蓍为蓍草，是行筮工具，呈圆形，滚动不停，表明其性质是变化莫测的；卦是方的，共有 64 个，用蓍以求卦，求到哪卦便是哪卦，固定不变。以此揭示事理，判断天下，"夫《易》开物成条"。《周易》序中说，"易为书，卦爻象象之义备，而天地万物之情见"，"其道至大而无所不包，其用至神而无所不存"。而卦爻象象是未始相接，"未婚有一"，因此，需要"精神之运，心术之动"，然后可以谓之知易。据《周易》，天动地顺，天为乾，为圜。圜即圆，天动作转运，非圜不能。可见，圆与动之莫测相反相成，无圆则无动。动而莫测则神，这一点可以从这样两句话看出，"一阴一阳谓之道"，"阴阳莫测谓之神"，就是说财阳选运之理则所谓道；阴阳两在，故不测，阴阳变化不迭，无所不在又无所不包，"神无方，易无体"，由此，又可以看出圆与神的不分离，圆神谓变化无方。因此，"神以知来"，神之运能知

①② 参见《周易》，上海，上海古籍出版社，1986；李鼎祚：《周易集解》，北京，中国书店，1984；徐志锐：《周易大传新注》，济南，齐鲁书社，1987。

未来。"方以知"中的"知"同"智","方以智"谓事有定理，因此，"知以藏往"，卦爻辞蕴藏人类智慧；"易以贡"谓变易以告人，贡，告也，指易的用场。

《周易》用动之蓍以求静之卦，用"圆而神"得"方以知"，表示易之用，非"圆而神"，则不知易。由此，"圆而神"实为易所告人的思维方式，"精神之运，心术之动"。正是其中蕴涵的思维方式，才构成《周易》那丰富多彩的"未始有一"的思想体系，正是这"圆而神"的思维方式，才能产生无穷智慧，使中国文化不仅充满了人文精神，而且充满智慧，成为有理智主义的文化。

牟崇三等史学家曾把"圆而神"的智慧作为西方人应向东方人学习的要点之一。[①] 牟崇三诸先生在《中国文化与世界》一文中解释说，"圆而神"与西方的"方以智"对照，"我们可以说，西方之科学哲学中，一切用理智的理性所根据之普遍的概念原理，都是直的。其中一个接一个，即成为方的"。他们认为，这些普遍的概念原理，因其是抽象的，故其应用至具体事物上，不能曲尽。要能曲尽，必须成为随具体事物之特殊单独的变化，而与之婉转俱流之智慧。"圆而神"的"神者，伸也"，一如庄子的"神解"，孟子的"所过者化，所有者神，上下与天地同流"。这个解析是意味深长的。"圆而神"这种思维方式和用智方式，以体察为前提，以心力之用为机理，察天、地、人之象，悟其道，运筹帷幄，因而，在认识万物和人伦关系上，是中庸之道，执中合宜，重中正，求圆满，通天人，合内外。无论《易经》有何种神秘色彩，何种保守倾向，它的精华却是中华民族智慧的结晶。以往，研究者们都共同承认过它的辩证思想和文学价值等。现在看来，还有必要以它的辩证思想为入手点，进一步捕捉藏于其内时而隐隐约约时而又闪烁夺目的智慧之光和无止境的追求精神。

总之，天乾地坤，天动地顺。天，"自强不息"；地，"厚德载物"；天阳地阴，阴阳莫测谓之神，"圆而神"，用圆以求方，悟其神，知未来，得其方，明事理。三句话和心理学上提出的知、情、意何其相似乃尔，不仅相似，且此"自强不息"之意志与天的刚性并存，强大无比；此"厚德载

---

① 牟崇三、徐复观、张君劢、唐君毅：《中国文化与世界——我们对中国学术研究及中国文化前途之共同认识》，见杜维明等：《中国文化的危机与展望——当代研究与趋向》，151 页，台北，时报文化传播公司，1981。

物"之情，与地的柔性并存，宽大无比；此"圆而神"之知性，竟与阴阳莫测相通，其深能通天下，其神则不疾而速，不行而至；位于天地之中位的人，与天地相合，"圆而神"，智慧满盈。知、情、意的圆满结合是人格之美，中国人的聪明才智出于这种人格之美，既肯于用力，又善于用心和用智，心灵而手巧。试想，假如没有这种人格之美，自古的绘画、美工、音乐、语言及造纸、建筑等领域的重大发明创造就成为难以理解的事。现在的问题在于发挥和发展中国人人格之美迸发而出的聪明才智。

（二）刚和柔圆满结合的人格特性

在关于"自强不息"、"厚德载物"和"圆而神"的分析中已经接触到了关于刚和柔的思想。

在《周易》里，乾刚坤柔；刚柔，表示阴阳外现的形质，根据马其昶的解释，"刚柔者，阴阳之凝而成质者也"[①]。坤阴是至柔至静的，但坤阴又能和乾阳相结承乾而动，因此，"坤至柔而动也刚，至静而德方"。就是说，坤阴是至柔之中又有刚，至静之中又有动；柔中有刚，静中有动。"刚柔相推，变在其中"，阴阳之变是其自身刚柔两种质之交互相推的过程。《周易》"乾第一"和"说卦传二"中还有从刚和柔的关系说天地人相合的思想，这就是"重刚而不中，上不在天，下不在田，中不在人"，"立天之道曰阴与阳，立地之道曰柔与刚，立人之道曰仁与义"，都在说天地人三才相合，不能乾乾两刚相重而不得中道。不论在天地人相合说中有何种不足，都可以从刚柔说中提炼出一个合理思想，就是刚柔相推又相合，既体现万物变化在其中，又体现对立所具有的中道品质。

然后再把刚柔这种外在形质和"自强不息"、"厚德载物"、"圆而神"这些内在心性和知性联系起来，就会进一步看出中国文化之所以为中国文化的那个精神——民族精神。这个精神不仅有宽厚之情怀和刚健之意志以及"圆而神"之知性，而且有柔而刚之特性。宽、柔、圆息息相通，坚强、刚健一脉相承。而作为气质核心的东西是情、宽厚、柔心。"圆而神"出智慧，宽柔之心也出智慧。关于这一点，辜鸿铭在《中国人的精神》一书中讲得很有特点。他曾举例说，中国语是"心"的语言，觉得中国语难学的外国人，是受过知识教育的人，他们学中国语是用"脑"即知去学而

[①]　转引自徐志锐：《周易大传新注》，447页，济南，齐鲁书社，1987。

尚做不到用"心"学。他又说，谁都认为中国人记忆力强，这是因为中国人的记忆是把心和同情力加在一起起作用的。心是感度锐敏的一杆秤。使用心力思考固然困难，一旦学会就会自如的。比如，中国人使用的笔是有柔性的毛笔，这个柔性是中国人心性的象征。用毛笔写字难，但练就之后，会写出比硬性钢笔优雅漂亮得多的字。辜鸿铭把柔性、心力作为增强感度锐敏程度、助长聪明才智的软件是有见解的，把中国文化的人文精神解释到家了。

柔性、心力包含着工夫和心术之巧。工夫不到、心术不巧，则难能左右逢源。下工夫、用巧劲儿，可得宽厚中道。但是，邪道亦可从工夫、心术出。比如柔性、心力足以大智大愚，但又可能装腔作势。柔得灵活自如，安然以待；但又可以八面玲珑，四面讨好。正因为性柔，可伸亦可缩，可进亦可退，一旦柔性发挥得恶，便有可能使人的负面特性抬头，不美不善、不仁不义。

然而，作为体现中国文化精神的那个柔性，是柔而刚、柔和刚的圆满结合。柔和刚的圆满结合，在《周易》里即"刚健中正"和"至柔而动也刚"。前者指乾性，大乾其行无过无不及，其位不偏，方"纯粹精也"；后者指坤性，坤至柔而动也刚，顺承乾天之义。《周易》多处讲"刚中"，都是讲刚柔一体。"刚中"指刚爻居上体的中位，唯中而不自乱，"中不自乱"（履第十），"健而巽，刚中而志行，乃'亨'"（小畜第九）。大乾刚健而入事理，概因其刚中而志行，乃得亨通而不穷。[1]"中位"最佳。"中"的优位能最好地统合两极，两极相交而不悖，"天地交而万物通也，上下交而其志同也"，"小往大来，吉亨"（泰第十一）。可以说，贯穿《周易》的主线是阴和阳、乾和坤、刚和柔等两极相交的中庸之道，行而无过无不及，位而不偏不倚，通篇在讲庸言庸行之道之理，"庸言之信，庸行之谨"（乾第一）。依据《九家易》的解释："庸，常也。"高亨的解释："庸由正中而来。正中者，无过，无不及，无偏，无邪也。正中之言乃为庸言，正中之行乃为庸行。之犹是也。"（《周易古经今注》）信，诚实。谨，严谨。《周易大传》认为，中正之道就是常道，由于得了常道，所以，就无一言不诚实，无一行不严谨，一言二行均能无过与不及而做到恰如其分。[2]

"自强不息"、"厚德载物"和"圆而神"的圆满结合，魂和知圆满结

---

①②　参见徐志锐：《周易大传新注》，68、10 页。

合的民族精神，刚和柔圆满结合的精神特性，妙在中庸之道。无论中华民族在漫长的历史发展中，有多少种美善之德或者丑恶言行，有多少聪明才华或者粗笨之举，差不多都在中庸之道和蕴藏于其内的人文精神中得到中和、调整和平衡，都在充满智慧和人生艺术的庸言庸行中得到完好的解决。用"精神之运，心术之动"以求均衡，纵然在自己人内部不善不美面前，也常常给予善和美的理解而求善—恶、美—丑之完好解决，而不轻易伤害和气，不轻易伤害感情。这一性格特点，不论它在不同场合有何种不同表现及效果，是昂首挺拔还是缩手缩脚，是成功抑或失败，都已成为中国人民族性格的东西，成为中国文化底层的精神。回首中华民族几千年的多灾多难和困苦，回顾新中国成立以来的风风雨雨、喜怒哀乐，都是被这深厚宽柔的民族精神、民族感情和美妙的庸言庸行所包容，不禁万分感叹于我们这个民族的伟大、善良和对这个伟大、善良的发挥之不足、认识之茫然。在历史已经发展到 21 世纪的社会大改革时期，如何唤醒、认识、保护及发挥我们的民族精神、民族感情，则成了我们的重大历史责任。

二、传统与现代化

（一）传统与现代化冲突之必然

从历史上看，现代化的发展始终伴随着某种意义的和某种形式的现代化与传统之争，虽然现代化与传统之间有历史的、逻辑的联系。

现代化渊源于西欧 18 世纪的启蒙运动；现代社会学创始人 M. 韦伯用"资本主义"这个概念表示现代化的开始。当然，也有人追溯到 17 世纪的"科技革命"，甚至更早些的"文艺复兴"。无论如何，现代化是同工业革命和资本主义发展相随而生的。从这个意义上看，中国的现代化始于19 世纪中叶由于鸦片战争失败所导致的封建帝国的"门户开放"及资本主义的产生和发展。

如果说现代化是作为历史发展的一种不可抗拒的潮流出现的，那么历史发展中另一种无法阻止的传统势力就必然会出来与之抗争。这种抗争在西方进行了几百年，在中国也进行了 100 多年。这种抗争不仅在现代化一开始就以相当尖锐的方式进行，而且在现代化得到了广泛发展的今天仍然存在。现代化一方面给社会带来了科学技术和生产力的空前发展，社会分工的发展，效率的极大提高，人们的教育水平和物质生活水平的迅速提高；另一方面又无情地破坏了传统和人们的心理惰性：以往用血缘纽带千丝万缕联系在一起的人际关系和人际感情变得淡薄起来，物或机器成了联结人际关系的中间环节，人与人的关系转换为人与物的关系，你我关系转换为我他关系，随着人际关系的这种变化，等级森严的家庭伦理也开始变化，变得没有家庭义务和家庭责任，在社会生活方面，强调个性独立而忽视社会追求和社会解放，重实际而无视理想；又由于大众传播媒介的迅速发展，无聊、放荡、淫秽、色情的东西无孔不入，促使社会生活中的道德沦丧，如此等等，所有这些负面现象，都能成为对现代化的批判和反论的历史理由。

对资本主义及现代化进行批判的有种种立场和出发点。其中有 18 世纪欧洲的反理性主义者的批判，有中国、日本、印度等亚洲各国民族主义式的批判，有从解放全人类的立场进行的马克思主义的批判，也有后工业化社会论者的批判。在这些批判中，马克思一开始就进行的是历史和未来、理论和实际相结合的批判，是在理论上抓住了人从而也是最能说服人的批判。马克思主义批判的结果出现了苏联和中国等国的现代化，同时也必须看到，在客观上又在某些方面刺激了西方的现代化的发展，就是说，西方现代化在某些方面接受了马克思在当年的深刻批判，而加以自我改善和发展。关于这一点，从西方马克思主义的某些观点及丹尼尔·贝尔和托夫勒等人的后工业化社会论中，都能得到证实。宾克莱在《理想的冲突》一书中认为："马克思对人的异化的洞察力，被许多人认为是他为更好地了解人性所做出的主要贡献……他主要关心的是人类每个人的'拯救'问题。"[①] 托夫勒曾经颇有感触地说，"对马克思一无所知，就等于半个文盲"。但是，在对现代化批判的过程中，贯彻始终的是来自民族和传统的力量。

资本主义、现代化对中国的冲击和中国对它的抗击，从 19 世纪末康有为等人的"变法维新"即已开始，他们力图通过朝廷内部的改良方式求得资本主义在中国的发展。孙中山的伟大在于他以大规模的革命运动，以"三民主义"（民族、民权、民生）以及后来的"联俄、联共、扶助农工"为口号，解决中国资本主义发展和现代化问题，相当英明地处理了现代化与传统的关系，但是，由于中国资产阶级的局限性和软弱性，他领导的民

---

① 参见 ［美］宾克莱：《理想的冲突》，101 页，北京，商务印书馆，1984。

主主义革命之失败是难免的。后来，毛泽东和蒋中正对孙中山所做的创举给予了不同的对待，即前者的革命道路和后者对这个革命的反动。半个多世纪以来，现代化与传统之争在中国不曾中断过。从"五四"运动时期的"打倒孔家店"到 20 世纪 30 年代的"中体西用"与"全盘西化"之争，直至中华人民共和国成立后，从 20 世纪 50 年代初的对《武训传》的批判和反右派、反"右倾"，到 60 年代中开始的"文化大革命"，都有不同的形式出现。

20 世纪 80 年代这场现代化与传统的争论，同以往任何形式出现的争论的共同之处，就是关于"中体西用"与"全盘西化"仍然是争论的实质性问题，其实，这两种观点都不利于中国的现代化。因为张之洞所提出的"中学为体，西学为用"是把中国学问作为"体"，西洋学问作为"用"，中国的传统思想是"体"，西洋的科学技术是"用"，有着"安心立命"之弱点。陈序经提出"全盘西化"的口号在所难免，但不科学也不可能实现，因为一个民族的文化连同它的性格，不是能用外力化掉的。20 世纪 80 年代的争论同以往的争论一样，都直接提出了中国人的问题。这不仅是不可避免的，而且也是有意义的。因为发展文化归根到底是为了提高并实现人本身的价值，从而为提高和发展科学、技术及社会生产力服务。因而，目前这场争论自然而然地触及了中国人的民族素质的提高的问题。

（二）关键在于有一个良好的"联结点"

现代化与传统之争，在西欧和北美，是促进了现代化的发展，在日本也是如此。

日本是一个东方式的现代化国家，"明治维新"时期也有着"洋才和魂"与"全盘西化"之争，直到 20 世纪 60 年代初，这种争论仍然余波未平。但作为一个民族的发展，却始终抓住教育和科技的发展，即使在战败后的那个几乎家园破亡的历史时期，乡村教育也从未中断或冷落过。战后，在美军占领时期，日本进行了民主改革以及现代化管理改革，把美国式民主作为"洋才"加以接受，却保留了日本人的集团精神和工蜂精神等"和魂"，并把它贯彻在生产和管理中。

在中国，现代化与传统之争进行了百余年，却未能如愿。经验和教训都极多，其中有一个问题引起了课题研究的兴趣。这就是要足够重视并切实抓住中国民族传统中对现代化关系最大的东西，建立起由此达彼的桥梁，即一个良好的"联结点"。这里提出的"联结点"是指将一个民族文化传统中与现代化有"亲和力"或叫"结合力"的东西同现代化建设连接起来，形成一个由此达彼的桥梁。因为现代化是人类社会发展过程中出现的一种发展水平较高的社会状态，它在任何一个国家都是以原有的社会发展水平、以那个国家特有的民族文化及传统为基础出现和发展的。这样，选择一个民族文化及传统中对现代化建设最有影响（不论积极的影响还是消极的影响）的东西，将其不利于现代化的部分抛弃或加以改善，有利于现代化的部分发扬之；同时，将国外现代化中有利于我们的东西"拿来"加以用之，不利于本国国情的东西"扔掉"；在有"亲和力"或叫"结合力"的点上，较充分地发挥本民族文化及传统的优势，发奋不息，努力以求。

（三）关于中国现代化的联结点

我国的现代化显然和日本的不一样。从第二次世界大战后的格局看，日本巧妙地利用了国际形势中的和平因素，利用日本人面对美军占领进行的社会运动，创造了国内相当稳定的和平与民主的环境，稳步发展现代科学技术，发展生产力。我国在 20 世纪 50 年代初，政治、经济、文化形势都相当好，十分有利于现代化建设。50 年代虽然承受了抗美援朝这场大规模战争的重担，但为我国赢得了和平建设时期，这个"太平盛世"正是中国现代化建设的大好时机。但是，很快地有了 1957 年的反右派和 1958 年的总路线、"大跃进"、人民公社"三面红旗"，1959 年又反"右倾"，60 年代开始中苏论战，经历了三年困难时期，几乎是 10 年时间，或是在知识分子群，或是在群众中，或是在领导层，阶级斗争一波未平，一波又起，亦乱亦治，付出的代价极大。对这一段历史，谁也不能说毛泽东不想在中国搞现代化，1956 年反右派的出发点很明显是要抗拒资本主义，为中国现代化扫平道路，但在实际上，是拒绝了现代化建设。接着是 60 年代中期到 70 年代中期的"文化大革命"，全国大乱。"文化大革命"要打倒"走资本主义道路的当权派"，而在实际上却打倒了两股现代化势力：一是党内一批当年到国外留学，接受马克思主义的领导人；一是新中国成立前受过高等教育或出国留学而归的大知识分子。其结果，"文化大革命"成了前 10 年拒绝现代化的继续。

作为中华人民共和国开国元勋的毛泽东是一位历史功臣，有功于民族,有功于人民。他的一生显然是要在中国走出一条中国式现代化的路子,而反对西方的资本主义现代化。他一登上历史舞台,就选中了中国农村和广大农民,改造、培养他们,又发动、依赖他们,表现了他的聪明和眼力。因为在中国,谁能解决好农民问题,谁就能赢得大半个天下,赢得大多数。毛泽东想依靠以农民为主体的广大民众搞中国现代化,但是由于他始终把阶级斗争作为解决中国问题的根本方式,留在广大民众身上应该改造的传统观念却在对"敌"斗争中隐藏了起来,而温文尔雅、反躬修己之类的传统精神没能得到较好的发挥。

1978 年,党的十一届三中全会和第五届全国人民代表大会提出以实现农业、工业、国防和科学技术四个现代化为目标的历史任务,10 年来,在改革与开放的过程中,四个现代化有显著发展,同时也受到不少挫折,是治中有乱的年代。

总而言之,在近 40 年里,全国人民经历了一治一乱、治中有乱的不同年代。中国人身上的民族性也有不同的表现,其优劣之点时隐时现,时涨时落。总的看来,在太平盛世的 20 世纪 50 年代,民族性中的优质成分表现得更突出些,人们积极向上、团结一致、奋发图强,自觉为人民服务,精神面貌比较好,人际关系比较正常。在天下大乱的"文化大革命"年代,劣质表现得更多些,狂热和冷酷,盲目和独尊,"革命"和破坏,一些人上"天堂"当"左"派,另一些人下"地狱"进"牛棚",有人痛快,有人恐惧,有的人一方面高唱"革命",另一方面又弄虚作假,事情都被颠倒了过来,变得不真实、不可信任。后来发展到治中有乱的年代,人们身上优质的东西和劣质的东西差不多同时登场表演,最初人们对实现四个现代化寄予厚望,欣喜若狂,迎来了 20 世纪 80 年代科学的春天,但在另一方面,这个现代化作为一种潮流出现,来得太快、太猛,人们准备不足,有些措手不及。

在经济上,还没有等到科学技术普遍发展并转化为生产力,人们尚未弄明白应该付出何种劳动以获取社会报酬时,就已经在流通领域里通过倒买倒卖,"发财致富"了,有了发财的,就有眼红的,结果,"倒爷"横行,其中包括"官倒爷"。

在生活方式上,还没有等到物质生产力发展水平和文化教育水平达到一定的高度,"超前"消费就已经在全国兴起。突然到手的钱,尚不知道应该怎样去使用之时,就已经陷入流行服装、时髦发型、高档商品的汪洋大海，讲穿讲戴讲排场，不伦不类，俗不可耐。

在思想上，还没有等到冷静下来，好好思考刚刚做完的噩梦，时髦的名词概念、标新立异的观点、沽名钓誉的著作就已经充斥于市。理论界剽窃、抄袭甚至改头换面据为己有的恶劣做法，就其实质，和经济领域的"倒爷"及其投机倒把是一样的。同样是哪里能赚钱，就到哪里投机取巧。

目前，美的、好的、善的东西是有的，但已经有些"正不压邪"。问题从何而来？是因为穷了多少年，穷得没有骨气了吗？不是的。通过课题研究我们感到，我们这个社会，由于体制和政策上的漏洞，给为非作歹或投机取巧提供的"理由"太多了。因此，在我国 20 世纪 80 年代所进行的这场现代化与传统之争，在二者之间建立一个良好的联结点，不仅要在经济方面找到同现代化有亲和力的因素，即现代科学技术，更重要的是要在政治方面找到这种有亲和力的因素，这就是法治和民主。有了法治和民主，才能为现代科学技术的发展提供根本保证，也才能为民族性的改造和民族素质的提高创造良好的环境。

这是说的寻找并较好衔接"传统—现代化"联结点的重要性。沿着联结点，弘扬民族精神，努力发展科学和技术、民主和法制，人的素质将随着经济生活和文化教育水平的提高，以及整个社会生活的正常化不断提高。

从另一个侧面说，寻找并较好地衔接"传统—现代化"联结点，意味着传统与现代化并不相悖排斥，搞现代化并非要抛弃传统，相反，只有在本民族传统的基础上，建立传统与现代化之间由此达彼的桥梁，把本民族文化中的精髓尽量发挥，民族内部蕴藏着的能量变为趋向现代化的稳定内力，才能使现代化在传统这个根基上立足并得到发展。

这就是说，不同程度地远离联结点的那些传统，如传统的节日活动、服装、服饰、食住习惯、婚恋方式、待人接物做法，甚至经营管理中的人际关系处理方式、广告式样等，是人们经过代代选择、长期形成、难以改变的东西。在现代化中，如果人们喜欢、乐于遵循，便被历史地保留下来；如果认为不适于现代生活，不愿意保而持之，便被逐步抛弃。这都是人们自己的选择过程，同时是历史的选择过程。文化这种东西，就是这样代代选择，代代相传，有保留又有遗弃，有历史递增又有历史递减。中国是世界上唯一不曾"文化中断"的文明古国，文化上的优势极深，优、劣势之间的平衡力极强。因此，在现代化过程中尊重民族传统，尊重民族习惯和民族心理，实属重要。这是属于保护民族感情的问题。

我曾几次东渡日本。每每看到日本的传统活动和日本人对自己民族传统的尊重，以及在传统上的民族意识，都感叹不已。中国在改革和开放以来，传统的工艺品、食品、编织品、中药等传统产品，传统的节日气氛，礼尚往来，甚至养身之道等，大量涌现，博得人心，表明传统仍在人们心中，不因现代化的到来而失色。人是社会性的，又是历史性的。人经常把视野投向自己以外的大社会，扩展自己，又经常在把深切的期望寄托于未来的同时，把美好的回忆留给过去，在"过去"中了解自己，享受人间悲欢。从人与历史这个角度来说，人有深情厚谊是因为知道自己有历史，有历史意识。

总之，从另一个侧面看"传统—现代化"联结点的话，现代化还需要有联结点以外的属于民族习惯、民族心理和民族感情的东西，尊重并爱护这些近乎于非理性的东西，是"传统—现代化"联结点得以牢固的民族基础。

三、关于弘扬民族精神

中华民族的民族精神（或叫民族魂）是维系、引导并推进我们这个民族立足于世界文明之林、存续发展而不溃败的精神力量，是构成我们这个民族灵魂的东西。

这个民族魂、民族精神是什么，我想，不妨从精神支柱和民族个性两个方面看。从这两个方面看，中华民族具有魂与知圆满结合的精神，以及刚与柔圆满结合的性格特点。这个看法在《中国民族性》（二）一书做过论述，仍觉得是有理由的。这里想着重考虑的是有关弘扬这种民族精神的问题，就是怎样才能弘扬我们这个民族的民族精神。

传统作为一种历史遗留，是通过物和人这种载体记录并保存下来的；现代化建设同样要通过物和人实现并表征出来，包括从镐头到拖拉机，从算盘到计算机，从旗袍到牛仔服，从酒壶招牌到电视广告节目等在内的形形色色，都在"物"之外，包括从日出而耕、日没而归的农耕方式到八小时工作制，从师道尊严到学校暴力，从磕头作揖到卡拉 OK，从理性思考到感觉直观，从拜金主义到奉献精神，从小农自由散漫到现代社会角色，从对现代科学无知到有知等在内的知和行，都属于"人"之列，属于人的思考方式、行为方式、生活方式、人的素质。人和物相比，人的作用更大更重要。如果说"传统—现代化"的联结点在于弘扬民族精神，发展现代科学和技术，健全民主和法制，那么，其中重要的是人的作用。

过去有一种说法"仓廪实而知礼节，衣食足而知荣辱"。无疑，这是对的。一个国家必须首先在经济上富有起来。从这一点看，目前人们希望自己富有而摆脱贫穷，希望有作为生活手段的金钱，就是可以理解的了。应该说，这只是事情的一个侧面。从另一个侧面看，还有"人穷志不短"的说法。"志不短"是一种"做人"意识，一种涵养。这在中国，不论在农民中、工人中，还是在知识分子中，历来屡见不鲜。不搞经济上富有而搞精神万能，"喝西北风"度生，是对生活的无知或摧残，不要"志不短"而不顾丧失掉人格这种人身上宝贵的东西，同样是对生活的无知或摧残。这一点已经构成了一种残酷的生活现实，值得人们给以足够的重视。

（一）伦理价值观念和经济价值观念

在传统与现代化关系上，课题研究碰到了中国人价值观念变化的问题，主要表现在伦理价值观念和经济价值观念的微妙变化上。为了说明此点，拟在前面各章节分析的基础上，使用人格选择数据，做进一步分析。

首先使用表 10—1 和图 10—1。表 10—1 和图 10—1 中有七种人格特质值得分析，即气节、忠孝、仁爱、勤俭、进取、实用和功利，在自—他栏和"文化大革命"前及"文化大革命"后有—无栏中的分布及其意义。这七种人类特质分别为自己和他人、"文化大革命"前和改革后所具有或所缺乏，表明这些人格特质被人们重视。从我国目前人们的价值追求看，这七种人格特质可以大体上归为伦理价值类（忠孝、仁爱、气节）和经济价值类（实用、功利、勤俭、进取）。

为了从伦理价值观念和经济价值观念的变化上说明问题，在表 10—1 的基础上做出七项人格特质有—无选择简图（见图 10—2）。表 10—1 的"最具备"在图 10—2 中用"有"表示，"最缺乏"在图 10—2 中转换为"无"。这样，就容易清楚地看出：

表 10—1　　　　　　　　　　14 项人格特质评价（均值）、选择

	评价	理想—实际人格选择			三个历史时期人格选择					
	平均值	理想的（%）	实际的（%）		最具备（%）			最缺乏（%）		
			自己	他人	"文化大革命"前	"文化大革命"中	改革后	"文化大革命"前	"文化大革命"中	改革后
气节	4.05	④13.0	⑥9.5						③10.5	③10.0
忠孝	3.92	⑤11.0	③12.5		③13.5					③10.0
仁爱	3.87	③17.0	①16.5		②17.0				②15.0	①13.5
理智	3.75	②18.5	②13.0					①13.5	①19.0	
勤俭	3.10	⑥8.5	③12.5		①20.5					22.0
进取	2.91	①19.5	①12.5	⑥6.5				①19.0	②12.5	
侠义	2.33									
中庸	0.01			③9.5		③10.5				
实用	−0.63			①17.0			②17.5			
功利	−2.77			②11.0			③14.0		③6.5	
私德	−3.58			⑧7.0						
屈从	−3.69					①15.5				
嫉妒	−3.83			④9.0						
欺瞒	−3.83					②11.5				

注："○"内为选择顺位。

根据表 3—1、表 4—1、表 4—4 制。

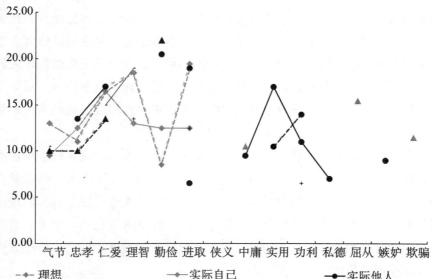

图 10—1　14 项人格特质评价选择（%）

	自(有)	他(有)	"文化大革命"前		改革后	
			(有) ○	(无) ×	(有) ○	(无) ×
气节	○			×		×
忠孝	○		○			×
仁爱	○		○			×
勤俭	○		○			×
进取	○	○		×	○	
实用		○		×	○	
功利		○		×	○	

图 10—2　七项人格特质有—无选择简图

在自—他选择上，除了进取项之外，人们把伦理价值类的人格特质气节、忠孝、仁爱，以及把经济价值类中的勤俭选给自己，表明对这几项的选择是直接的、正面的，把实用和功利选给他人，表明对经济价值的选择是间接的、侧面的，从而表明，人们看到了生活中价值观念的变化，却回避对经济利益直接地公开追求或选择。

在"文化大革命"前、后的有—无选择上，除了气节项之外，两个历史时期的有和无，基本上是对峙的；"文化大革命"前所具备的恰恰是改革后所缺乏的，"文化大革命"前所缺乏的却恰恰是改革后所具备的，表明不同历史时期中价值观念的变化，但对"文化大革命"前伦理价值观念之有是给予历史肯定的，而对改革后经济价值观念之有和伦理价值观念之无则给予现实的否定。在改革和开放这样一种巨大变化的历史时期，人们看到了不道德行为的威胁，感到缺乏气节的恶果。而不道德行为、缺乏气节又影响着人们更新传统价值观念，阻碍人们正视并积极坚持经济合理原则，发展生产，繁荣国家。

勤俭是中国人的传统。勤奋节俭，吃苦耐劳，不仅在农业社会中，而且在现代化过程中，也都是人类社会发展所必备的人格品质。但也要看到，中国长期不发达的农业经济和小农作业方式极大地限制了我们的经济视野和经济意识，致使勤俭这种品质带有"小经济人"色彩，因此，对勤俭的执意肯定和选择，一方面表明中国人对传统的喜爱和保留，另一方面也表明我们的传统观念尚需完善。

进取不仅为自己所具备，而且为他人所具有，也为改革后这一历史时期所备有。但是，进取是和实用、功利一起不同程度地来到了改革时期，并且，与此同时，气节、忠孝、仁爱和勤俭又一起不同程度地退出了改革时期。这表明人们都愿意进取，不愿意像以前那样安贫乐道，安于现状，但又对不仁不爱、不勤不俭的进取感到不安和不愉快。

目前需要强调经济合理原则和经济价值在我国社会生活中的作用，使之在实际上成为合理的东西。同时，还需要强调伦理合理原则和伦理价值的作用。把二者较好地结合起来，人们才可能愿意直面接受经济合理原则，而伦理合理原则才会在经济领域起到应有的作用。

（二）人品和角色资格

这里，主要是关于人的素质的问题。

在课题调查中曾经经历过这样的事：我们以"扮演角色"的形式生活和工作在调查点。这是一个有着现代化设备的旅游胜地，由农民兴办并自己进行管理。我们在那里看到了许许多多质朴、憨厚、直率、热情的管理人员，他们是刚刚脱了农装、穿上西装的农民或农民子弟。就他们的品行看，有很多优点，但人品好未必就是现代化宾馆中的好角色，未必是"素质"好。工作中经常看到，他们仍旧带着原有的行为和思考特性，待人接物，处理服务员同旅游者之间的关系，都比较简单，不太讲究礼貌，不够耐心和细致，比较缺乏"服务员"的角色意识和风貌。对现代化管理，他们显得那么不熟悉、不适应、不协调。这里主要不是人品问题，而是属于角色素质的好坏问题。素质是个"质量"概念，现代人的素质是和社会角色相联系的。人品好不等于人的素质好。今天，提高我国民族性素质，是以 20 世纪 80 年代世界范围内的现代化发展为参照系，找出人同现代化之间有亲和力的东西，以便使我国传统和民族性同现代化较好地联结起来。

因此，这里将从角色资格的侧面分析人的素质的问题。在社会学和社会心理学中有领袖资格（leadership）这样一个概念，是指对集团活动尤其对集团内聚力、集团目标求成及求成动机形成、集团效率等有影响力和推动力的领导者特性（其中包括领导者个人经验、科学知识、技术技巧、方式方法、品格及风貌、能力及表现力等）。在人的素质的分析上使用角色资格这个提法，是想说明社会角色如同领袖人物、领导者一样，由于社会分工不同，个人在一定的社会结构中占有特定社会地位，执行并完成这个地位上的工作职责。通常说，不在其位，不谋其政；在其位，则要谋其政，尽其职。角色这个社会学概念的重要意义在于，社会依据分工原则对占有特定社会地位的个人行为做出相应的角色规定和角色要求，以保证社会这个有机体的机能正常执行和完成。角色资格是个人适应、执行及完成社会规定和社会要求的过程，即一个人在角色规定和角色要求上所具有的科学知识、技术技巧、方式方法、能力、经验和风格等个人特性，这些个人特性能给角色规定和角色要求带来效率和效果。因此，人品好未必具有角色资格。这件事如同调查中见到的一位老人的表现一样。那位老人在改革开放以后，从山东农村"跑关东"到了东北，辗转东北大乡小镇，最后到了刚刚兴建起来的现代化旅游地工作，在人品上他是一位耿直、质朴、善良的老人，但在他不熟悉、不适应的现代服务业中却常常简单、粗暴地对待服务对象，从而破坏了企业形象。每每回味这位老者在角色执行中的表现，我们都深深觉得角色资格和角色执行这一点之重要。

在我国，目前既有重人品而轻角色资格的问题，又有轻人品而重角色资格的问题；在重人品的同时重角色资格的事实，是有的但极少。如果从传统和现代化的关系，从传统上重伦理合理原则而轻经济合理原则看，重人品而轻角色资格的现象对现代化建设的影响则更大些。

在调查及其数据中屡见不鲜的一个现象是人们对近年社会风气不正、人际关系不顺所产生的消极情绪。这种消极情绪掩盖了人们对社会之恶正当不满和对自己角色资格缺乏自醒之间的界限，在看社会看他人的同时缺乏看自己，缺乏自己对社会对他人的责任。

社会心理学中有一个"情境规定"（definition of the situation）概念，其意思是人们对社会环境的主观规定即赋予意义，社会环境只有在转换为情境后才直接对人们的心理生活起作用。就是说，被主观规定即被赋予了某种意义的情景对心理生活直接起作用，影响人们的情绪，左右人们的心理状态。在环境赋予某种意义的过程中，价值观念等主观因素很重要。课题研究中提出的过多看社会看他人而不自责的现象，实际上属于情境规定中的一个问题，即在情境规定背后逃避或回避社会责任，该上岗位不上岗，该做的不做。前面曾经提到的"感到没法子"的社会心理状态，也表明人们的价值选择和行为取向有着根深蒂固的情境规定特点，因而影响着人们较好地发挥自己的才能。

诚然，在我国改革开放这个巨大变革时期，人们有个角色培养和角色适应的过程。同时，中国的问题是复杂的，并非一个孤立的角色资格和角色执行的问题。

附录一 特别职业层的调查材料

课题研究进行了三个特别职业层调查，以从一个侧面进一步验证抽样调查的结果。通过对照分析，我们发现特别职业层对各个问题的回答总的来说与总体抽样调查结果一致，但也有自身的一些特色。为了使本书的主体论述部分更为精练，特别职业层的调查材料不列入正文中讨论，只作为附录，供读者参考。

一、特别职业层的基本情况

三种特别职业层是妇女干部、大连碧海山庄服务员、流动户（以下分别简称女干组、山庄组、流动组）。各组的人员构成是：

女干组：298 人，其中 40 岁以下占 80.0%，41～50 岁占 20.0%；高、中、初等学历分别占 30.1%、68.2%、1.7%。

山庄组：51 人，其中男 14 人，女 37 人；30 岁以下占 93.9%，31～40 岁占 6.1%；初、中等学历分别为 6.0%、94.0%。

流动组：35 人，其中男 25 人，女 10 人；30 岁以下占 51.4%，31～40 岁占 42.8%，41～50 岁占 5.8%；初、中等学历分别占 62.0%、38.0%。

由此可见，这种年龄、学历、性别的构成与总样本的构成是不一样的。

二、特别职业层的调查结果

在下面各图中，附图 1 为三个特别职业层对 14 项人格特质的评分分布；附图 2 为特别职业层对三个历史时期人格特质的评价；附图 3 为特别职业层的自—他实际人格选择和理想人格选择之离合程度比较。

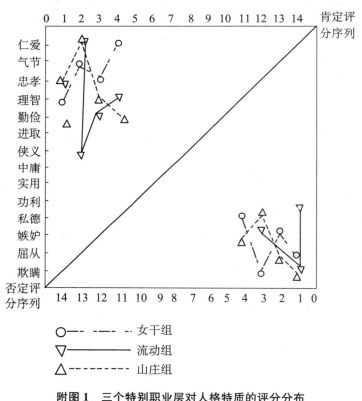

附图 1　三个特别职业层对人格特质的评分分布

三、对特别职业层调查情况的简要说明

这里我们以人格特质部分为例对特别职业层的一些特点做简要说明。分析特别职业层在人格特质价值判断上的表现，我们发现三个职业层都带有明显的社会角色特点。

女干组是来自全国 12 个省市的女工干部，其中有在工矿企业工作的

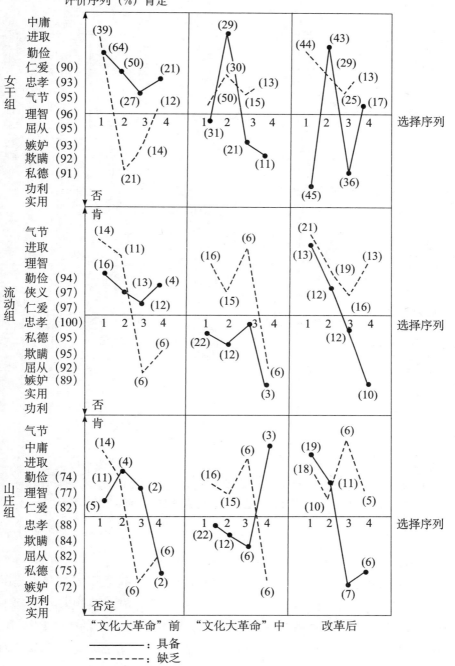

评价序列（%）肯定

女干组

中庸
进取
勤俭
仁爱 (90)
忠孝 (93)
气节 (95)
理智 (96)
屈从 (95)
嫉妒 (93)
欺瞒 (92)
私德 (91)
功利
实用

否

流动组

肯
气节
进取
理智
勤俭 (94)
侠义 (97)
仁爱 (97)
忠孝 (100)
私德 (95)
欺瞒 (95)
屈从 (92)
嫉妒 (89)
实用
功利

否

山庄组

肯
气节
中庸
进取
勤俭 (74)
理智 (77)
仁爱 (82)
忠孝 (88)
欺瞒 (84)
屈从 (82)
私德 (75)
嫉妒 (72)
功利
实用

否定

选择序列

"文化大革命"前   "文化大革命"中   改革后

————：具备
-- -- --：缺乏

附图2　历史人格选择与人格物质评价

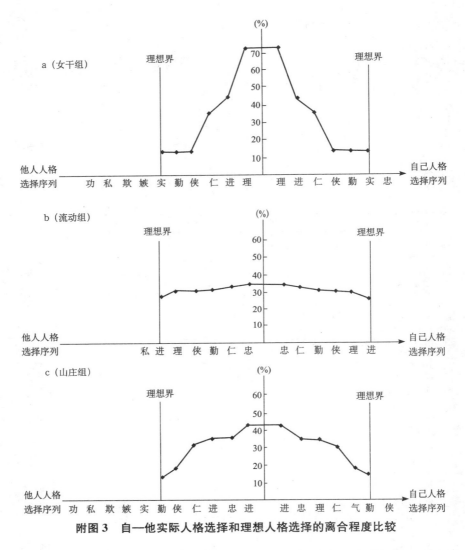

a（女干组）

理想界   理想界

他人人格   自己人格
选择序列 功 私 欺 嫉 实 勤 侠 仁 进 理 理 进 仁 侠 勤 实 忠 选择序列

b（流动组）

理想界   理想界

他人人格   自己人格
选择序列   私 进 理 侠 勤 仁 忠 忠 仁 勤 侠 理 进   选择序列

c（山庄组）

理想界   理想界

他人人格   自己人格
选择序列 功 私 欺 嫉 实 勤 侠 仁 进 忠 进 进 忠 理 仁 气 勤 侠 选择序列

附图 3　自—他实际人格选择和理想人格选择的离合程度比较

中
国
民
族
性
（
二
）

基层干部和在省、市级女工部任领导职务的中层干部，课题组的一些人曾经同她们一起生活了半个月，她们中的多数人有魄力、有责任心和自尊心，有满腔热情，也有妇女"小气"和缺乏度量、缺乏眼光的弱点。因此，有时似"火"，有时如"雷"，有时入情入理，有时又颇有些事理不通，但她们的弱点易"露"亦易"退"。她们在人格特质的肯定评价上，理智居首位也就十分自然了；而在否定评价上，居首位的是屈从。从她们的角色品格看，这个评分结果同样是恰当的，因为她们的职责是要为妇女谋福利，争得应有的社会地位和尊严。可以说，对理智的肯定和对屈从的否定是互补的。妇女组对理智和屈从的评分，从所占百分比看未必是最高的，但对这两项的对应性评分选择，比较符合她们的社会角色特点。

流动组的人格特质评价有两个突出特点。一是他们对忠孝的百分之百的肯定，对侠义的强烈肯定是其他各种组所没有的。表明流动户"离乡背井"，身处异地他乡，虽然见识多了，社会接触多了，经济条件改善了，但传统的忠孝、侠义观念仍然很强烈。如果把他们对人格特质的否定评价做一比较，他们对私德和欺瞒两项的首位评价，同样是对忠孝、侠义肯定评价的互补，一方面，需要义气和互助，另一方面需要相互间的信任和名声。我国目前的流动户是人口流动最自由的部分，他们既是体力劳动者，又参与了商品经济的竞争，他们所做的事情，虽然距离现代化尚远，却无形中进入了打破中国农村封闭性、沟通城市和农村关系的现代化建设轨道。在他们身上，既有着浓厚的传统意识，又有着竞争乃至现代化建设不可缺少的信誉观。

山庄组对 14 项人格特质的肯定评价和否定评价的百分比在三个特殊职业层中均偏低。这种情况，不表明山庄组传统观念最少，而是象征着传统观念的变化更大也更模糊些。这同他们社会地位和社会角色转换的过渡性分不开。从上面年龄组、学历组和职业组的各种评分趋势看，在明显肯定（5 分所占百分比居首位）和明显否定（-5 分百分比居首位）的评价上，一般的是年龄大、学历高、脑力组所占百分比偏高，在优质人格特质方面，更看重、更讲究些；在劣质方面，更看轻些。山庄组 90% 以上为中等学历和 30 岁以下的青年人，刚由农村步入拥有现代化设备的旅游胜地，旅游旺季几乎每天接待上万名中外客人。山庄的管理有着符合现代化要求的一面，管理规则相当具体和严格，但在被管理者方面，尚未来得及经过严格的选择和训练，并在训练中培养和强化角色意识，便有些急促扮演角色。

下面再对与人格特质有关的三个附图做些说明。

附图 1 用矩阵形式表示了三个特别职业层对 14 项人格特质的评分分布，图中横轴分别表示对人格特质的肯定评分序列和否定评分序列，并与纵轴 14 项人格特质对应为 14 位；纵轴代表 14 项人格特质，依照样本总体对 14 项人格特质的评分顺序排列而成；对角线用以划分肯定评分区和否定评分区。于是，该图展示了一个十分有意思的分布画面：三个特别职业层对 14 项人格特质的前四位肯定评分，集中于右上角，而在流动组的第二位选择上是侠义项，突出了流动组对侠义特质的重视，这个突出点在画面上显得很特殊，也很有意思；对 14 项人格特质的前四位否定评分，则集中在右下角，三个组的选择点分布比较均匀、比较类似。

附图2反映了特别职业层对人格特质的评价与选择之间的微妙差别。图中横轴代表对三个历史时期人格特质的前四位选择序列及其百分比和前四位之外的人格特质选择，纵轴代表三个特别职业层对14项人格特质的前四位肯定和否定两种评价序列及其百分比和前四位之外的选择。将百分比引入图中，就使矩阵不仅具有纵横交互比较的职能即三个组人格评价和历史人物选择的交互比较，而且具有评价与选择的程度比较，即三个组人格评价集中性与历史人格选择分散性的相互比较。

从纵横交互比较中可以看出，三个组对"文化大革命"前最具备的人格特质的选择，除了山庄组的一个选择点之外，其余全部落在肯定评价区域，而对最不具备人格特质的选择点，一半落在肯定评价区域，一半落在否定评价区域，表明对"文化大革命"前人格基本上是肯定的；对"文化大革命"中人格特质的选择，与"文化大革命"前几乎相反，对最具备的人格特质选择点，多数落入否定评价区域，最缺乏人格特质选择点，则多数落入肯定评价区域。对改革后最具备的人格特质选择点，半数在肯定评价区域，半数在否定评价区域，而对最不具备的人格特质选择点，全部处于肯定评价区域，可见，从纵横比较看，三个特别职业层对历史人格的选择，并没有特别之处同作为样本总体的选择分布比较相似，年龄组、学历组和职业组的选择分布也大同小异，特别职业层的特别之处在于评价上的高值和选择上的低值，即对人格评价的高百分比和对历史人格选择的低百分比，尤其是流动组和山庄组，这种差异最为突出，反映了他们在人格特质评价上的集中性和历史人格选择上的分散性。于是，我们对三个特别职业组的历史人格选择的比较，就可以换一个角度，是数的而不是内容的角度，用量的观点观察问题。这样一来，我们可以通过附图2评价上的高百分比和选择上的低百分比进一步看出，答卷人尤其是流动组和女干组的价值观念是明确的、稳定的、集中的，而在人格认知上，则三个组尤其是山庄组是不够明确、不够稳定、不够集中的。这种矛盾会导致对自己和他人的认知不协调，同时，也会导致行为的价值取向与认知之间的不协调。

附图3包含a、b、c三部分，是三个组对自己、对他人实际人格选择与其理想人格的比较。

图中纵轴是百分数，均采用问卷中两项选择之和，因此，纵轴上的百分数是以200%来计的，比如，女干组对仁爱的选择为20%的话，表现在纵轴上则是在 40％的位置上。横轴是人格选择项，靠近纵轴的六项是对理想人格的前六位选择，如附图 3a 的理智、进取、仁爱、侠义、勤俭、实用是女干组对理想人格的前六位选择；附图 3b 和附图 3c 依此类推。横轴前六项理想人格特质为了比较上的方便，沿着最后一位理想人格选择点画出一条垂线，以标明理想选择和非理想选择的界限。比较的方式是这样的：首先将理想人格选择的人格特质和它所占百分比分别在纵轴的两侧一一对应起来，并联结各个选择点形成一个理想人格选择区域，然后，将对自己和他人的选择依其百分数记入两侧各自的选择领域。凡是进入理想界限以内的，都意味着对自己或者对他人的人格选择项无异于理想人格，只是在百分数上有各种差异，凡是处于理想界限之外的，都表明选择项有别，处于理想界外的选择点越多，这种差别越大。

附图 3a 是女干组对自己人格和他人人格的选择同女干组对理想人格的选择之比较。女干组的理想人格前六位选择项有四项同理想人格选择一样，两项不一样，多了侠义和实用，少了忠孝和气节。同前面已经比较过的各个组别相比，是一种相当坦率的理想选择；另外，女干组的前两项选择百分数，相比之下是很高的，仁爱项、进取项位于较高位置，而末位项的百分数又比较低，是在纵轴 14 的位置上。由各个理想选择点构成的理想人格选择区域看上去较壮观，选择点的最高值与最低值之差很大，表明选择上的集中性和理想性比较强。

从对自己人格的选择看，理想选择中的首位项理智，在 14 项人格特质价值判断部分，我们曾经通过女干组对理智的高度肯定评价和对屈从的高度否定评价，分析过女干组的心理互补特点，她们的社会角色、社会责任感使她们有工作热情，有魄力，有潜力，有热望，但也有对优点发挥不当的问题，因此，在冷静下来时，她们更需要理智，更崇尚理智。在对理想人格的这一部分，对理智选择的高度集中，进一步证明了女干组对理智这项人格特质的肯定评价和崇尚，而在对自己人格的选择上，理智却退居第四位，在一定程度上表现了她们的坦诚。其余五项选择同理想人格选择比较，差异较小，即距离理想区域线比较近，忠孝项百分数较低。总之，女干组对自己人格选择和对理想人格选择之间既有明显的分离又有较明显的结合，分离之点突出了她们的理想性，结合之点突出了她们的实在性。分离和结合的同时存在，又表明了理想性和实在性之间的某种不统一性。

从对他人人格的选择看，女干组更看重人与人之间的嫉妒。她们对他人人格特质的前六位选择，有两项落入理想人格选择区域，4项落入理想界外的广阔领域，并且选择的百分数均高于理想人格的末位选择点勤俭，表明对他人人格选择和理想人格选择之间的分离程度比较大。

附图3b，流动组与流动组自己比较。流动组在三种人格选择上有非常明显的特点：

第一，流动组对理想人格前六位选择的百分数相当均衡，首位人格特质项忠孝位于纵轴34，末位特质进取位于纵轴26，相差不多，因而，由六个选择点形成的理想人格选择区域平整，表明流动组对理想人格的观念不够突出，在某种程度上表明他们的理想性不强。

第二，流动组对自己实际人格的前六位选择点，全部落在理想人格选择区域，并且选择点的分布状态比较匀称，同理想区域线比较协调。

第三，流动组对他人人格的前六位选择，只有末位私德处于理想界外，并且其百分数略低于末位理想人格选择项进取，其余前五位，不仅全部在理想界内，而且各个选择点都十分接近理想选择区域线。表明流动组在三种人格选择上的高度一致性。但在对他人人格的选择中，有两个情况引人注目：一是仁爱项在他人人格前六位选择中是空白，二是侠义项在他人人格选择中的百分数高于对自己人格的选择。

流动组对理想人格、自己人格和他人人格的这种独具特点的选择，同他们工作环境陌生、社会角色不稳定、作业手段自立等工作特点有关系，他们作为一个群体到达某处并站住脚，基本上是为谋生而流动，从而风雨同舟。

附图3c是山庄组对自己所作的自己人格、他人人格和理想人格三种选择的相互比较。山庄组对理想人格的前六位选择，同其他两个特别职业层相比，其选择项和分布状态都类似于样本总体的理想人格选择图形。如果把样本总体作为平均人视之，山庄组在理想上比较接近于平均状态。在对自己和他人的选择上同样本总体比较也很相似，也出现了巨大的反差，但在对他人人格选择上，首位项是欺瞒，并且其百分数远高于理想选择中的末项勤俭，这是在各种类型的所有组别中不曾有过的选择。山庄组绝大部分是30岁以下，具有初中毕业或高中文化水平的青年，他们一方面接受现代企业组织的碧海山庄各种严格管理，以较快的速度前进，扩大视野，增长才干，另一方面又一时适应不了现代服务人员的角色要求，矛盾着的社会性格在他们这个群体中的表现得格外突出。总之，山庄组在对他人人格的选择上的反差现象，比较特别。

附表 1 至附表 30 和附图 4 至附图 31 是三个特别职业层在问卷中的社会需要选择，改变社会地位的途径选择，搞好人际关系的途径选择，人生价值选择，挣钱成风的情况下对子女道路的选择，才能自信程度，才能发挥程度，何事苦，何事乐，有了苦恼、欢乐、困难、风险最愿意和最不愿意对谁说的选择等问题上的统计结果。

附表 1　　　　　　　三个时期社会需要选择（女干组，%）

	"文化大革命"前		"文化大革命"中		改　革　后	
	自己	他人	自己	他人	自己	他人
社会实现	23.2	27.5	12.6	5.3	5.0	2.9
自我实现	61.3	37.7	33.9	24.3	55.5	25.2
自尊	1.5	8.2	5.5	7.3	6.7	16.1
和谐	7.4	12.7	19.3	15.4	15.2	9.5
安全	1.2	3.3	18.2	32.1	2.8	6.6
收入	1.2	2.9	2.8	2.8	11.3	33.3
其他	4.2	7.7	7.7	12.8	3.5	6.4
Σ	100.0	100.0	100.0	100.0	100.0	100.0
均值	4.78	4.34	3.64	2.96	3.98	2.83
标准差	1.34	1.76	1.77	1.76	1.58	1.83

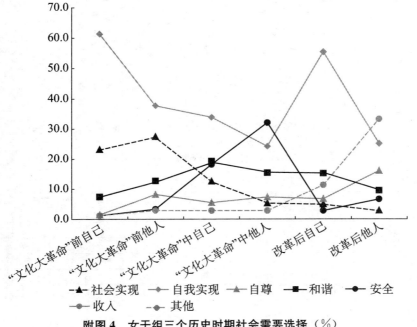

附图 4　女干组三个历史时期社会需要选择（%）

	"文化大革命"前		"文化大革命"中		改 革 后	
	自己	他人	自己	他人	自己	他人
社会实现6	2.9	5.7	2.9	0.0	5.7	0.0
自我实现5	25.8	11.6	11.5	11.5	22.8	5.8
自尊4	5.7	2.9	0.0	0.0	11.4	14.3
和谐3	0.0	2.9	5.6	2.9	11.4	8.6
安全2	14.3	2.9	17.2	28.4	17.2	8.6
收入1	0.0	25.7	14.3	5.7	28.6	51.4
其他	51.3	48.3	48.5	51.5	2.9	11.3
Σ	100.0	100.0	100.0	100.0	100.0	100.0
均值	1.98	1.44	1.4	1.29	2.91	1.81
标准差	2.25	1.99	1.81	1.63	1.76	1.45

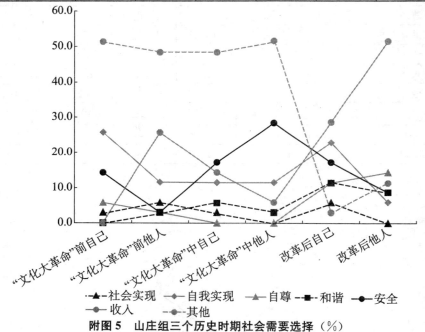

附图5　山庄组三个历史时期社会需要选择（%）

	"文化大革命"前		"文化大革命"中		改 革 后	
	自己	他人	自己	他人	自己	他人
社会实现	0.0	0.0	0.0	2.0	3.9	2.0
自我实现	2.0	2.0	2.0	2.0	63.2	17.7
自尊	0.0	0.0	0.0	0.0	3.9	13.7
和谐	2.0	0.0	0.0	2.0	11.7	9.8
安全	0.0	0.0	2.0	0.0	7.9	2.0
收入	2.0	0.0	3.9	0.0	3.9	9.8
其他	94.0	98.0	92.1	94.0	5.5	45

	"文化大革命"前		"文化大革命"中		改 革 后	
	自己	他人	自己	他人	自己	他人
$\sum$	100.0	100.0	100.0	100.0	100.0	100.0
均值	0.18	0.10	0.18	0.28	4.10	1.985
标准差	0.82	0.70	0.77	1.15	1.56	2.11

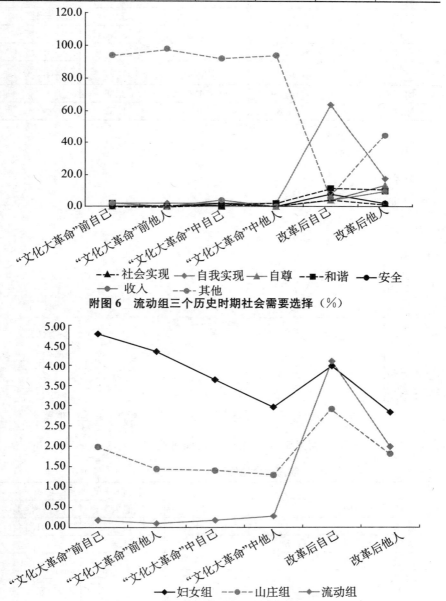

附图 6　流动组三个历史时期社会需要选择（％）

附图 7　三组三个历史时期社会需要选择均值

附录一　特别职业层的调查材料

附表 4 　　　　　　　　改变社会地位选择（妇女组,％）

	应该的	实际的		
		自己	他人	自—他差
才干	96	88	23.2	64.8
人际	1.4	4.3	12.0	−7.7
机遇	0.3	1.7	5.8	−4.1
权势	0.0	0.7	5.5	−4.8
金钱	2.1	2.9	43.4	−40.5
其他	0.2	2.4	10.1	−7.7
∑	100.0	100.0	100.0	0.0
均值	4.89	4.67	2.36	
标准差	0.60	1.04	1.82	

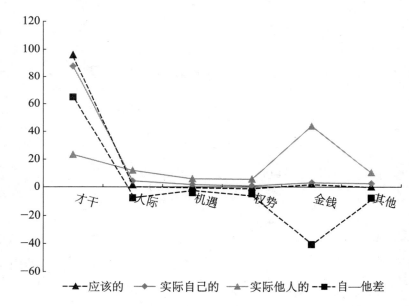

附图 8　妇女组改变社会地位选择（％）

附表 5 　　　　　　　　改变社会地位选择（山庄组,％）

	应该的	实际的		
		自己	他人	自—他差
才干	71.4	69.1	45.7	31.4
人际	11.5	10.6	11.5	−2.9
机遇	5.6	10.6	8.6	0
权势	8.6	14.4	20.0	−8.6
金钱	2.9	3.9	0.0	2.9

续前表

	应该的	实 际 的		
		自己	他人	自—他差
其他	0.0	+0.4	14.2	−22.8
Σ	100.0	100.0	100.0	0.0
均值	4.40	4.52	3.40	
标准差	1.10	0.33	1.81	

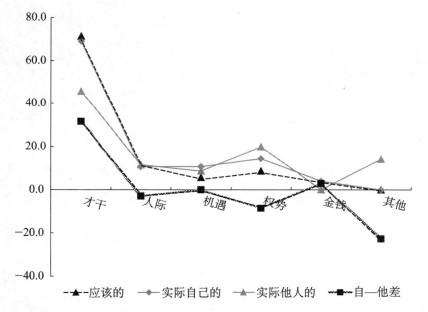

附图9　山庄组改变社会地位选择（%）

附表6　　　　　改变社会地位选择（流动组，%）

	应该的	实 际 的		
		自己	他人	自—他差
才干	64.7	70.6	15.7	54.9
人际	19.6	5.9	11.8	−5.9
机遇	3.9	3.9	0.0	−5.9
权势	2.0	2.0	9.8	−7.8
金钱	5.9	4.0	37.3	−33.3
其他	3.9	13.6	25.4	−11.8
Σ	100.0	100.0	100.0	0.0
均值	4.22	3.96	1.83	
标准差	1.35	1.84	1.79	

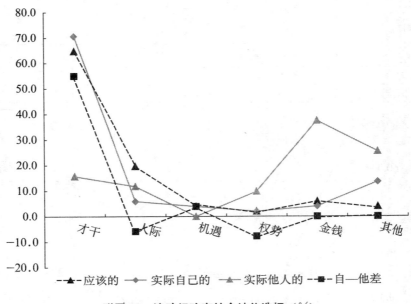

附图 10　流动组改变社会地位选择（％）

中
国
民
族
性
（
二
）

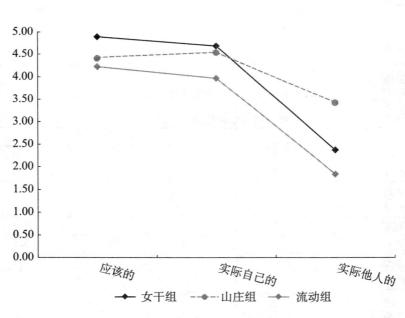

附图 11　三组改变社会地位选择均值

　　　　　　　　　　搞好人际关系选择（女干组,%）

	应该的	实际的		
		自己	他人	自—他差
人缘	13.5	24.1	11.4	12.7
业绩	49.9	52.8	13.7	39.1
风气	32.9	3.3	6.4	−3.1
和事	2.7	18.7	16.0	2.7
奉承	0.7	0.7	47.5	−46.8
其他	0.3	0.4	5.0	−4.6
Σ	100.0	100.0	100.0	0.0
均值	3.72	3.80	2.11	
标准差	0.77	1.04	1.51	

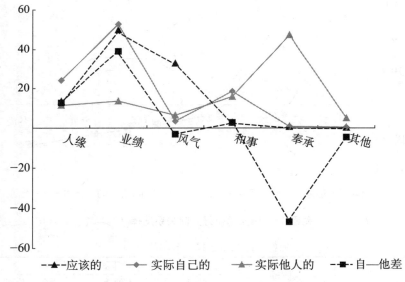

附图 12　女干组搞好人际关系选择（%）

　　　　　　　　　　搞好人际关系选择（山庄组,%）

	应该的	实际的		
		自己	他人	自—他差
人缘	40.0	48.6	22.8	25.8
业绩	25.7	17.3	20.0	−2.8
风气	2.9	2.9	0.0	2.9
和事	14.3	14.3	20.0	−5.7
奉承	14.3	17.1	25.7	−8.6
其他	2.8	0.0	11.5	−11.6

续前表

	应该的	实际的		
		自己	他人	自—他差
Σ	100.0	100.0	100.0	0
均值	3.54	3.67	2.60	
标准差	1.60	1.57	1.79	

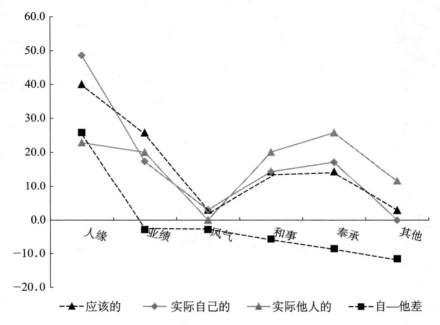

附图 13　山庄组搞好人际关系选择（％）

附表 9　　　　　　　　搞好人际关系选择（流动组,％）

	应该的	实际的		
		自己	他人	自—他差
人缘	41.1	27.4	19.6	7.8
业绩	27.5	29.4	9.8	19.6
风气	15.7	5.9	7.8	−1.9
和事	7.9	19.6	17.6	2.0
奉承	2.0	3.9	31.4	−27.5
其他	5.8	13.8	13.8	0.0
Σ	100.0	100.0	100.0	0.0
均值	3.80	3.15	2.27	
标准差	1.41	1.73	1.74	

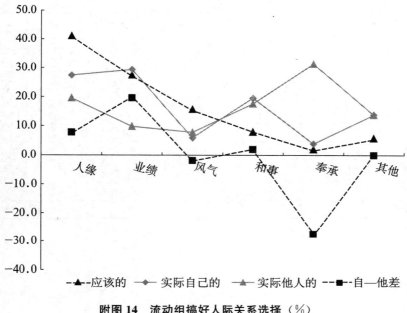

附图 14　流动组搞好人际关系选择（％）

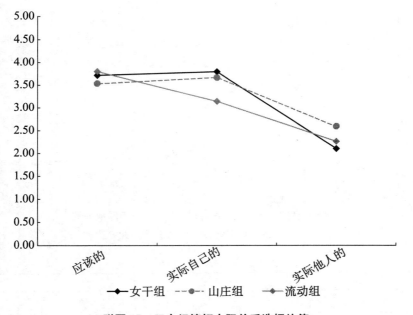

附图 15　三个组搞好人际关系选择均值

	应有的	Σ	实　际　的			
			自己	Σ	他人	Σ
人品（名声）	40.7 (15.2)	55.9	40.1 (14.7)	54.8	5.6 (6.3)	11.9
知识（力量）	34.4 (1.0)	35.4	16.4 (1.7)	18.1	6.3 (2.6)	8.9
健康（家庭）	4.3 (1.3)	5.6	12.4 (5.4)	17.8	4.6 (9.3)	13.9
地位（权力）	0.3 (1.0)	1.3	4.0 (3.7)	7.7	5.6 (6.3)	11.9
金钱（财产）	1.3	1.3	1.0	1.0	20.9 (1.7)	22.6
其他	0.5	0.5	0.6	0.6	30.8	30.8
Σ	100.0	100.0	100.0	100.0	100.0	100.0
均值		4.42		4.16		1.83
标准差		0.82		1.10		1.73

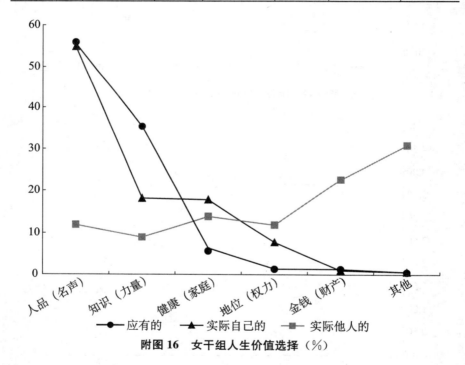

附图 16　女干组人生价值选择（%）

附表 11　　　　　　　　　　　　　人生价值选择（山庄组,%）

	应有的	Σ	实　际　的			
			自己	Σ	他人	Σ
人品（名声）	31.4 (17.1)	48.5	22.9 (20.0)	42.9	17.1 (5.7)	22.8
知识（力量）	20.0	20.0	14.3 (2.9)	17.2	5.7	5.7
健康（家庭）	8.6	8.6	11.4 (8.6)	20.0	8.6 (5.7)	14.3

续前表

	应有的	$\sum$	实 际 的			
			自己	$\sum$	他人	$\sum$
地位（权力）	8.6	8.6	2.9	2.9	2.9（5.7）	8.6
金钱（财产）	8.6（5.7）	14.3	14.3	14.3	11.4（31.4）	44.8
其他	0	0	2.7	2.7	3.8	3.8
$\sum$	100.0	100.0	100.0	100.0	100.0	100.0
均值		3.80		3.63		2.42
标准差		1.46		1.54		1.68

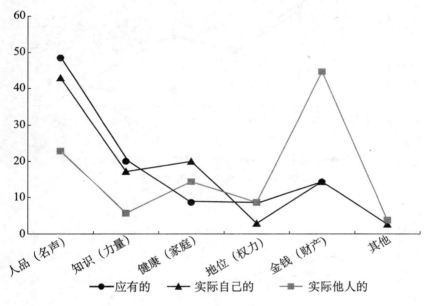

附图 17　山庄组人生价值选择（%）

附表 12　　　　　　　　　人生价值选择（流动组，%）

	应有的	$\sum$	实 际 的			
			自己	$\sum$	他人	$\sum$
人品（名声）	23.5（25.5）	49.0	17.6（15.7）	33.3	9.8（3.9）	13.7
知识（力量）	23.5	23.5	21.6（3.9）	25.5	7.8	7.8
健康（家庭）	13.7	13.7	9.8（3.9）	13.7	3.9（2.0）	5.9
地位（权力）	3.9	3.9	2.0（15.7）	17.7	17.6（7.8）	25.4
金钱（财产）	3.9	3.9	2.0（7.8）	9.8	7.8（23.5）	31.3
其他	6.0	6.0	0.0	0.0	15.9	15.9
$\sum$	100.0	100	100.0	100.0	100.0	100.0
均值		3.91		3.55		1.995
标准差		1.47		1.36		1.60

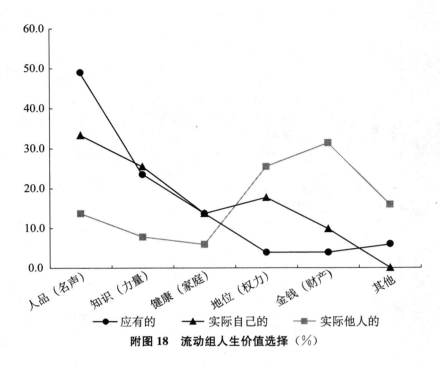

附图 18　流动组人生价值选择（%）

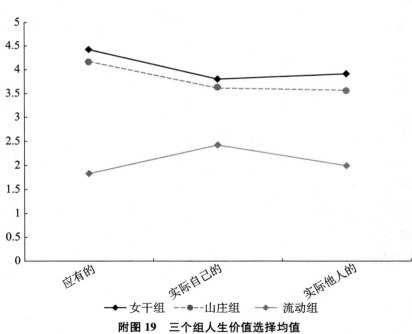

附图 19　三个组人生价值选择均值

附表 13 挣钱成风情况下子女道路选择（女干组，%）

能看书写字就行了，早挣钱	1.6
念中专，搞技术	20.1
上大学，当高级人才	76.0
只要能挣钱，就连小学也不念	0.7
不知道	0.0
其他	1.6
均值	3.18
标准差	0.61

附表 14 挣钱成风情况下子女道路选择（山庄组，%）

能看书写字就行了，早挣钱	0.0
念中专，搞技术	8.6
上大学，当高级人才	85.7
只要能挣钱，就连小学也不念	2.9
不知道	2.8
其他	
均值	3.00
标准差	0.48

附表 15 挣钱成风情况下子女道路选择（流动组，%）

能看书写字就行了，早挣钱	7.8
念中专，搞技术	31.4
上大学，当高级人才	35.3
只要能挣钱，就连小学也不念	0.0
不知道	9.8
其他	3.9
均值	2.80
标准差	1.55

附表 16 才能自信程度选择和得分（女干组，%）

	自己	他人
5分（很自信）	17.1	18.8
3分（自信）	57.7	37.2
1分（有点自信）	19.8	19.1
0分（不知道）	2.0	22.9
−1分（有点不自信）	2.3	1.4
−3分（不自信）	0.7	0.7
−5分（很不自信）	0.3	0.0
均值	2.725	2.212
标准差	1.55	1.85

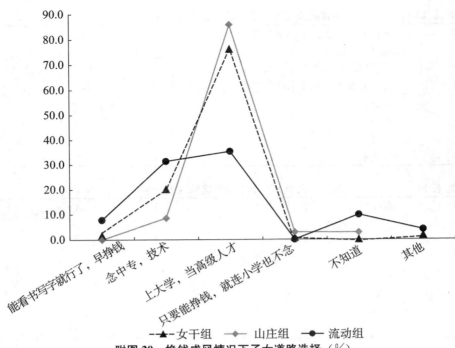

附图20　挣钱成风情况下子女道路选择（％）

附表17　　才能自信程度选择和得分（山庄组，％）

	自己	他人
5分（很自信）	45.7	31.4
3分（自信）	45.7	42.9
1分（有点自信）	2.9	11.4
0分（不知道）	2.9	14.3
−1分（有点不自信）	2.9	0.0
−3分（不自信）	0.0	0.0
−5分（很不自信）	0.0	0.0
均值	3.66	2.97
标准差	1.46	1.73

附表18　　才能自信程度选择和得分（流动组，％）

	自己	他人
5分（很自信）	7.8	15.7
3分（自信）	37.3	15.7
1分（有点自信）	25.5	5.9
0分（不知道）	15.7	4.7
−1分（有点不自信）	11.8	11.8
−3分（不自信）	2.0	3.9
−5分（很不自信）	0.0	0.0
均值	1.58	1.08
标准差	1.83	2.17

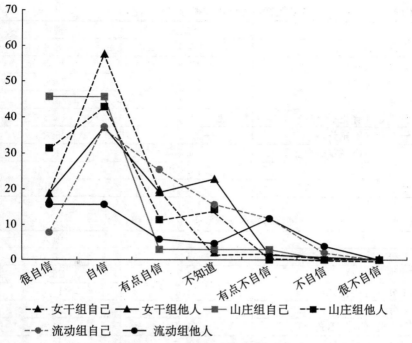

附图 21 才能自信程度选择（％）

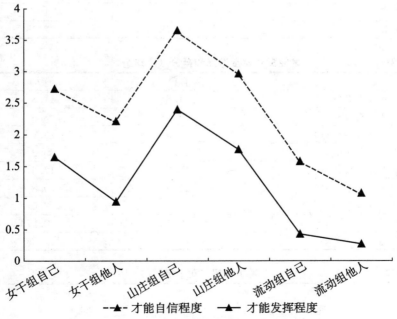

附图 22 三个组才能自信与发挥程度得分比较（％）

才能发挥程度选择和得分（女干组，%）

	自己	他人
5 分（很充分）	8.4	8.9
3 分（充分）	41.8	22.0
1 分（有些充分）	27.6	23.7
0 分（不知道）	5.1	23.0
−1 分（有些不充分）	11.4	15.5
−3 分（不充分）	5.1	5.2
−5 分（很不充分）	0.7	1.7
均值	1.648	0.946
标准差	2.04	2.14

附表 20　　　　　　　　才能发挥程度选择和得分（山庄组，%）

	自己	他人
5 分（很充分）	34.3	20.0
3 分（充分）	31.4	28.6
1 分（有些充分）	11.4	17.1
0 分（不知道）	2.9	20.0
−1 分（有些不充分）	11.4	11.0
−3 分（不充分）	8.6	0.0
−5 分（很不充分）	0.0	2.9
均值	2.40	1.77
标准差	2.58	2.33

附表 21　　　　　　　　才能发挥程度选择和得分（流动组，%）

	自己	他人
5 分（很充分）	11.8	11.8
3 分（充分）	13.7	3.9
1 分（有些充分）	23.5	13.7
0 分（不知道）	17.6	39.2
−1 分（有些不充分）	15.7	17.6
−3 分（不充分）	11.8	9.8
−5 分（很不充分）	5.9	2.0
均值	0.43	0.274
标准差	2.63	2.22

附表 22　　　　　　　　　　苦于理解（女干组，%）

风气	31.6
理解	30.9
工作	18.6

家庭	9.8
收入	2.6
其他	6.5
∑	100.0
均值	3.595
标准差	1.42

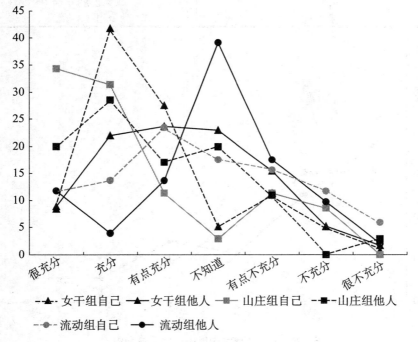

附图23　才能发挥程度选择（％）

附表23	苦于理解（山庄组，％）
风气	37.2
理解	25.7
工作	11.4
家庭	14.3
收入	5.7
其他	5.7
∑	100.0
均值	3.57
标准差	1.52

风气	0.0
理解	51.0
工作	21.6
家庭	6.0
收入	2.0
其他	19.4
$\sum$	100.0
均值	2.83
标准差	1.53

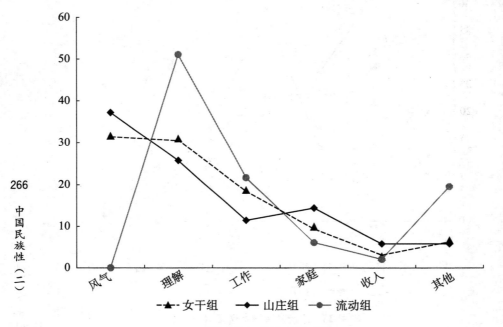

附图 24　苦于理解（%）

附表 25 　　　　　　　　　　　乐于家庭（女干组,%）

地位	5.3
尊敬	9.9
工作	31.6
家庭	43.1
收入	8.6
其他	1.5
$\sum$	100.0
均值	2.56
标准差	1.00

附表 26 　　　　　　　　乐于家庭（山庄组，%）

地位	5.7
尊敬	8.6
工作	0.0
家庭	57.1
收入	22.9
其他	5.7
$\sum$	100.0
均值	2.00
标准差	1.15

附表 27 　　　　　　　　乐于工作（流动组，%）

地位	2.0
尊敬	25.5
工作	27.5
家庭	21.5
收入	9.8
其他	13.7
$\sum$	100.0
均值	2.47
标准差	1.38

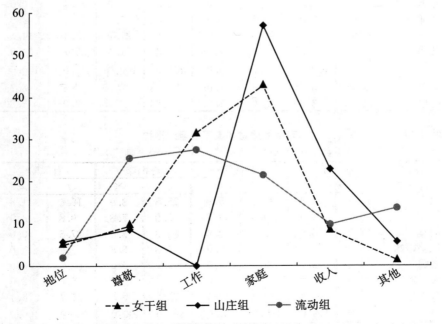

附图 25　乐于家庭（%）

附表 28　　　　　　　　**有话最愿意和最不愿意对谁说**

（女干组,％）（最愿意画"√"，最不愿意画"×"）

感情表达对象	有苦恼		有欢乐		有困难		有风险	
	√	×	√	×	√	×	√	×
双亲	8.3	25.9	9.2	9.7	53.7	8.6	49.1	55.5
领导	4.5	0.3	19.4	21.0	36.6	75.3	26.9	20.0
朋友	26.4	19.6	23.1	12.0	1.6	2.5	4.6	4.5
兄弟姐妹	2.8	3.8	5.9	4.1	4.9	4.9	10.2	4.5
老师	2.1	0.7	1.5	0.7	0.0	0.0	1.9	1.8
夫（妻）	55.2	49.3	39.9	50.6	2.4	2.5	4.6	10.0
其他	0.7	3.4	1.0	1.9	0.8	6.2	2.7	13.7
∑	100.0	100.0	100.0	100.0	100.0	100.0	100.0	100.0
均值	2.46	2.97	3.05	2.76	5.29	4.55	4.87	4.78
标准差	1.78	2.14	1.88	1.99	1.10	1.44	1.57	1.98

附表 29　　　　　　　　**有话最愿意和最不愿意对谁说**

（山庄组,％）（最愿意画"√"，最不愿意画"×"）

感情表达对象	有苦恼		有欢乐		有困难		有风险	
	√	×	√	×	√	×	√	×
双亲	5.7	40.0	14.3	2.9	20.0	34.3	8.6	40.0
领导	0.0	14.3	0.0	14.3	2.9	2.9	2.9	2.9
朋友	40.0	2.9	22.9	2.9	42.9	5.7	40.0	0.0
兄弟姐妹	1.4	0.0	2.9	0.0	14.3	0.0	11.4	0.0
老师	10.0	0.0	2.9	2.9	0.0	0.0	0.0	2.9
夫（妻）	20.0	2.9	42.9	2.9	8.6	25.7	11.4	14.3
其他	22.9	39.9	14.1	74.1	11.3	31.4	25.7	39.9
∑	100.0	100.0	100.0	100.0	100.0	100.0	100.0	100.0
均值	2.48	3.26	2.35	1.09	3.58	2.69	2.69	2.75
标准差	1.88	2.80	2.02	2.01	1.83	2.65	2.03	2.80

附表 30　　　　　　　　**有话最愿意和最不愿意对谁说**

（流动组,％）（最愿意画"√"，最不愿意画"×"）

感情表达对象	有苦恼		有欢乐		有困难		有风险	
	√	×	√	×	√	×	√	×
双亲	15.7	21.6	35.3	5.9	25.5	3.9	17.6	11.8
领导	5.9	5.9	0.0	13.7	5.9	7.8	9.8	3.9
朋友	52.9	3.9	33.3	0.0	33.3	3.9	27.5	0.0
兄弟姐妹	0.0	0.0	15.7	0.0	7.8	5.9	5.9	0.0
老师	16.3	2.0	0.0	0.0	0.0	2.0	0.0	3.9
夫（妻）	2.0	0.0	0.0	0.0	0.0	0.0	2.0	2.0
其他	16.3	66.6	15.7	80.4	25.5	76.5	37.2	78.4
∑	100.0	100.0	100.0	100.0	100.0	100.0	100.0	100.0

续前表

感情表 达对象	有苦恼		有欢乐		有困难		有风险	
	√	×	√	×	√	×	√	×
均值	3.70	1.79	3.92	1.03	3.41	0.99	2.84	1.06
标准差	1.60	2.59	2.02	2.12	2.27	1.899	2.39	2.07

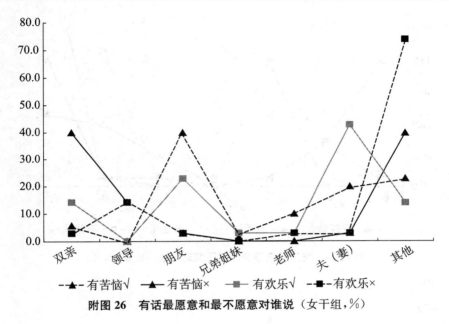

附图 26　有话最愿意和最不愿意对谁说（女干组，%）

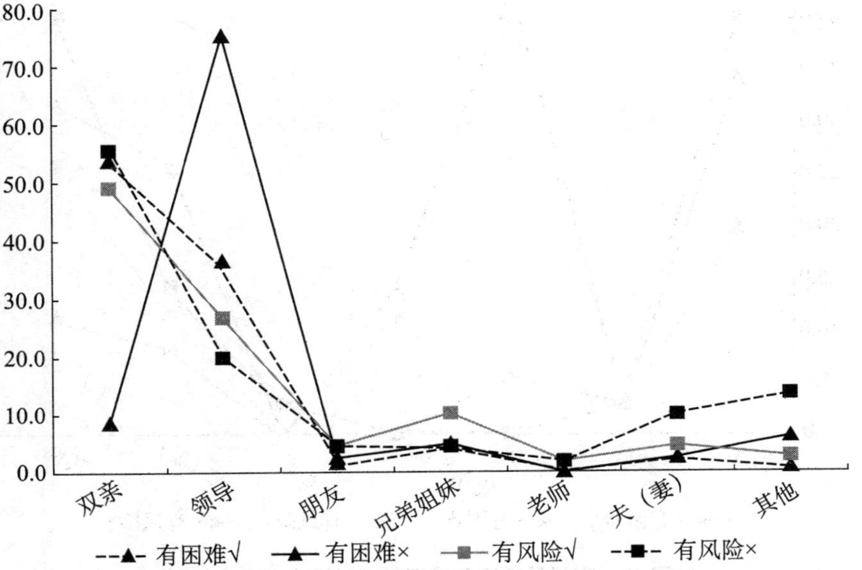

附图 27　有话最愿意和最不愿意对谁说（女干组，%）

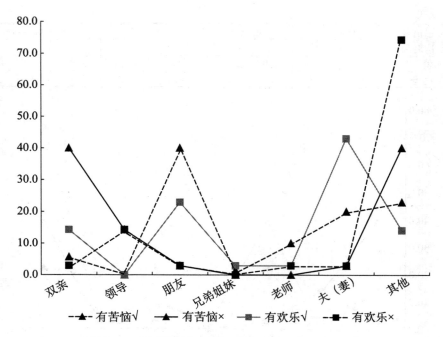

附图 28　有话最愿意和最不愿意对谁说（山庄组，%）

中
国
民
族
性
（
二
）

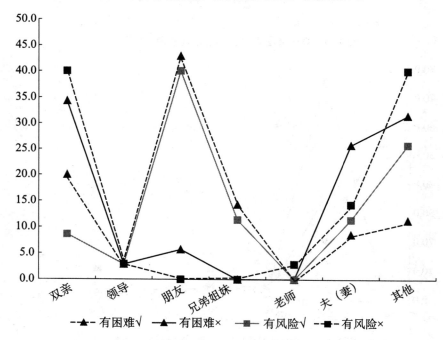

附图 29　有话最愿意和最不愿意对谁说（山庄组，%）

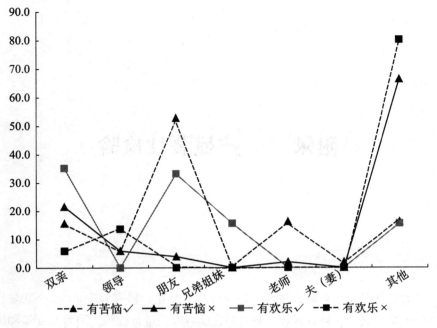

附图 30　有话最愿意和最不愿意对谁说（流动组,％）

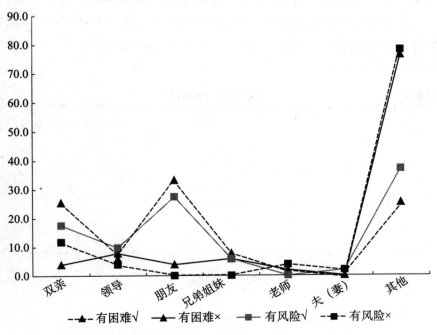

附图 31　有话最愿意和最不愿意对谁说（流动组,％）

附录二 χ^2 显著性检验

我们将性别、年龄、学历、职业作为自变量，将问卷中的 95 个变量作为因变量，做出各种列联表。然后对这些列联表进行检验。因为自变量和因变量的关系均为定类—定类、定类—定序变量，所以检验方法为 χ^2 检验。

χ^2 检验是根据条件次数表来检验样本中两变量的关系，从而推论它们在总体中是否相关。即研究 H_1：x 与 y 有关系（总体），H_0：x 与 y 无关系（见附表 1）。

附表 1　　　　　　　　　**rxc 表的一般形式**

	B_1 $B_2 \cdots B_c$	行边缘和 $n_i = \sum\limits_{i=1}^{c} n_{ij}$
A_1	n_{11} $n_{12} \cdots n_{1c}$	n_1
A_2	n_{21} $n_{22} \cdots n_{2c}$	n_{20}
$\vdots$	$\vdots$ $\vdots$ $\quad$ $\vdots$	$\vdots$
A_γ	$n_{\gamma1}$ $n_{\gamma2} \cdots n_{\gamma c}$	$n_{\gamma0}$
列边缘和 $n_{0j} =$	$n_{01} n_{02} \cdots n_{0c}$	n
$\sum\limits_{i=1}^{\gamma} n_{ij}$		

$$X^2 = \sum_{i=1}^{\gamma} \sum_{j=1}^{c} \frac{(n_{ij} - E_{ij})^2}{E_{ij}}$$

式中 χ^2 的自由度为 $(\gamma-1)(c-1)$。

我们将 α 值定为 <0.05，经计算 χ^2 值和查 χ^2 分布临界值表，计算出 x 与 y 是否相关。经过对 95 个变量的检验，结果如附表 2。

	显著（个数）	不显著（个数）	总数（个数）	显著比例
学历	78	17	95	0.82
职业	70	25	95	0.74
年龄	54	41	95	0.57
性别	21	68	95	0.22

从表中可见，在 95 个因变量中，学历这个自变量的影响最大，它对78 个变量有影响。性别这个自变量的影响最小，它只对 21 个因变量产生微弱的影响。因此，在以后的分析中，我们将舍去性别这个自变量，将分析的重点放在学历和职业上。

经过做学历和职业这两个变量的列联表，得出学历和职业之间的关系是较为密切的（见附表3）。

附表3			学历和职业的关系		单位：人
	体	脑	服	学	总
高	14	452	16	115	597
中	547	248	127	48	970
初	153	9	12	2	176
总	714	709	155	165	1 743

学历为定序变量，职业为定类变量。因此，我们用系数 λ 来检验两变量的相关程度。

$$\lambda = \frac{\sum \text{fim} - \text{Fym}}{N - \text{Fym}}$$

Fym：y 之众值次数

fim：每个 x 值之 y 众值次数

因此，上表 λ 值为：

$$E_1 = 1\,743 - 597 = 1\,146$$

$$E_2 = 1\,743 - (547 + 452 + 127 + 115) = 502$$

$$\lambda = \frac{1\,146 - 502}{1\,146} = 0.56$$

从 λ 值可知，学历和职业的相关程度较高，经过 χ^2 检验，学历和职业的相关程度可以推到总体。

所以，在性别、年龄、学历、职业四个自变量中，学历和职业是最重要的变量，对因变量影响最广，其中，学历是首要的变量，而且学历和职业间相关性很高。所以，我们在课题的分析中，重点考察学历这个因素是如何影响各个因变量的。

后　记

　　课题前后经过设想、构思，收集并整理资料，讨论、切磋，形成理论假设，然后试行调查、全国抽样调查，数据处理，建模及模式解释和问题分析等等，最后以《中国民族性》（一）和《中国民族性》（二）为主要成果形式，将课题研究告一段落，用去大约四年工夫。

　　对心理现象尤其深层心理作规模较大的量化研究和理论论证，对于我和其他研究者来说尚属首次尝试，有一个经验累积和深化的过程，困难是不可避免的。同时，包括研究工具、研究手段在内的必要研究条件又很缺乏，加重了课题研究的困难。有时候，为了亲自核对数据或试行建模作业，竟连一台能够随时启用的计算机都找不到。在成书的最后阶段，常常不得不采用手工方式作业，靠大量的精力和时间的付出，日以继夜，甚至通宵达旦。研究条件之不足，对于研究者来说简直是一种"严酷"透顶的限制。

　　然而，课题研究由于它自身的课题意义和巨大吸引力而始终是一种紧张、愉快的工作。

　　中国是一个拥有悠久历史的文明古国。生活在这个国家的国人，不仅有传统，而且有历史深度，深奥莫测。中国文化不仅有国之为国的规制，且有人之为人的一套，它以反躬修己为根本，教化出一代代中国人。无论连绵不绝的灾荒和战乱、天灾和人祸如何逞凶，都遏不住中国人顽强的生命力和活力，都奈何不得中国人的勤劳双手，而一旦太平盛世、天时地利，微妙无比的创造力和创作又会应运而生。多少年来，在外国人的眼中中国人是一个"谜"，即使大科学家罗素也如此看待。西方对中国人的兴趣和探索比斯泰因塔尔等创办世界第一本民族心理学与语言学杂志的1859年要早得多。上个世纪末就有中国人对自己的深刻反省和仔细研究〔见《中国民族性》（一）〕。但是，如今，我们对自己却似乎是陌生的、茫然的。

日本作为东方文化的国家，在现代化道路上可以说有两次大的起飞。一次是明治维新，一次是第二次世界大战后。两次起飞都是以日本魂与现代化的有机结合为契机。明治维新之前曾经提倡"和魂汉才"，其后提倡"和魂洋才"，都注重了"魂"的纽带作用。我手头有一套1935年出版的《日本魂与〈论语〉解释》四册。贯穿于其中的基本目的是："以《论语》乃至世界文化注释日本魂＝和魂汉才，洋意佛悟。"第二次世界大战后，日本尽量利用以美国为主的现代化经验，发展科学技术和教育。与此同时，作为日本人自我反省的日本人研究曾几次形成高潮，林知已夫五年一次的国民性追踪调查十分成功。日本社会由战败后的混乱比较快地走向秩序，并且长期以来比较稳定，社会犯罪较少，经济发展和企业管理卓有成效，不能不说是和日本人自我认识、自我管理有密切关系。现代化过程中有一个保护民族感情同采纳现代经验相结合的问题。

对于中国人的课题研究，难度极大，但它却几乎成了我和我的学生使命般的任务而感到刻不容缓。

诚然，历来的民族性格研究都很难，对中国人民族性格的研究更是艰难。这种研究不是社会心理学独家所能奏效的，因为决定和影响民族性格的因素是多方面的，其中有种族因素、地理因素、生理因素等，主要是文化因素，需要做多方面的研究才行。从这个方面看，中国人研究尚有许多事情需要去做。

《中国民族性》（二）的完成绝非我个人力量所致。它是在理工专业出身的研究者直接参与和合作下完成的。数学和力学出身的沙德松副教授曾对量化研究以及定量与定性相统一的数学手段等诸方面提出了多种设想，为课题研究提供了极富启发性的数理思路；力学和统计学出身的龙凯军讲师设计并执行了模糊聚类的全部作业；自动控制专业出身的苗少波设计并执行了相关矩阵和抽样的最后验证工作；理工专业出身的彭泗清设计并执行了方差检验及部分其他建模作业；社会学出身的罗新执行了 χ^2 显著性检验作业。本书的完成显示出多学科力量交错和混合作业的益处。他们既是助手，又是我的合作者。本书凝聚了他们的功劳。因此，在本书即将问世之际，谨向他们表示由衷的谢意。

此外，课题在酝酿阶段就得到了刘炎尊师、凌力、吴廷嘉三个人的热情支持和合作，当它以课题名义开始工作时，不仅三女士，还得到了沈大德、张琢、张梦扬、夏建中、郑为德、于硕的支持和合作，曾经数次坐在一起讨论，并分担了资料集和历史量表的最初编辑工作。张琢和张梦扬先生为资料集提供了有关鲁迅研究的成果，赵云祺先生提供了《山西人性格》论文及资料，刘炎教授是课题自始至终的参与者和指导者。在此，我以课题申请人和负责人的名义谨向我的前辈、朋友和真诚合作者致以崇高敬意和诚挚谢意。

最后，对于国家社会科学基金的资助，我愿意以课题负责人的名义，表示深深谢意。同时，向为《中国民族性》（一）和本书的出版而兢兢业业、认真负责的中国人民大学出版社刘良基先生表示深切谢意。

沙莲香

一九九〇年四月　北京

图书在版编目（CIP）数据

中国民族性（二）：1980 年代中国人的"自我认知"/沙莲香著 . —3 版 . —北京：中国人民大学出版社，2012.3

ISBN 978-7-300-15417-6

Ⅰ.①中… Ⅱ.①沙… Ⅲ.①民族性-研究-中国 Ⅳ.①C955.2

中国版本图书馆 CIP 数据核字（2012）第 040302 号

中国民族性（二）
1980 年代中国人的"自我认知"
最新版
沙莲香 著
Zhongguo Minzuxing（2）

出版发行	中国人民大学出版社			
社　址	北京中关村大街 31 号		**邮政编码**	100080
电　话	010 - 62511242（总编室）		010 - 62511398（质管部）	
	010 - 82501766（邮购部）		010 - 62514148（门市部）	
	010 - 62515195（发行公司）		010 - 62515275（盗版举报）	
网　址	http://www.crup.com.cn			
	http://www.ttrnet.com（人大教研网）			
经　销	新华书店			
印　刷	涿州市星河印刷有限公司	**版　次**	1990 年 7 月第 1 版	
规　格	160 mm×230 mm　16 开本		2012 年 3 月第 3 版	
印　张	18.25 插页 2	**印　次**	2012 年 3 月第 1 次印刷	
字　数	290 000	**定　价**	49.80 元	